EL COBERTIZO QUE ALIMENTÓ A UN MILLÓN DE NIÑOS

Planeta Testimonio

EL COBERTIZO QUE ALIMENTÓ A UN MILLÓN DE NIÑOS

La extraordinaria historia
de Mary's Meals

MAGNUS MACFARLANE-BARROW

Traducción de Román Fabra Rivière

Planeta

Título original: *The Shed That Fed a Million Children*

Colección: Planeta Testimonio

Av. Diagonal, 662-664, 08034 Barcelona
www.editorial.planeta.es
www.planetadelibros.com

Primera edición: enero de 2017
Depósito legal: B. 24.352-2016
ISBN: 978-84-08-16516-3
Preimpresión: Víctor Igual, S. L.
Impresión: Black Print
Printed in Spain – Impreso en España

El papel utilizado para la impresión de este libro es cien por cien libre de cloro y está calificado **como papel ecológico**

Este libro es para Julie. Sin ella no habría
nada sobre lo que escribir.
Gracias por quererme.

Índice

Prólogo

Escribo desde el cobertizo de mi padre. Un viento del este sopla desde detrás de los picos del Ben Lui. Puedo ver su ladera cubierta por la nieve en polvo a través de la ventana, encima de mi escritorio. El aire frío que golpea y gime alrededor del hierro ondulado de mi refugio ha encontrado una manera de entrar. Una fría corriente ataca mis pies. Oigo el sonido de una sierra mecánica en la distancia; quizá la está usando mi cuñado con la leña. De vez en cuando, un tractor traquetea por la pista, hacia la granja.

No sabemos exactamente cuándo se construyó el cobertizo. Estaba aquí, sin duda alguna, desde mucho antes que llegáramos en el año 1977. Está claramente señalado en un mapa, fechado en 1913, que cuelga de las paredes de madera de un antiguo pasillo de Craig Lodge (mi parte favorita de la casa, cuando era nuestro hogar familiar), lo que significa que lleva aquí más de cien años. El hecho de que el cobertizo se incline claramente hacia un lado es algo que puede ser fácilmente perdonado y, a su vez, es comprensible que se escuchen golpes en el tejado provocados por el viento.

En un principio, cuando llegamos, papá lo utilizaba como garaje y taller. Tenía el tamaño perfecto para aparcar el viejo Land Rover con el que, un día, aprendí a conducir. Más tarde, lo convirtió en nuestro cuarto de jugar sorprendiéndonos unas Navidades cuando abrió la puerta para revelar una estupenda mesa de billar. Mis hermanos y yo pasamos muchas horas disfrutando de ese regalo. Y en la parte de atrás del cobertizo, justo al otro lado de mi ventana, estaba nuestro campo de fútbol. Seumas, Fergus y yo jugábamos allí durante horas, chutando a porterías caseras hechas de madera y dejando una franja fangosa desprovista de yerba por nuestras pisadas. Durante los meses de invierno, cuando se hacía de noche frustrantemente temprano, muchas veces encendíamos las luces del cobertizo y las de los edificios vecinos en un intento desesperado por crear suficiente iluminación para jugar durante, por lo menos, unos minutos extra. Más tarde, en nuestros años de adolescencia, bastante salvajes, nuestros amigos venían a jugar con nosotros en el billar del cobertizo. A veces metíamos cerveza de contrabando. Una vez, cuando mis padres estaban ausentes, fue el escenario catastrófico de mi experimento para producir sidra casera. La había destilado en secreto, usando las manzanas de los árboles que crecen en la pequeña huerta, justo encima de donde se encuentra en la actualidad mi propia casa. Nunca he podido beber sidra desde entonces.

Más tarde, cuando ya nos habíamos ido de casa y Craig Lodge se había convertido en un Centro Católico de Retiro, el cobertizo pasó a ser, durante algunos años, una pequeña «fábrica de rosarios»; los miembros de la comunidad de jóvenes residentes hacían rosarios de varios estilos y colores. Entonces, en 1992, le pedí a papá que me prestara su cobertizo, así como el que había a su lado, para almacenar los donativos que iban llegando en respuesta a nuestra pequeña llamada de ayuda que estábamos haciendo para los refugiados de Bosnia-Herzegovina. No dudó en decir que sí. De hecho, él y mamá estaban haciendo la mayor parte del trabajo relacionado con la recogida y preparación de la ayuda. Incluso si hubiera sabido que nunca iba a recuperar sus cobertizos, creo que también habría dicho que sí, principalmente porque es un hombre mucho más generoso que ningún otro que haya conocido, pero también porque le había dado una excusa para construir algunos cobertizos nuevos. Afortunadamente, esto es algo que le encanta. De hecho, es un constructor de cobertizos en serie.

Finalmente, después de servir algunos años como espacio de almacenamiento para los paquetes de ropa, comidas, artículos de higiene y equipos médicos, el cobertizo pasó a ser nuestra oficina. Primero para mí, como único empleado de la organización benéfica, antes de que se uniera mi hermana Ruth y, finalmente, para un equipo de cinco. En esta etapa, estábamos tan apretados que algunos no tenían mesa y trabajaban con el portátil en las rodillas. Así que, en ese momento, el cobertizo contiguo de papá fue derribado y él, junto con George, un amigo nuestro con mucho talento, construyó con sus propias manos una increíble oficina de madera, pensada específicamente para ese propósito. Es algo realmente hermoso y, también, muy práctico. Pero cuando llegó el momento de trasladarnos a la nueva y reluciente oficina decidí quedarme aquí, en el viejo cobertizo. Esa fue una buena decisión. Para algunos puede parecer extraño, incluso estúpido, mantener la sede de una organización global en este cobertizo torcido y destartalado en una parte muy remota de Escocia. Pero estar aquí ayuda a recordar cómo y por qué empezamos este trabajo. Además, sé que algunas personas que viven en la pobreza estarían profundamente agradecidas de tener una casa tan grande y segura como esta para sus familias.

De hecho, entre la colección de fotografías y notas pegadas en la pared por encima de mi escritorio hay una de una familia que vivía en una casa igual de pequeña y con menos muebles que esta. Mi encuentro con ellos en 2002, durante la terrible hambruna de Malawi, diez años después de haber llevado la primera pequeña recogida de ayuda a Bosnia-Herzegovina, cambió mi vida —y la de miles de personas más— para siempre.

En la foto, seis niños pequeños están sentados junto a su madre moribunda. Ella está echada en una esterilla de paja. Recuerdo que la temperatura era desagradablemente alta dentro de su casa de adobe. Yo tenía la camisa empapada y, aunque estaba agachado, mi cabeza rozaba su bajo techo. Me sentía incómodo; como un enorme intruso en su pequeño hogar, en un momento familiar muy íntimo. Pero me dieron una cálida bienvenida y, por lo tanto, me puse en cuclillas junto a ellos para charlar. A través de una pequeña ventana sin cristales se filtraba un poco de luz que ayudaba a que mis ojos se adaptaran a la profunda oscuridad del pequeño espacio. Podía ver cómo Emma retorcía sus manos continuamente mientras hablaba con nosotros, envuelta en una vieja manta gris.

—Ya no queda nada excepto rezar para que alguien cuide de mis hijos cuando me haya ido —susurró, y en voz baja empezó a explicarme la razón de su tormento.

Su marido había muerto un año antes a causa del sida, la misma enfermedad que iba a separarla de sus hijos. Todos los adultos que ella conocía en la aldea ya se estaban ocupando de niños huérfanos, además de los propios. Y ya no conocía a nadie que estuviera dispuesto a cuidar de los suyos, explicó. Su dolor físico era también insoportable. El vecino que estaba cuidando a Emma, y que traducía nuestra conversación, era una persona formada como «asistente domiciliario» y estaba haciendo, heroicamente, el mayor esfuerzo para aliviar el sufrimiento de Emma, pero no era capaz de ofrecerle ni tan siquiera un simple analgésico y, mucho menos, medicamentos para tratar el virus VIH o el sida. En cualquier caso, esas medicinas tampoco hubieran ayudado, en gran medida porque, para que sean efectivas, el paciente ha de tener una dieta saludable y nutritiva. Emma y sus hijos no habían tenido comida suficiente desde hacía mucho tiempo. Su choza estaba rodeada de campos resecos en los que el maíz no había crecido adecuadamente ese año. La tripa de Chinsinsi, el niño más pequeño sentado en la estera, estaba notablemente distendida a causa de la desnutrición.

Empecé a hablar con Edward, el mayor de los chicos. Estaba sentado erguido, como si quisiera parecer más alto de lo que realmente era. Su camiseta negra le iba varias tallas grande, pero, a diferencia de los sucios y desgarrados harapos que adornaban las cinturas de sus hermanos, parecía limpia. Me dijo que tenía catorce años y explicó que pasaba la mayor parte de su tiempo ayudando a su madre en el campo o en la casa. Cuando le pregunté cuáles eran sus esperanzas y ambiciones, es posible que solo quisiera aferrarme, desesperadamente, a algún indicio con el que proporcionarle algo más de entusiasmo a nuestra deprimente conversación. Ciertamente, no estaba buscando una respuesta que cambiaría mi vida y las vidas de cientos de miles de personas.

—Quiero tener suficiente comida y un día ir al colegio —me respondió solemnemente tras pensarlo un momento.

Cuando nuestra conversación terminó y los niños nos siguieron afuera, bajo la luz del abrasador sol de Malawi, esas simples palabras, pronunciadas como el sueño audaz de un adolescente, ya habían quedado grabadas en mi corazón. Un grito, un escándalo, la confirmación de una idea que ya había empezado a formarse, una llamada a la acción que no podía ser ignorada; sus palabras iban a significar muchas cosas para mí. La terrible tragedia familiar que se desarrollaba en la oscura choza había condensado un gran número de sufrimientos y de problemas insolubles que había llegado a conocer muy de cerca durante los diez años anteriores. Y sus palabras legitimaron una idea genial que recientemente habían compartido conmigo; eran la chispa que encendía el proyecto latente en que se convertiría Mary's Meals.

En la pared del cobertizo, detrás de mí, una inscripción, escrita con firmeza, revela nuestro propósito:

> Que todos los niños reciban una comida diaria en la escuela, y que todos aquellos que tienen más de lo que necesitan lo compartan con aquellos que no tienen acceso ni a las cosas más básicas.

A medida que pasaban las semanas, en los años transcurridos desde mi encuentro con Edward, ese propósito se volvió cada vez más firme, así como la creencia de que podía llevarse a cabo. Hemos visto repetidamente que el suministro de una comida escolar diaria puede transformar, realmente, las vidas de los niños más pobres al cubrir sus necesidades inmediatas de alimentos, a la vez que se les permite entrar en las aulas para recibir una educación, que puede ser su forma de escapar de la pobreza. Y el número de comidas servidas diariamente por los voluntarios locales a los hambrientos y empobrecidos niños de las escuelas del mundo entero ha crecido de una manera extraordinaria. En la actualidad, más de un millón de niños reciben comida de Mary's Meals todos los días lectivos.

Le tengo mucho cariño a mi cobertizo. Me proporciona el ambiente tranquilo que a menudo necesito; tengo el espacio justo para que cuatro o cinco personas se sienten conmigo alrededor de una mesa, tomemos una taza de té y hablemos. Mi confinamiento en esta oficina también permite que mis compañeros de trabajo tengan el espacio que necesitan al no depender de un hombre desordenado por naturaleza. También es el lugar adecuado en el que escribir este libro. La fotografía de Edward y su familia es solo una de las muchas cosas que cuelgan de mi pared y que ilustran los hitos de nuestro viaje: un hombre bosnio jugando con su perro a las afueras de su casa destrozada; niños riendo en un polvoriento patio africano; un ciego de Liberia con un bastón blanco luciendo su sonrisa más bonita; otro grupo de niños de Dalmally —los míos entre ellos— pintando la parte exterior del cobertizo; una joven Julie conduciendo nuestro camión justo después de conocernos; una Julie de mediana edad que, junto a mí, saluda al papa Francisco; una fotografía reciente del actor Gerard Butler conmigo riendo mientras transportamos cubos de agua sobre la cabeza; una fotografía de Atila, de tamaño carné, que fue uno de los primeros niños de Rumanía en morir; una postal en la que está escrito «Gracias desde Texas», rodeada de muchas notas afectuosas de los alumnos de la escuela de allí; una postal de Medjugorje; una simple cruz de madera hecha en Liberia; y una fotografía del padre Tom haciendo como si le diera un puñetazo a alguien en Haití. Por encima de la ventana, bajo la carcasa oxidada de una luz alargada, cuelga un pequeño crucifijo. Algunos mapas grandes adornan las otras paredes, del mundo, de la India, de Malawi, del metro de Nueva York y algunos otros.

Alrededor de mi portátil se amontonan desordenadamente cartas y cuadernos. Hay una nota muy correcta del presidente de Malawi (donde alimentamos ahora a más del 25 por ciento de los niños en edad de asistir a la escuela primaria), en la que me da las gracias por nuestro trabajo y nuestra reciente reunión. Hay otra de alguien de Haití, que nos ruega que empecemos el proyecto de

Mary's Meals en algunas escuelas de allí con grandes necesidades. Y otra anónima que me hizo llorar la primera vez que la leí:

> Queridos Mary's Meals:
> Adjunto un cheque de 55 dólares para ayudar a alimentar a otro niño. Proviene de un hombre que está en una residencia de ancianos, inválido, en una silla de ruedas, con el lado derecho paralizado e incapaz de hablar. Subsiste gracias a las ayudas de Medicare y Medicaid. Estos 55 dólares son todos sus ahorros. Los ha sacado de dos escondrijos cuando ha oído hablar de Mary's Meals. Estoy seguro de que sabréis darles un buen uso.
>
> Dios os bendiga.

Nunca pensé que participaría en este tipo de trabajo y, desde luego, nunca me propuse fundar una organización. Soy una persona poco cualificada y con pocas posibilidades de liderar una misión de este tipo. Principalmente se ha desarrollado, a pesar de mí, gracias a una serie de acontecimientos inesperados, de personas que se reunían, y a amables invitaciones —de todo tipo de personas que tienen un extraordinario amor y fidelidad— a las que respondimos. El encuentro con Edward, siendo fundamental para centrar nuestra atención en el trabajo que ahora hacemos, fue solo uno más de una cadena de acontecimientos que se ha prolongado durante veinte años desde que él pronunció esas palabras. Esa cadena había empezado a formarse cuando yo solo tenía quince años de edad, en una aldea oscura en medio de las montañas de Yugoslavia, donde encontré a otra madre cariñosa preocupada por sus hijos.

Capítulo 1
Clases de conducir en una zona de guerra

Sed humildes los que estáis hechos de estiércol.
Sed nobles los que estáis hechos de estrellas.

Proverbio serbio

Sabíamos que los hombres que escupían muerte desde lo alto de las montañas que dominan la ciudad solían dormir sus borracheras por la mañana. Por esa razón nos pusimos en camino temprano, confiando en que podríamos entrar y salir de Mostar antes de que las pesadas armas reiniciaran su despiadada tarea de hacer trizas los hogares, iglesias, mezquitas, vehículos y habitantes de la ciudad. Detrás de mí, en esta última parte de nuestro viaje de cuatro días desde Escocia, se apretujaban en los asientos para pasajeros el padre Eddie, un bajito y rechoncho sacerdote de mediana edad, y Julie, una espigada y bonita joven enfermera. Los tres nos habíamos hecho buenos amigos durante los últimos días. Dos noches antes, estacionados junto a una gasolinera en Eslovenia, habíamos mantenido una larga conversación durante la noche. El padre Eddie nos sorprendió e inquietó un poco al explicar que antes de dejar Escocia tuvo la premonición de que nunca regresaría a casa, por lo que había dado la mayoría de sus posesiones a sus feligreses. Luego Julie nos contó que, unos meses atrás, se había despertado en mitad de la noche sintiendo que Dios le estaba pidiendo que dejara su trabajo para ayudar a la gente de Bosnia-Herzegovina. Su historia me conmovió por su profunda fe y porque se parecía mucho a la mía. Cuando me telefoneó por primera vez para pedirme que la llevara hasta allí, me sentí un poco avergonzado de no haber mostrado demasiado entusiasmo con la idea. Para entonces ya estaba muy contento de que ella me hubiera convencido.

Mientras atravesábamos el duro paisaje de rocas dentadas y espinosos arbustos de Bosnia, rezamos un rosario juntos y, luego, charlamos un poco nerviosos mientras me concentraba en la estrecha y retorcida carretera. Pronto empezamos a pasar por lo que quedaba de los hogares de la gente. Algunos habían sido reducidos a escombros, mientras que aquellos que todavía estaban en pie se habían convertido en armazones quemados y acribillados a disparos. Condujimos en silencio. La carretera empezó a serpentear montaña abajo y Mostar apareció a nuestros pies, extendiéndose a lo largo del Neretva, el famoso río que se ha descrito con frecuencia como la línea divisoria entre las culturas de Oriente y Occidente, y que entonces constituía el frente entre las fuerzas serbias y croatas y el territorio musulmán que estábamos atravesando. Los minaretes de las mezquitas eran visibles en el casco antiguo otomano y, por un momento, pensé en mi primera visita a esta ciudad, muchos años atrás, durante la cual habíamos curioseado por los pequeños puestos callejeros junto al río y contemplado el valor de los jóvenes que saltaban desde el famoso puente Stari Most a las impetuosas y verdes aguas del torrente. Bajando hacia la ciudad nos detuvieron en un puesto de control los soldados del HVO (Ejército Bosnio Croata). Un hombre delgado, con su ametralladora al hombro y un cigarrillo en la comisura de los labios, se acercó a mi ventana abierta, mirándonos con el gesto serio e impregnando nuestra cabina con su aliento a coñac. Sin sonreír, tendió la mano y le entregamos nuestros pasaportes y los documentos oficiales para el equipo médico que llevábamos en la parte trasera del camión. La entrega de ese equipo era la razón de nuestro viaje y, ahora, a un kilómetro de distancia, en las laderas de la ciudad a nuestros pies, se veía el hospital general de Mostar, nuestro destino final. Era fácilmente reconocible. Nos quedamos mirando al edificio moderno, limpio y alto que se elevaba por encima de las casas de los alrededores. Incluso a esa distancia podíamos ver que un obús había provocado un enorme agujero en un lado. El soldado nos hizo la señal de avanzar, por lo que nos movimos con cuidado a través de calles de metales retorcidos, fragmentos de vidrio, montones de escombros, coches quemados, asfalto destrozado y grafitis llenos de odio. Entramos en los terrenos del hospital. Varios camiones refrigerados estaban aparcados con sus motores en marcha: provisionales depósitos de cadáveres para una ciudad que hacía mucho que ya no tenía sitio para sus muertos. Bajo el dosel de la puerta frontal, tres empleados del hospital, con sus batas blancas, observaron nuestra llegada y nos saludaron. Mi ansiedad se alivió y un sentimiento de entusiasmo se apoderó de mí. Empezaba a felicitarme para mis adentros por un trabajo bien hecho, preguntándome si Julie estaría impresionada, cuando de repente me di cuenta, un poco tarde, de que la fiesta de bienvenida se estaba convirtiendo en señales urgentes de *stop* y las sonrisas en muecas. Mi corazón martilleaba con fuerza cuando pisé el freno y oí un crujido sobre mi cabeza. Frente a nosotros, nuestro comité de bienvenida se estaba partiendo de risa; entonces me di cuenta de lo que había pasado. El hospital acababa de recibir otro golpe directo; esta vez por un pequeño y deteriorado camión de Escocia cuyo conductor *amateur* había juzgado mal la altura del dosel que sobresalía en la entrada, por lo que en lugar de aparcar debajo se había empotrado directamente contra él. Una rápida inspección reveló que se había desgarrado la esquina superior de la caja del camión, mientras que el daño producido al dosel del hospital apenas era insignificante comparado con el castigo que el resto del edificio había estado sufriendo. El mayor y más duradero daño lo había recibido mi propio ego.

Rápidamente descargamos el equipo y tomamos una apresurada taza de café con dos jóvenes médicos. Sugirieron que nos fuéramos de la ciudad antes de que empezaran los bombardeos y que los siguiéramos a un lugar más seguro para charlar. Cerca de Medjugorje, donde íbamos a pasar la noche, paramos junto a un hotel de carretera que había sido acribillado por armas de fuego y dañado por obuses.

Los médicos nos explicaron, mientras tomábamos café, que, debido a los grandes daños causados por los bombardeos en su hospital, solo la planta baja estaba operativa. El hacinamiento en el edificio se estaba volviendo insoportable y faltaban los más básicos suministros médicos. Estaban particularmente encantados con los dispositivos de fijación externa que les habíamos llevado, pues trataban a tantos pacientes con extremidades rotas que nos instaron a llevarles más suministros. Les explicamos que Julie me había acompañado porque era enfermera y estaba dispuesta a renunciar a su trabajo en Escocia para ayudar como voluntaria allí. Nos contestaron que tenían suficientes enfermeras, pero no bastantes equipos médicos. Sugirieron que quizá Julie podría unirse a mí en mis esfuerzos por recoger excedentes de equipos médicos en Escocia, porque ya se habían dado cuenta de que, además de no saber conducir bien un camión, tampoco tenía las nociones más elementales sobre los equipos médicos, por lo que alguien que los conociera debería involucrarse si yo quería ser de ayuda para ellos. Me sorprendió lo encantado que estaba ante la perspectiva de que Julie trabajara conmigo, pero solo balbuceé que lo pensaríamos. Julie dijo algo similar, por lo que decidí no crearme muchas expectativas. La conversación derivó inevitablemente de las cuestiones médicas a la situación de la guerra. Los médicos describieron cómo los chetniks de las montañas tomaban como blanco no solo el hospital, sino también las ambulancias. Varias habían sido destruidas cuando intentaban llevar pacientes al hospital. Para entonces ya habían sustituido sus cafés turcos por *slivovitz* (aguardiente de ciruelas local), por lo que empezaron a poner de manifiesto sus sentimientos sobre la guerra. Estaban tan llenos de odio hacia sus enemigos, los chetniks, que la conversación se enardeció. Ambos médicos, que nos habían estado hablando durante horas de sus necesidades para curar a las personas gravemente heridas, empezaron a describir las horribles cosas que harían a cualquier soldado chetnik que cayera en sus manos. Nos despedimos agarrando las listas de los artículos médicos más urgentes y prometiendo que volveríamos con más suministros lo antes posible.

Ese fue el quinto viaje que hice a Bosnia-Herzegovina en poco tiempo, y en cada uno de ellos me acompañó un familiar o un amigo diferente. Cada uno supuso un apresurado aprendizaje para un piscicultor de veinticinco años que nunca aspiró a ser un conductor de camión de larga distancia. Descubrí un mundo entero con su propia cultura, habitado por conductores de largas distancias, en el que no siempre eres bien recibido ni lo entiendes fácilmente. El idioma, por sí mismo, era un problema. Había nuevos términos técnicos que aprender, como *tacógrafo* (el aparato que registra las horas al volante o la velocidad) o *transitario* (los agentes que preparan los documentos aduaneros necesarios al cruzar la frontera). Y todo esto se hacía más difícil por nuestro desconocimiento de lenguas europeas y nuestro acento escocés. Robert Cassidy, un buen amigo de Glasgow, cuyo acento era incluso más cerrado que el mío de Argyll, vino de copiloto en uno de mis anteriores viajes. Conducíamos hacia Zagreb un camión de siete toneladas y media repleto de patatas escocesas recogidas a través de donaciones. Era a mediados de invierno y hacía un frío glacial. Por la noche dormíamos en la trasera del camión entre palés de patatas. Un día, cerca de la frontera austriaco-eslovena, al levantarnos descubrimos que nuestras garrafas de agua potable se habían congelado. El termómetro de la gasolinera marcaba seis grados bajo cero. Uno de los tecnicismos que íbamos a aprender en ese viaje era *plomo*. Se refiere al pequeño sello de plomo que los aduaneros colocan en la trasera del camión al entrar en su país para comprobar a la salida que no has abierto la caja y metido otros productos mientras transitas por su territorio. Pero nosotros desconocíamos el significado de este término cuando un inspector de aduanas nos soltó con creciente irritación su pregunta de una sola palabra: «¿Plomo?» Quería saber si nuestro camión estaba precintado. Tras contestar varias veces a su reiterada pregunta con una mirada interrogante, Robert finalmente replicó con su más fino acento de Glasgow: «Nada de ciruelas, solo patatas. Carga de patatas». Entonces fue el turno del inspector de aduanas, que nos respondió con una mirada perpleja. Ni siquiera sabía en qué idioma contestar.[1]

1. En inglés, *plomb* ('plomo') y *plum* ('ciruela') se pronuncian de forma muy parecida. [*Nota del traductor*.]

Para entonces algunos de los puentes de la principal ruta costera del Adriático habían sido volados por obuses, por lo que viajar por esa ruta requería coger un pequeño ferri a Pag (una extensa y estrecha isla paralela a la costa), recorrerla de punta a punta y tomar otro ferri de vuelta al sur del continente. En una ocasión Ken, mi cuñado y copiloto de otro viaje, y yo nos unimos a una cola de cientos de camiones a la espera de un pequeño e improvisado ferri, en una carretera que desde luego no había sido diseñada para vehículos pesados, cuando se desencadenó una violenta tormenta. Los ferris dejaron de navegar y, al igual que los otros conductores, nos encontramos atrapados en las cabinas mientras un gélido viento azotaba nuestro camión, sacudiéndolo con tal violencia que sentí como si fuera a derribarnos. No había forma de dar la vuelta en esa carretera tan estrecha, por lo que no nos quedaba más remedio que esperar a que pasara la tormenta. La única comida que teníamos era una caja grande de barritas de chocolate Twix, con las que nos alimentamos durante las siguientes cuarenta y ocho horas. Para hacer nuestras necesidades fisiológicas, en un par de ocasiones, tuvimos que luchar con la puerta, trepar fuera y encontrarnos resbalando en un arroyo congelado de orina de camioneros que venía desde lo alto de la colina hasta el pequeño embarcadero de la sinuosa carretera. Tomé nota mental de que en lo sucesivo había que llevar un *stock* de comida de emergencia más diverso y nutritivo o, por lo menos, más variedad de barritas de chocolate.

También aprendí en estos primeros viajes que las donaciones recibidas para ayudar y que transportábamos en la trasera del camión no siempre eran lo más importante que llevábamos a quienes precisaban desesperadamente de ayuda. Mi padre y yo ofrecimos en una ocasión nuestra ayuda a una pequeña institución de niños con necesidades especiales cerca del puerto de Zadar. Por aquel entonces las tropas serbias estaban atacando esa parte de la costa croata, por lo que podíamos oír en la distancia el estruendo de los obuses al acercarnos al pequeño y desvencijado edificio. Nos encontramos con filas de niños confinados en sus cunas, vestidos con pijamas andrajosos, y con un personal aterrorizado tratando de atenderlos. No solo estaban agobiados porque ya ni siquiera disponían de artículos de primera necesidad para los niños, sino porque la guerra se estaba acercando y eran conscientes de que huir rápida y precipitadamente con ellos no sería posible. Mientras descargábamos nuestras cajas, el regocijo del personal pronto se evaporó cuando un obús explotó muy cerca del pueblo. Y después otro. Nos urgieron a descargar lo más rápido posible y a tomar la carretera del norte inmediatamente. Tan pronto saqué la última caja de la trasera del camión, me despedí, salté al asiento del conductor y puse el motor en marcha para partir. Pasaron unos segundos tras los que empecé a sentirme molesto porque papá todavía no había subido al camión. Cuando miré por el espejo retrovisor, le vi abrazando a la enfermera más afligida, a quien estaba dando palabras de ánimo y prometiendo sus oraciones. Solo entonces subió y salimos a toda velocidad. Cuando treinta años después escuché al papa Francisco usar por primera vez la expresión «pecado de eficiencia», me acordé inmediatamente de este incidente. El papa nos recordaba a quienes trabajamos con personas en situación de pobreza que la caridad real no solo consiste en bienes materiales o «proyectos» y su «eficiencia». También debería considerar el mirar a las personas a los ojos, pasar tiempo con ellas y reconocerlas como hermanos o hermanas. ¡Pero todavía hoy no estoy seguro de que el abrazo de papá tuviera que durar tanto!

En cada uno de esos viajes a través de Europa, y a medida que nos acercábamos a nuestro destino habitual,

Medjugorje, veríamos de forma constante todo tipo de vehículos dirigiéndose al mismo lugar de peregrinación de fama mundial. Reducidas caravanas de pequeños camiones como el nuestro, furgonetas solitarias o coches familiares tirando de sus remolques repletos de ropa, comida y medicinas, todos encaminándose hacia ese pequeño pueblo en las montañas de Bosnia-Herzegovina. Banderas, pegatinas o carteles caseros proclamaban su misión y su patria, y daban pistas de su destino. Mientras acariciábamos la oportunidad de volver a Medjugorje, dado que nuestras vidas habían cambiado allí hacía muchos años, empezamos a considerar si también deberíamos llevar nuestra ayuda a otros lugares que se nos hubieran pasado por alto, a los que estaba llegando menos ayuda, pero en los que estaban sufriendo un número incluso mayor de refugiados.

Uno de esos lugares era Zagreb, la capital de Croacia, a la que estaban llegando miles de personas desesperadas desde lugares en los que los serbios estaban haciendo «limpieza étnica». Llegados a este punto, casi un tercio de la Croacia recientemente independiente estaba bajo control serbio; la guerra hacía estragos a lo largo de la línea del frente de un país que luchaba desesperadamente por su existencia. Refugiados y gente desplazada, croatas y musulmanes tanto de Croacia como de Bosnia-Herzegovina estaban llegando a la ciudad tras haber perdido sus hogares, sus posesiones y, frecuentemente, sus familias. En Zagreb vivía un hombre notable, el doctor Marijo Živković. Un amigo común de Glasgow había sugerido que nos encontráramos. Nos había explicado que Marijo estaba haciendo un magnífico trabajo por los refugiados y por la gente pobre, y que era un reconocido portavoz católico que había sido perseguido por el régimen comunista por esta razón. Organizamos el encuentro en la oficina de una organización musulmana, llamada Merhamet, con la que estábamos trabajando para distribuir ayuda médica. Esa misma mañana habíamos llegado con una máquina para anestesiar que nos habían pedido con urgencia, por lo que habíamos pasado la mañana con un joven y apasionado doctor y sus colegas de Merhamet, aprendiendo más sobre su trabajo y sobre cómo podríamos ayudarlos más. Estábamos un poco nerviosos por la reunión con el doctor Marijo porque los croatas (principalmente católicos) y los musulmanes, quienes habían sido aliados hasta hacía muy poco en Bosnia-Herzegovina luchando contra su común enemigo, los serbios, estaban ahora en guerra entre sí. Un odio ardiente estaba enfureciendo a estos dos pueblos. ¡Qué estúpidos e irreflexivos habíamos sido por haber invitado a un famoso católico croata a reunirse con nosotros mientras estábamos con nuestros amigos musulmanes! Nos dimos cuenta de que nuestros anfitriones también estaban un poco nerviosos. Un incómodo silencio se había apoderado del caldeado ambiente cuando finalmente llegó Marijo. Alto y ancho de hombros, irrumpió en la reunión acunando una enorme pila de helados de chocolate.

—¡Tomad algunos, por favor! —nos dijo riendo mientras se acercaba a cada uno de nosotros y nos ofrecía las delicias como si fuera un viejo amigo de todos los que estábamos allí.

Finalmente, pudimos darnos la mano y presentarnos, y en medio de muchas risas Marijo nos explicó, en muy buen inglés, la historia de los helados.

—Veréis, una gran compañía italiana quería donar todo este helado. ¡Medio millón de helados! Contactaron con muchas grandes organizaciones de ayuda. Todas dijeron que era imposible aceptarlos, que se trataba de una idea ridícula y sin sentido enviar helados en mitad del verano a gente que no tenía manera de almacenarlos en congeladores. Finalmente, alguien les dijo que me llamaran y, cuando lo hicieron, ¡dije que sí, claro! ¿Quién podría decir que no a todo ese helado que daría una alegría a tanta gente? Por tanto, antes de que llegara, llamé por teléfono a muchos amigos para pedirles que estuvieran preparados para recibir grandes cantidades, dárselas a todos sus conocidos y a cualquiera con quien se encontraran, o para llevárselas a los niños a los colegios. Además, estoy seguro de que también son nutritivos... —Soltó una carcajada mientras se zampaba otro helado—. ¡Así que hoy, a lo largo y ancho de Zagreb, todo el mundo está comiendo helados gratis!

Rompió a reír de nuevo dando una palmada en la espalda de sus nuevos amigos musulmanes, quienes también estallaron en carcajadas. Esta fue la primera de las muchas lecciones que aprendí del doctor Marijo a lo largo de los siguientes años.

Tenía una fantástica comprensión del arte de dar y recibir regalos. A él nunca le gustó que se usara la palabra *ayuda*. Le gustaba hablar de *regalos*. Y en lugar de decir no a los regalos que se le ofrecían, siempre encontró formas ingeniosas para aceptarlos. Incluso consiguió mejorar el incidente de la distribución de los famosos helados antes de que terminara la guerra, cuando le preguntamos si podría aceptar cientos de toneladas de patatas de los granjeros escoceses. En esta ocasión resolvió todo el tema logístico, que parecía imposible para otros, simplemente descargándolas en una plaza pública y haciendo una inmensa montaña en el centro de la ciudad. ¡Se dirigió entonces a la radio pública e invitó a los habitantes de Zagreb a que vinieran a servirse! Los hambrientos habitantes de la capital respondieron rápidamente, por lo que hasta la última patata encontró un hogar en cuestión de horas.

El doctor Marijo, economista de formación, estuvo involucrado durante muchos años en la promoción de la enseñanza católica sobre cuestiones familiares en el antiguo estado comunista de Yugoslavia. Empezó a ser invitado a dar sus charlas en diferentes partes del mundo y, con el tiempo, él y su mujer, Darka, fueron requeridos por el papa para ser miembros del Consejo Pontificio de la Familia. Las autoridades comunistas finalmente perdieron la paciencia y le retiraron el pasaporte para impedir que viajara.

Sin inmutarse, empezó a organizar conferencias internacionales en Zagreb, a las que invitaba a gente de todas partes, hasta que finalmente le devolvieron su pasaporte. Mientras tanto, él y su familia fundaron una organización llamada el Centro Familiar, para proveer con diferentes artículos —ropa para bebé, comida, pañales, cochecitos, etcétera— a mujeres embarazadas que vivían en la pobreza. La necesidad de productos básicos —y no solo para bebés— entre los refugiados que iban llegando y la población en general era enorme, por lo que el Centro Familiar dedicó su atención a recibir y distribuir bienes a los más necesitados. Tras haber establecido que el Centro Familiar asistiría a todas las personas, independientemente de su etnia o religión (de hecho, la mayoría de la ayuda se estaba dando a los musulmanes), empezamos a suministrar camiones enteros de regalos escoceses al viejo almacén ferroviario de Marijo. Fuimos conociendo mejor a Marijo, a su esposa Darka y a sus hijos en cada nueva visita, ya que frecuentemente dormíamos una noche en su hogar antes de empezar nuestro viaje de regreso a casa. Era un hombre formidable, con una gran pasión cuando hablaba en público. Nos regalaba constantemente palabras de sabiduría y filosofía. No era nada tímido para hablar de sus variados e impresionantes logros, aunque con frecuencia le escuchábamos decir:

—Mi mayor logro en la vida ha sido conocer a Darka y casarme con ella..., mi segundo gran logro son mis cinco hijos, y mi único pesar es no haber tenido más...

Hablaba acerca de su familia —su belleza e importancia— de manera profunda y sincera.

Mucha de la ayuda que distribuíamos con Marijo se entregaba en varios campos de refugiados improvisados, donde había sobre todo mujeres y niños. En las superpobladas filas de cabañas de madera, construidas originalmente como alojamiento para trabajadores emigrantes, vivía un grupo de mujeres y niños del pueblo de Kozarac, situado al norte de Bosnia-Herzegovina. A pesar de su trauma, o quizá precisamente por eso, algunas de ellas querían hablar de los horrores que habían soportado. Antes de la guerra, la abrumadora mayoría de su pueblo era musulmana. Durante algún tiempo esa zona había sido controlada por los serbios, razón por la cual los habitantes de Kozarac estaban entre los primeros que habían experimentado el horror de la limpieza étnica. Las mujeres nos explicaron cómo habían huido al bosque mientras los serbios bombardeaban su pueblo y, cuando los últimos combatientes musulmanes finalmente se rindieron, oyeron a los serbios anunciar con altavoces que aquellos que estaban ocultos entre los árboles debían rendirse y volver a la carretera, y que ninguno sufriría daño alguno. Salieron multitudes, ondeando improvisadas banderas blancas. En ese momento, cayó sobre ellos una lluvia de bombas que mataron y mutilaron a cientos de ellos. Cuando el bombardeo terminó, los soldados serbios alinearon a los supervivientes separando a los hombres en edad de combatir. A muchos de ellos, identificados como líderes o importantes miembros de su comunidad, les pegaron un tiro o los degollaron en la cuneta. Algunas de las mujeres que vivieron para contárnoslo habían visto con sus propios ojos cómo mataban a sus maridos, padres e hijos. Llevaron al resto de los hombres a campos de concentración recientemente construidos. Acurrucadas en sus atestadas cabañas, las mujeres nos contaban sus historias convencidas de que nadie en el mundo exterior sabía o entendía lo que estaba pasando. Ellas insistían en compartir la comida que habíamos traído con nosotros y también nos preguntaban si sería posible reservar una cuarta parte de los regalos que habíamos llevado para pasarlos de contrabando a los refugiados que conocían, que todavía estaban en la clandestinidad en el norte de Bosnia-Herzegovina y que tenían más hambre incluso que ellas. Salía de esos encuentros con una mezcla de sentimientos. Cada una de esas historias de horror me hacía sentir más indignado y enojado con esos «bárbaros chetniks». Me resultó difícil permanecer imparcial en esa guerra de la que yo no formaba parte, o mentalizarme de que solo estaba escuchando a una de las partes de esta trágica historia. Muy a menudo también, me sentía profundamente conmovido por la bondad y fortaleza de espíritu que mostraban aquellos que me contaban sus historias, y me quedé preocupado por la cuestión del perdón como nunca antes lo había hecho. Si la ira y los prejuicios contra los serbios que estaban cometiendo estos crímenes empezaban a crecer en mí, ¿cómo podría yo, como cristiano, esperar que perdonaran aquellos que habían sufrido tanto? ¿Cómo era posible? ¿Cómo podría nacer de nuevo la paz allí?

Algunas veces conducíamos por el este de Zagreb, por pistas sin señalizar (la antigua autopista había sido destrozada) hasta la ciudad de Slavonski Brod. Se encontraba a la orilla del río Sava, que separa Croacia de Bosnia-Herzegovina, y la estaban bombardeando desde lugares ocultos, más allá de las lentas aguas del río. Los puentes de las carreteras sobre el Sava yacían quebrados por la mitad y todos los edificios cercanos a su orilla tenían las puertas y ventanas selladas con tablones de madera. Tras descargar cuidadosamente nuestra comida para una larga fila de personas que hacían cola en la parte trasera del camión con una bolsa de plástico en la mano (a modo de autoimpuesta y práctica manera de racionar su parte), nos ofrecieron alojamiento en una pequeña casa situada en una colina sobre la ciudad, y que en ese momento estaba ocupada por una pareja de ancianos refugiados del norte de Bosnia-Herzegovina. Tomamos nuestra cena en un incómodo silencio, ya que todos los intentos para comunicarnos habían terminado en fracaso (su inglés era incluso peor que nuestro serbocroata). Pero después nuestro anfitrión, Mladen, y yo nos sentamos afuera a beber *slivovitz* y, tras unos cuantos vasos, de alguna manera, empezamos a entendernos un poco. Me explicó que su casa estaba situada en la llanura que podíamos ver en la distancia al otro lado del río. Ahora estaría ocupada por los serbios. Él había tenido un poco de tierra y algunos ciruelos; de hecho, el *slivovitz* que estábamos bebiendo era de sus frutos. Antes de que huyeran, cuando ya habían empaquetado todas las pertenencias que podían cargar (incluyendo el *slivovitz*), tomó su hacha y taló sus preciosos ciruelos. Algunos serbios podrían estar ahora viviendo en su casa, pero no estarían disfrutando de sus ciruelas. En ese punto soltó una amarga carcajada tratando de convencerme a mí, y tal vez a él mismo también, de que resultaba una historia divertida y no una historia cargada de odio.

Empecé a rechazar las expresiones *refugiados* o *personas desplazadas*. Por supuesto que son necesarias, son formas útiles y precisas para describir a personas que han huido de sus hogares. Pero me di cuenta de que esos conceptos, hasta que conocí a las personas reales a quienes se categoriza de esa manera —y llegué a conocerlas en profundidad—, habían comenzado a representar inexactos estereotipos en mi mente. En otro campo de Zagreb, durante una conversación con un simpático y expresivo hombre de mediana edad y ojos brillantes, me enteré de que este había sido anteriormente el director ejecutivo de una empresa de transporte con una gran flota de camiones. El hecho de que en ese momento concreto yo fuera el único que estaba conduciendo un camión y llevándole ayuda, aunque mi educación fuera mucho más pobre, mi experiencia de la vida mucho menor y tuviera mucha menos idea de cómo organizar el transporte de mercancías en camión, no me daba, sin duda, razón alguna para sentirme superior a él. Aunque me parecía difícil admitirlo, me sorprendí a mí mismo empezando a sentirme de esa manera: yo, el dador; este extraño, el receptor. Yo, con el poder; él, sin ninguno. Empecé a darme cuenta de que este tipo de trabajo era muy peligroso.

Entretanto, Marijo había encontrado una nueva manera de distribuir nuestra ropa entre los que más la necesitaban. Se había dado cuenta de que, para muchos, depender de la beneficencia era el mayor de los sufrimientos. Con el fin de respetar su dignidad, se hizo cargo de una sala o espacio grande en el que distribuía la ropa en largas filas de mesas. Entonces invitó a la gente a que viniera a elegir lo que quisiera «para llevárselo a alguien que lo necesitara». De este modo encontró una forma de que la gente viniera a seleccionar la ropa que quería y necesitaba sin sufrir humillación pública.

Y así continuó, camión tras camión, llenos con crecientes donaciones de Escocia. Julie, para mi deleite, había decidido continuar colaborando y era mi copiloto en la mayoría de los viajes. Como el volumen de la ayuda no hacía más que crecer, nos quedó muy claro que un pequeño camión no era la forma más rentable para transportar enormes cantidades de mercancías a largas distancias. Necesitábamos algo mayor. Para ser capaces de conducir esos grandes camiones tendríamos que sacarnos el carné de conducir de vehículos pesados, y así, durante noviembre de 1993, nos alojamos con la familia de Julie en Inverness (quienes habían estado entre los mayores partidarios de nuestro trabajo antes incluso de que yo conociera a Julie) y empezamos a recibir las clases necesarias. Para mi sorpresa, después de un par de sesiones juntos, se hizo bastante evidente que Julie era mucho mejor que yo conduciendo un camión articulado. De hecho, después de la primera práctica con Julie al volante, el instructor le preguntó en tono incrédulo:

—¡Me estás tomando el pelo! ¿No es así? ¡No eres una principiante! Has conducido estos trastos antes, ¿no es cierto?

Mi corazón se encogió un poco cuando me subí al asiento del conductor para mi turno.

—Es posible que tú necesites un poco más de esfuerzo —afirmó con mucho tacto al final de mi clase—. Especialmente en las rotondas.

Fue muy amable por su parte, dadas las enérgicas maniobras que al menos un conductor había tenido que hacer para evitar ser aplastado por mi remolque. Yo no había entendido bien todo lo que requiere conducir un vehículo de dieciséis metros que se dobla cuando haces un giro. Tras sus amables palabras, se me hizo un pequeño nudo de miedo en el estómago que durante las siguientes dos semanas se convirtió en algo más cercano al pánico. No era tanto la idea de aplastar a algún conductor en una rotonda, ni de destrozar una gasolinera con un solo giro torpe de mi enorme cola lo que me producía ansiedad. Era, más bien, la perspectiva de tener que decirles a mis amigos en Dalmally que Julie había aprobado el examen y yo no. Esto les daría munición para muchas bromas a mi costa durante años.

De hecho así ha sido, porque finalmente Julie aprobó sin problemas todos sus exámenes mientras que yo suspendí (sí, mi remolque cambió de carril en la rotonda). La excusa de que yo había empezado en desventaja, pues había aprobado mi examen de conducir en un viejo Land Rover en el pueblo vecino de Inveraray —un lugar totalmente desprovisto de rotondas— no coló con ninguno de ellos. Para mi alivio, aprobé a la segunda y, en poco tiempo, compramos un enorme camión articulado de cuarenta y cuatro toneladas. Julie tenía la costumbre de bautizar todos nuestros camiones y, por alguna razón que nunca he entendido, a este lo llamó María, el nombre más inverosímil que podía haber imaginado para esa bestia gigantesca. Estábamos encantados de ver toda la ayuda que podíamos transportar en el interior de ese camión, más aún cuando de forma imprevista nos llegó una gran ola de donaciones como nunca antes había sucedido.

Durante varios meses estuvimos siguiendo de cerca los perturbadores acontecimientos de Srebrenica, otra ciudad musulmana de Bosnia-Herzegovina situada en una zona controlada por los serbios, que ahora estaba rodeada por las fuerzas enemigas y fuertemente custodiada. Al igual que muchos otros pueblos en situaciones similares, había sido declarada «refugio seguro» por la ONU, que había garantizado la seguridad de todos los que buscaran refugio allí. En julio de 1995 más de 30.000 musulmanes fueron hacinados en lo que anteriormente había sido un diminuto pueblo de un pequeño y escarpado valle. Todos los edificios estaban llenos de gente y miles de personas dormían a la intemperie. A medida que los meses pasaban, muchos comenzaron a morir de hambre, mientras que muchos más murieron por los obuses disparados desde las montañas que rodean la ciudad. Finalmente, mientras que nosotros y miles de personas en el mundo observábamos la situación con incredulidad y horror, los soldados serbios invadieron la ciudad. Los cuatrocientos soldados holandeses de la ONU se rindieron sin disparar un solo tiro. Los serbios procedieron a seleccionar a todos los hombres musulmanes en edad de combatir, los llevaron a una fábrica abandonada y asesinaron a más de 8.000 en dos días. Dejaron que la mayoría de las mujeres (después de que muchas de ellas fueran violadas) y los niños huyeran a través de los bosques. La mayoría de ellos se dirigieron a Tuzla, la ciudad cercana más grande, en la que a toda prisa se levantó un improvisado campamento de tiendas de campaña en una vieja pista aérea. Todo esto ocurría ante los ojos del mundo. Nos manteníamos al día de lo que sucedía gracias a boletines regulares. Además de la rabia que sentí hacia los serbios, experimenté un gran resentimiento hacia la ONU y nuestro propio gobierno, quienes simplemente habían dejado que sucediera esta atrocidad planificada en un lugar al que tuvieron la osadía de llamar «un refugio seguro». Me sentí avergonzado.

Inmediatamente después de esta tragedia, las donaciones empezaron a llegar más rápido que nunca, tanto desde indignadas empresas públicas como desde compañías alimenticias que nos ofrecieron cargamentos de harina, azúcar, alimentos enlatados y mucho más. Así, con una enorme y preciada carga, nos pusimos en marcha con nuestro nuevo camión articulado, decididos a llevar esta ayuda a las mujeres y los niños recién llegados a Tuzla. Era una tarea complicada porque la única manera de llegar a esa ciudad era cruzando el centro de Bosnia-Herzegovina, donde la guerra todavía continuaba. Sabíamos que nuestro enorme camión no estaba diseñado para las pistas de montaña que teníamos que cruzar, así que acordamos colaborar con otra organización caritativa del Reino Unido que utilizaba pequeños camiones para llevar ayuda a Bosnia-Herzegovina.

Nos reunimos con ellos en la ciudad croata de Split y, en un complejo industrial, trasladamos nuestra carga a sus cinco camiones, bajo un sol abrasador. Tras darnos un obligado chapuzón en el Adriático, nos dirigimos al norte; ahora Julie y yo éramos conductores de camiones más pequeños junto a nuestros nuevos colegas. El segundo día de camino dejamos atrás el asfalto para entrar en caminos de tierra, mucho más seguros, a través de los bosques. Aquí me sentía como en casa porque estas pistas eran muy similares a las carreteras de Escocia en las que había aprendido a conducir de adolescente. El paisaje circundante también resultaba familiar, aunque las montañas eran un poco más altas y espectaculares que las de Argyll. Pero pronto me di cuenta de que estos camiones, a diferencia de los Land Rover y las camionetas a los que estaba acostumbrado, no tenían tracción a las cuatro ruedas y por lo tanto no habían sido diseñados para ese terreno. La carretera se tornó más rugosa y pronunciada. Las ruedas empezaron a patinar y yo empecé a preocuparme, no solo porque los vehículos que nosotros mismos habíamos encontrado resultaban inapropiados, sino por darme cuenta de que entre el nuevo equipo del que ahora formábamos parte algunos parecían más interesados en la búsqueda de emociones que en la entrega segura de las donaciones. Al norte de la ciudad de Mostar habíamos visto y oído en la distancia cómo explotaban los proyectiles. Me quedé horrorizado cuando escuché a uno de nuestros copilotos sugerir que tomáramos una ruta más cercana al humo que seguía subiendo «para ver qué estaba pasando». Me pareció como si alguno de ellos quisiera jugar a ser soldado. Cuando paramos en una base de la ONU para obtener asesoramiento sobre la ruta más segura que debíamos tomar, alguno de nuestros copilotos convenció a los soldados para que les dejaran sus ametralladoras para posar y sacarse una foto.

Empecé a entender, por primera vez, por qué las grandes agencias de ayuda solían calificar los pequeños esfuerzos de caridad como *amateurs* y peligrosos. Cuando nos instalamos para dormir a la intemperie, al lado de la fila de camiones aparcados, Julie y yo expusimos nuestras dudas acerca de seguir trabajando con esta gente, pero nos dimos cuenta de que en ese momento, después de haber alcanzado una parte del centro de Bosnia-Herzegovina, desconocida para ambos, no teníamos más remedio que seguir con ellos hacia Tuzla. Además, teníamos que confirmarles a todos los donantes en casa que sus aportaciones habían llegado de forma segura. Me metí en el saco de dormir de mal humor. Nuestros compañeros ni siquiera habían traído provisiones decentes para nosotros; irme a dormir con el estómago vacío siempre hace que me compadezca de mí mismo. Durante la noche nos despertamos rodeados de perros salvajes corriendo sobre nosotros. Es una sensación de lo más extraña. Se escabullían sobre nuestros sacos de dormir, aparentemente desinteresados en nosotros, hasta desaparecer en la oscuridad de la noche. Me pregunté qué les había pasado a sus dueños, de dónde venían y hacia dónde iban. Al día siguiente las carreteras estaban peor. Los camiones más fuertes remolcaban a los otros por las empinadas cuestas, por lo que el avance se hizo penosamente lento. Por nuestra propia seguridad teníamos que llegar a Tuzla antes del anochecer, pero cada vez se hacía más improbable. A medida que transcurría la tarde, el número de paradas para reparar los pinchazos fue aumentando. Me empezó a preocupar que alguno de los camiones se rompiera sin posibilidad de reparación. Cuando la luz se desvaneció, la negrura infinita del bosque a cada lado del camino empezó a parecer un poco siniestra. En el momento en que la situación se había tornado más sombría apareció un convoy de enormes camiones todoterreno noruegos detrás de nosotros. Sus conductores —civiles trabajando junto a las tropas de

Naciones Unidas—, al ver nuestra situación, se detuvieron para preguntarnos si necesitábamos ayuda. Eran tan amables que no se rieron de nosotros y nos dijeron que nos acompañarían a su base en Tuzla, remolcándonos cuando fuera necesario. Con nuestros inesperados ángeles de la guarda tirando de nosotros empezamos a progresar de forma constante. Finalmente llegamos a la base de la ONU a las tres de la mañana, y caímos extenuados en un profundo sueño, pero no antes de que Julie tuviera la oportunidad de decirme que había conducido uno de los enormes todoterrenos en la última etapa de nuestra jornada nocturna. Me lo contó como si se hubiera hecho realidad una de las mayores ambiciones de su vida. Empecé a pensar que quizá Julie fuera un poco rarita.

Al día siguiente llegamos a Tuzla. Nos recibió su alcalde, agradecido, que mostraba un aspecto muy cansado. Descargamos nuestra preciada carga —miles de cajas de alimentos, jabón, pañales— en un improvisado y pequeño almacén desde el que distribuirla a los refugiados de la pista aérea cercana. Más tarde fuimos al enorme campamento, ahora el hogar de 30.000 personas. Anduvimos por un camino entre las tiendas. Una chica estaba tratando de lavarse el pelo en un cubo, mientras que allí cerca una anciana con un pañuelo en la cabeza luchaba por hacer fuego con una pequeña pila de cartones. En otra tienda los médicos examinaban a niños severamente desnutridos con los rostros inexpresivos y demacrados. Caí en la cuenta de que solo habían pasado diez días desde la caída de Srebrenica. Diez días desde que las mujeres y los niños, sentados fuera de sus tiendas de campaña, desmejorados y quemados por el sol, habían sido testigos del asesinato a sangre fría de sus maridos, padres e hijos, así como de muchos otros horrores. Diez días en los que habían caminado aterrorizados a través del bosque. En una de esas travesías, una chica de veinte años llamada

Ferida Osmanovic se había colgado de un árbol con su bufanda. Y mientras ellos habían padecido estas cosas, yo había estado quejándome de la falta de sueño y de la mala comida.

Nuestros recientes compañeros de viaje hicieron el viaje de regreso a Split por los mismos caminos por los que habíamos venido, pero Julie y yo decidimos probar suerte con un helicóptero militar del que nos habían informado los noruegos. Nos dijeron que nos reuniésemos con ellos en la cercana pista de aterrizaje para esperar su llegada. El primer día no apareció. Los soldados que esperaban con nosotros nos explicaron que se debía a que no habían sido capaces de encontrar pilotos sobrios. Pensé que estaban bromeando, pero al día siguiente, cuando el enorme helicóptero tomó tierra, pude ver que los tripulantes ucranianos que bajaron de él para descargar estaban borrachos. Nuestros amigos noruegos nos habían advertido de que nadie podría entrar en esos helicópteros a no ser que llevara un chaleco antibalas. Nosotros no teníamos, y cuando le contamos la situación a un observador de la ONU, también a la espera de regresar a Split, este nos prestó unas sacas de correo azules, que eran del mismo color y forma que los chalecos antibalas estándar.

—Simplemente agárrenlos al embarcar y la tripulación nunca se dará cuenta —nos aconsejó.

Estaba en lo cierto. Mientras subíamos al vacío cavernoso del helicóptero, la tripulación nos miraba fijamente con ojos acuosos y estúpidas muecas de borrachos, y me di cuenta de que podríamos haber llevado cualquier cosa, o ninguna: les habría dado igual. La bestia nos tragó como la ballena de Jonás y despegó. Empezamos a rebotar dentro del enorme barril de metal, ya que los pilotos utilizaban «tácticas de vuelo», lo cual significa volar terriblemente bajo, abrazando las laderas y oscilando de un lado al otro del valle. Es de suponer que era necesario para reducir el riesgo de ser derribados, pero yo me preguntaba si no era simplemente la forma de pilotar de un borracho. Deseé, para mis adentros, haber regresado por las pistas forestales. Pero finalmente aterrizamos sanos y salvos en Split y nuestro enorme camión, María, nos esperaba fielmente para llevarnos a casa. Le habríamos dado un abrazo si nuestras extremidades hubieran sido suficientemente largas.

Capítulo 2
Una mujer vestida de sol

No es honesto creer en algo y no vivirlo.

MAHATMA GANDHI

Tanto durante nuestra infancia como después, el río Orchy era nuestro amigo, sobre todo en días como este en los que la incesante lluvia y los chorreantes afluentes se derramaban a borbotones lamiendo los bordes de la única carretera para salir de casa. La perspectiva de que la crecida del río nos aislara del resto de Dalmally era emocionante, especialmente cuando significaba un día sin colegio. El Orchy ha sido el lugar de juegos acuáticos de toda nuestra infancia. En los cálidos días de verano llevábamos una pequeña lancha neumática hasta Corryghoil, un pozo de aguas tranquilas y arena en la playa, para nadar en sus profundas y frescas aguas. Algunos días, papá cargaba el pequeño bote en su viejo remolque Rover y nos lo llevaba cañada arriba para que pudiéramos descender por los saltos de agua, bajo las ramas colgantes de los árboles, hasta llegar al viejo puente de piedra. En invierno, de vez en cuando, se cubría con una gruesa capa de hielo, por lo que quedábamos con nuestros amigos que vivían al otro lado para «patinar» sobre nuestras zapatillas de deporte o jugar a «*hockey* sobre hielo» con nuestros *sticks* de *shinty*[2] y una piedra a modo de disco. En otoño pasábamos largas horas intentando pescar salmones cuando luchaban contracorriente para desovar. Era una tarea complicada, pero valía la pena la espera porque volvíamos a casa victoriosos con un delicioso pescado plateado y excitantes historias de cómo había sido capturado.

Pero ese día de otoño, a finales de 1983, estábamos preocupados por la sigilosa invasión de agua que estaba teniendo lugar en los campos bajo nuestra casa. Nuestros vecinos Alasdair y Donald estaban trasladando sus ovejas a terrenos más elevados. Se suponía que la mañana siguiente debíamos tomar nuestro ansiosamente esperado vuelo a Yugoslavia. Mucho antes de que llegara la hora de iniciar el viaje nocturno al aeropuerto de Heathrow, el río estaba completamente desbordado y el camino había quedado sumergido bajo un torrente intransitable. Fue entonces cuando papá nos explicó que ya había pensado en la posibilidad de que se inundara y, por eso, más temprano de lo habitual, había aparcado nuestro coche al otro lado de la carretera anegada y había vuelto a casa andando. Nos dio una linterna y nos dijo que avanzáramos por el embarrado sendero de la ladera, por encima de la carretera inundada. Así empezó la aventura que cambió nuestras vidas, con una caminata en la oscuridad y bajo la lluvia, hasta los tobillos de barro, nuestro equipaje a la espalda y una sonrisa en la cara porque papá siempre iba un paso por delante.

Todo había empezado unas semanas atrás mientras desayunábamos sentados en la mesa redonda de la cocina.

2. El *shinty* es un juego originario de las Tierras Altas de Escocia, similar al *hurling* irlandés, que se practica con un *stick* curvo y una bola o disco de cuero. [*Nota del traductor*.]

Ruth, mi hermana, de vuelta a casa por vacaciones de la universidad, levantó la vista del periódico y dijo:

—¡Mirad! ¡Aquí dice que la Virgen María se está apareciendo a unos adolescentes en un lugar de Yugoslavia llamado Medjugorje! —a lo que siguió una alborotada conversación.

Éramos una familia católica devota y conocedora de famosos lugares como Lourdes, en el que Nuestra Señora se había aparecido en tiempos pasados. Incluso, el año anterior, habíamos ido de peregrinación en familia al santuario mariano de Fátima, en Portugal. Pero la idea de que Nuestra Señora pudiera aparecerse actualmente, en nuestro tiempo, era algo que nunca se nos había ocurrido.

—Mamá, si esto fuera verdad, deberíamos ir —le suplicamos.

Nuestros padres nos explicaron que ellos no podrían viajar las próximas vacaciones de Navidad por las obras que había que hacerle a la casa de huéspedes (nuestro hogar era un viejo y laberíntico pabellón de caza y pesca). Perseveramos en nuestra súplica y nos sorprendieron cuando sugirieron que fuéramos por nuestra cuenta. Ruth y su novio Ken tenían diecinueve años de edad, mientras que mi hermano Fergus y yo teníamos dieciséis y quince, respectivamente. Entre el día de la discusión durante el desayuno y el día de la inundación descubrimos que el pueblo de Medjugorje estaba cerca de la ciudad de Mostar, pero, más allá de eso, no habíamos podido localizarlo en un mapa, y mucho menos averiguar cómo podríamos llegar hasta allí desde el aeropuerto de Dubrovnik o desde donde fuera. «Todo forma parte de la aventura», pensamos. Lo mismo opinaron varios de nuestros primos y un par de amigos de la universidad de Ruth y Ken que habían pedido unirse a nosotros. Así fue cómo diez de nosotros, algunos enfangados de cintura para abajo, finalmente embarcamos en un vuelo de Heathrow a Dubrovnik.

En Dubrovnik, ciudad amurallada de impresionante belleza, colgada al borde de las brillantes aguas del mar Adriático, logramos encontrar alojamiento por una noche con un hombre que solo conocía una frase en inglés, probablemente sacada de películas americanas.

—¡Tómatelo con calma, hijo de puta! —exclamaba con una sonrisa a todas las preguntas que le hacíamos.

Por lo que entendimos, su pensión era ilegal, una pequeña empresa privada que no tenía derecho a existir en ese país comunista. A la mañana siguiente descubrimos que durante las vacaciones no había transporte público, por lo que, finalmente, alquilamos un par de coches para llegar a nuestro destino. Al rato estábamos serpenteando por la bonita costa, ascendiendo las escarpadas montañas hacia Mostar, riéndonos todo el rato del «hijo de puta» de la noche anterior. Nos habían advertido de que la policía y las autoridades comunistas no estaban en absoluto entusiasmadas con las informaciones publicadas sobre las apariciones en Medjugorje, o con la idea de que muchos extranjeros viajaran hasta allí. De hecho, antes de salir de Escocia, la embajada yugoslava había estado llamando a nuestros padres para decirles que eran unos irresponsables por dejarnos ir. Por eso, no nos sorprendió en absoluto cuando, a pocos kilómetros de Medjugorje, nos paró la policía para preguntarnos por las razones del viaje. Nos dejaron marchar al cabo de unos minutos, aunque no parecieron impresionados cuando Ken tuvo la audacia de preguntarles cómo llegar al pueblo desde su puesto de control.

Finalmente, llegamos al pequeño grupo de casas de piedra dispersas entre viñedos y campos de tabaco y aparcamos junto a una iglesia blanca con dos torres, que parecía demasiado grande para el pequeño pueblo que la rodeaba. Asimismo destacaba una enorme cruz en lo alto de la colina dominando el pueblo. Entramos en la iglesia y, para nuestro asombro, al ser una tarde de día laborable, la encontramos totalmente llena. Los feligreses estaban rezando el rosario y la misa estaba a punto de empezar. Parecía que todos los allí reunidos eran del pueblo. Hombres altos y curtidos, con enormes manos de agricultor, ancianas vestidas de negro y familias con hijos pequeños cantaban y oraban con todo su corazón. Asistimos a una misa como nunca antes la habíamos vivido, sintiéndonos profundamente cambiados por este increíble espectáculo de fe. Al terminar, el sacerdote se aproximó a nosotros, se presentó como el padre Slavko y nos preguntó de dónde veníamos. Quedó impresionado al escuchar que habíamos viajado desde Escocia y quiso saber dónde pensábamos alojarnos. Le contestamos que no lo sabíamos todavía y nos explicó que no había hoteles o pensiones en el pueblo. Nos presentó a su hermana y a su familia, quienes inmediatamente insistieron en que nos quedáramos con ellos. La familia tenía tres hijos de edades similares a las nuestras. También se alojaba con ellos su prima Gordana, quien había venido desde Australia para pasar sus vacaciones. Esa noche y durante los días siguientes nos hizo de intérprete con mucha paciencia. ¡Sin parar! Además de algunas conversaciones sobre el fútbol italiano —una pasión que compartíamos con los hijos de la familia—, hablamos de los sucesos extraordinarios que estaban teniendo lugar en su pueblo.

Nos explicaron que el 24 de junio de 1981, mientras iban por la calle, dos adolescentes del lugar habían visto a una señora en la ladera a quien reconocieron como la *Gospa*, término croata para denominar a la Virgen María. Al día siguiente se les unieron otros cuatro chicos, quienes también la vieron y oyeron que les hablaba. Ella les dijo que era la Virgen María, la Reina de la Paz. Una de las primeras cosas que les dijo fue:

—He venido a decirle al mundo que Dios existe. Está en

la plenitud de la vida, y para disfrutar de la plenitud y obtener la paz debéis volver a Dios.

A partir de entonces estos seis niños empezaron a ver a la Virgen María y a hablar con ella todos los días. No tardaron en unirse miles de vecinos para estar con los niños en el momento de postrarse de rodillas y conversar con alguien que nadie más podía ver. A medida que se corría la voz y llegaban personas desde más lejos, las autoridades comunistas mostraron su descontento con estas demostraciones públicas de fervor religioso y empezaron a tomar medidas drásticas. Llevaron a los jóvenes a un hospital psiquiátrico en el que los interrogaron y amenazaron con detenerlos, pero ninguno de ellos se retractó de sus afirmaciones, ni tan siquiera el más joven de ellos, Jakov Colo, de nueve años. Se prohibieron las reuniones en la ladera, por lo que las multitudes empezaron a llenar la iglesia cada noche que los niños tenían sus apariciones. Entre tanto, encarcelaron al padre Jozo Zovko por el apoyo que les daba; aunque, como párroco del pueblo, inicialmente había sido muy escéptico con las afirmaciones de los niños, terminó por creerlos. Nuestros anfitriones nos contaron, a través de la siempre paciente Gordana, la increíble cadena de acontecimientos que habían tenido lugar en su pueblo, y nos describieron los numerosos y extraordinarios milagros de los que, junto con muchas otras personas del lugar, habían sido testigos. A modo de ejemplo, habían visto cómo giraba el sol en el cielo (reminiscencias del famoso milagro presenciado por decenas de miles de personas en Fátima setenta años antes); también se habían producido varias curaciones de personas con todo tipo de dolencias.

Estábamos fascinados por los relatos que esta sana y equilibrada familia nos contaba de forma tranquila y realista. Nos explicaron que se contaban otras historias de milagros y chismorreos, pero ellos solo nos hablaron de las que sabían a ciencia cierta que eran verdad. Estábamos abrumados por su amabilidad. Transcurrida la primera noche, nos dimos cuenta, con enorme vergüenza, de que nos habían dejado sus camas para dormir mientras que ellos dormían en el suelo. Durante las siguientes noches de nuestra corta estancia, independientemente de lo mucho que insistimos, no fuimos capaces de convencerlos de que nos dejaran dormir a nosotros en el suelo. La familia conocía muy bien a los videntes. Marko, uno de los hermanos, nos explicó que estaba saliendo en ese momento con Mirjana, la mayor de los seis. Insistieron para que pudiéramos estar presentes en el cuartito contiguo a la iglesia junto a los videntes, quienes tenían edades similares a las nuestras, cuando tuviera lugar la aparición. Durante las dos noches siguientes nos encontramos en un pequeño y abarrotado cuarto al otro lado del altar. Estábamos rezando un rosario con los jóvenes videntes y el resto de las personas que se encontraban en la iglesia cuando, de repente, los videntes dejaron de rezar y, simultáneamente, dirigieron sus miradas a la pared. Se hizo el silencio. Vimos en ellos una amplia sonrisa y nos dimos cuenta de que estaban hablando, pero no podíamos escuchar sus palabras. Parecían tener una profunda conversación con alguien a quien no podíamos ver. Yo estaba tan cerca de ellos que podía haber tocado a Marija mientras pronunciaba unas palabras a alguien; parecía totalmente cautivada y encantada. Esto se prolongó durante algunos minutos y, entonces, los niños dejaron de mirar hacia arriba y se percataron de nuestra presencia. Juntos reanudamos y terminamos el rosario.

Durante esos pocos días en Medjugorje experimenté un sentimiento de profunda alegría, diferente a todo lo que había sentido antes. Estaba eufórico. Nuestra Señora había venido a decirnos que Dios existía. Yo la creí en cada fibra de mi ser. Y decidí responder lo mejor que pude a la invitación de la Virgen en mi vida. El resto de nuestro pequeño grupo parecía estar teniendo unas experiencias muy similares. Nos reímos mucho todos juntos en esa semana, y también lloramos. Fue como si estuviéramos descubriendo quiénes éramos realmente.

Más adelante, vimos con nuestros propios ojos cómo el sol se puso a girar, a irradiar vivos colores y a moverse por el cielo. Un espectáculo increíble, aunque para entonces, y dadas las emociones que estaban surgiendo en nuestros corazones, no parecía ciertamente la experiencia más increíble de esa semana. Volvimos a casa, a Escocia, muy cansados y muy contentos. Mamá, papá y nuestros abuelos, que vivían con nosotros, junto con dos sacerdotes de confianza, nos esperaban equipados con una grabadora y un gran número de preguntas cruciales, e insistieron en que teníamos que responder antes de irnos a dormir. Estaban decididos a asegurarse de que no estábamos siendo engañados por alguna maliciosa travesura o algo peor. También querían verificar minuciosamente nuestra información a la luz de las enseñanzas de la Iglesia. Mamá y papá eran cualquier cosa menos cínicos en este sentido. De hecho, viéndolo en retrospectiva, creo que, de alguna manera, todos sabíamos en nuestro corazón que era verdad desde el momento en que Ruth nos leyó por primera vez el pequeño artículo del periódico durante aquel desayuno. No puedo pensar en ninguna otra razón por la que mamá y papá nos animaran a ir. Pero ahora querían estar seguros, y querían estar bien preparados para responder a las preguntas que, sin duda, otros les plantearían.

Quedaron impresionados por la información y las respuestas que les dimos, pero aún más por los cambios que notaron en nosotros de forma apreciable durante los días siguientes. Éramos sus hijos adolescentes quienes los animábamos a pasar más tiempo juntos en oración, cuando siempre había sido al contrario. Podían percibir que algo profundo nos había pasado. Entretanto, Ruth escribió un artículo sobre nuestra experiencia que se publicó en el *Catholic Herald*. Pusieron nuestra dirección al final del escrito y empezamos a recibir muchas cartas solicitando más información. De hecho, durante las siguientes semanas, llegaron a casa cerca de mil y, mientras volvíamos a la universidad y al colegio, mamá y papá respondieron a mano a cada una de ellas. Llegó una carta de una señora llamada Gay Rusell, de Malawi. Explicaba que pilotaba una pequeña avioneta y que volaba sobre África del Sur, y nos pedía más información. Mamá le envió una carta. De todas las que llegaron, esta es la que recordamos a pesar de que no volvimos a oír hablar de ella. La imagen de una señora volando sobre África del Sur y hablando a todo el mundo de Medjugorje pasó a ser un tema de conversación familiar. No podíamos saber entonces que, veinte años más tarde y en circunstancias muy diferentes, acabaríamos conociendo a Gay en su casa de África, y que a partir de esa unión pasaría algo extraordinario.

Al cabo de dos meses, una vez contestadas todas las cartas, mamá y papá también visitaron Medjugorje. Sus experiencias fueron similares a las nuestras y, cuando regresaron, asimismo convencidos de que María, la madre de Jesús, realmente se estaba apareciendo en la tierra, en nuestro tiempo, y con un mensaje para la humanidad, sintieron que Dios les pedía reconvertir nuestro hogar y casa de huéspedes en una «casa de oración», un lugar al que la gente pudiera retirarse para pasar tiempo con Dios. Empezaron a reservar algunas habitaciones de los huéspedes de pago (muchos de los cuales venían para pescar salmones o cazar ciervos) para organizar retiros. Nuestro mayor salón pronto quedó reconvertido en capilla, la mesa de billar fue reemplazada por un altar y, al cabo de unos meses, la casa de huéspedes Craig Lodge se convirtió en la Casa de Oración Familiar Craig Lodge. De igual forma que muchos visitantes venían por un día o dos, otros se quedaban mucho más tiempo. Pronto nació una pequeña comunidad (la comunidad Krizevac, llamada así por la colina en la que se encuentra la cruz de Medjugorje) formada por gente joven que había venido a vivir con nosotros, que quería dedicar tiempo a profundizar en su espiritualidad y discernir su vocación en la vida, o quienes, quizá, solo necesitaban un lugar de refugio para recuperarse de lo que la vida había lanzado contra ellos hasta ese momento.

Así pues, nuestra idílica y tranquila casa de campo se convirtió en un hervidero de actividad. Tras haber vivido en una casa de huéspedes, un hotel, desde que tengo uso de razón, estaba acostumbrado a que otros ocuparan nuestro hogar. No era tampoco la primera vez que mamá y papá habían tomado una decisión que había alterado la vida de la familia. Dos años antes habíamos acogido a Mark, un niño de siete años que sufría una terrible enfermedad de la piel y que había sido abandonado en un hospital de Glasgow. Yo me sorprendí y me molestó, a mis doce años, dejar de ser el «bebé de la familia». De repente nos encontramos con un niño pequeño entre nosotros que tenía graves problemas de comportamiento, propenso a espectaculares estallidos de rabia. Rápidamente aprendimos de este pequeño crío de ciudad una amplia gama de palabrotas y formas de insultar a la gente. A pesar de todo, Mark se convirtió muy pronto en nuestro muy querido hermano pequeño y, al poco tiempo, le adoptamos. No solo pasó a formar parte permanente de nuestra familia, sino que, para todos nosotros, fue una increíble bendición.

Pero la decisión de mamá y papá de abrir sus puertas suponía una nueva invasión de nuestro espacio familiar; una invasión bonita y amistosa, pero no siempre fácil. El flujo de visitantes en casa era incesante, por lo que las fronteras del espacio familiar privado solían ser imprecisas. La mayor parte de mi vida social era con amigos, con quienes había crecido en el pueblo de Dalmally. A medida que me hacía mayor, en mis últimos años adolescentes, pasé la mayor parte del tiempo fuera de Craig Lodge, haciendo deporte o en el *pub* local. En ese entorno casi nunca hablaba de mi fe, del centro de retiro o de mis experiencias en Medjugorje. Era casi como si llevara dos vidas paralelas. Nunca he perdido la fe, y todavía hoy rezo todos los días, pero fuera de mi entorno familiar no había nadie con quien yo hablara de eso. Mi compañero más íntimo era mi hermano Fergus, con quien formaba parte de un reducido grupo de amigos que habíamos crecido juntos en el pueblo. Desde muy temprano fuimos fanáticos jugadores de *shinty* (el deporte de las Highlands, que cuenta con una injusta reputación de violencia), por lo que la mayoría de los sábados íbamos al pueblo de nuestro equipo, Glenorchy. Aunque tiene ciertas similitudes con el *hurling* irlandés, aquellos que ven por primera vez el juego del *shinty* lo describen como un *hockey* sobre hierba sin reglas. Pero el *shinty* era mi pasión. Me encantaba el juego por sí mismo y por el hecho de que casi todos los miembros del equipo eran los chicos con los que yo había crecido. En la escuela primaria ganamos la Copa escocesa, y nos mantuvimos muy unidos desde entonces. Esta victoria nos llevó a creer que un día seríamos los campeones nacionales a nivel sénior, algo que nunca había ocurrido en nuestro pueblo y que, a medida que fueron pasando los años, quedaba más lejos, porque nuestro éxito fue disminuyendo. Probablemente se debió a la cantidad de tiempo que pasamos en el *pub* del pueblo en lugar de estar entrenando en el campo de *shinty*.

La mayoría de las tardes del sábado, una vez terminados los partidos, las pasábamos en el *pub* local o en uno de los pueblos cercanos en alguna fiesta o baile tradicional escocés. Era habitual que el domingo Fergus y yo no consiguiéramos levantarnos a tiempo para llegar a misa en el pueblo. Con frecuencia nos pasábamos la tarde del domingo conduciendo para asistir a una misa nocturna porque no había ninguna otra cerca. Nunca faltamos a ninguna, pero asistimos a muchas de ellas con resaca y dolor de garganta. Hablábamos de nuestra fe y rezábamos juntos —siempre lo hemos hecho, que yo recuerde, desde que compartíamos dormitorio—, pero nunca hablábamos de esa parte de nuestra vida con el resto de nuestros amigos, aunque fuesen íntimos. Así que, a medida que nuestra doble vida tomaba caminos divergentes, yo me encontraba cada vez menos feliz. Nunca perdí la fe ni el gran respeto a mis padres y sus decisiones, podía ver y entender que lo que ellos hacían era algo muy bonito, algo que estaba cambiando la vida de mucha gente. Su decisión no tenía ningún interés económico; se invitaba, a aquellos que venían a quedarse, a hacer una donación para cubrir costes, pero nunca fueron rechazados quienes no podían permitírselo. Con el tiempo y para poder salir adelante, vendieron el negocio de pesca de salmón que habían tenido en el Orchy y siguieron recibiendo a todo el mundo con una sonrisa. La sopa casera de mamá llegó a ser famosa en todas partes; los «abrazos de oso» de papá, aún más.

Entretanto, me matriculé en la Universidad de Stirling para estudiar Historia, aunque en mi corazón nunca quise dejar Argyll. Mi niñez había transcurrido acechando ciervos y trabajando al aire libre, por lo que nunca tuve el deseo de trasladarme a una ciudad y nunca tuve en mente estudiar ninguna carrera en particular. Además, mis mejores amigos se quedaban en Dalmally y encontraban trabajo. Yo había sacado buenas notas en el colegio, por lo que se esperaba de mí que fuera a la universidad. Como mi asignatura favorita había sido Historia, elegí esa carrera. Pero no duré mucho tiempo en Stirling. Mi timidez, que había dominado hasta ahora por permanecer en compañía de buenos amigos, resultó ser muy agobiante en este nuevo ambiente. No podía hablar con los otros estudiantes y, por descontado, no podía hacer amistad con ellos. Así que, cada fin de semana, hacía autostop para volver a casa, ver a mis amigos y jugar al *shinty*. Era suficiente vestir mi querido uniforme de rayas de Glenorchy y tener el *stick* de *shinty* en mis manos para hacerme feliz y sentirme confiado de nuevo durante noventa minutos.

—¡Bien jugado, Gran Hombre! —gritaban los espectadores de la grada cuando ganaba un punto o lanzaba la bola hacia arriba en el campo (afortunadamente, mis compañeros de equipo Zorrito y Pelé tenían unos apodos más imaginativos).

Pero luego volvía al campus de la universidad a esconderme en mi cuarto. Al cabo de seis meses casi destrozo el corazón de mi madre al renunciar y abandonar la universidad. Volví a Argyll para trabajar al aire libre plantando árboles para la Comisión Forestal, apilando madera en un aserradero y, luego, pasé a ser un piscicultor de salmón. Durante seis años formé parte de un pequeño equipo que criaba salmones en las enormes jaulas de red que flotaban en el lago Craignish, un aislado y profundo estanque a seis kilómetros y medio de la carretera asfaltada más cercana. Era un lugar lleno de paz en el que disfruté de una intensa y agotadora rutina diaria, un buen lugar para pensar y rezar en el que me hice amigo de los chicos con los que trabajaba. Pensé que probablemente pasaría el resto de mi vida viviendo y trabajando en esa parte de Escocia. La mayor parte del tiempo me sentía bastante satisfecho ante esa perspectiva. Sin embargo, los largos, oscuros y fríos inviernos evocaban imágenes sobre cálidas y exóticas tierras, así como nuevas experiencias, con demasiada frecuencia.

Entonces, una lluviosa tarde de noviembre de 1992, Fergus y yo nos dirigimos a nuestro *pub* local para tomar una pinta. Era una tarde excepcionalmente tranquila. No habíamos jugado al *shinty* porque el terreno de juego estaba inusualmente anegado. Muy pocos compañeros nuestros habían aparecido. Empezamos a charlar sobre lo que habíamos visto en la televisión esa tarde: un reportaje sobre el sufrimiento de la gente de Bosnia-Herzegovina que había padecido limpieza étnica, y que ahora sobrevivía en campos de refugiados. La Yugoslavia que habíamos visitado como adolescentes se estaba rompiendo en pedazos. En 1991, Eslovenia y Croacia se habían declarado unilateralmente independientes. Ese fue el punto de inflexión para que se iniciara la guerra entre los serbios, entre los que habían dominado el estado yugoslavo y aquellos que deseaban separarse. Un año más tarde, Bosnia-Herzegovina, hogar de croatas, musulmanes y serbios, estalló en una guerra civil, un conflicto aterrador que se mostraba al mundo a través de las cámaras de televisión. Mientras, en Medjugorje, Nuestra Señora la Reina de la Paz seguía apareciéndose a los mismos seis jóvenes. El nombre que se había dado empezaba a tener un significado nuevo. A lo largo de los años sus mensajes trataban invariablemente acerca de la paz, de cómo debía evitarse la guerra si vivíamos el mensaje del Evangelio. Exactamente diez años después del día en que ella se apareció a esos seis niños en Medjugorje, se produjeron los primeros disparos de la guerra. Algunos de los mensajes de Nuestra Señora, y la urgencia con la que habían sido transmitidos, resultaron mucho más claros a medida que el horror iba desplegándose, y un torrente de noticias sobre masacres sangrientas, limpieza étnica y violaciones masivas aturdía a la moderna Europa. Tal vez muy pocos de los que habíamos tenido el privilegio de escuchar y creer sus mensajes habíamos llegado a ponerlos en práctica en nuestras vidas.

Ese documental en particular se centraba en un campamento cerca de Medjugorje. Probablemente esa fue la razón por la que empezamos a hablar de lo mucho que nos gustaría ir a echar una mano allí. Conocíamos a un grupo de personas en Londres que estaba organizando el transporte de ayuda a Medjugorje, por lo que empezamos a pensar en hacer una campaña de donaciones a nivel local para recibir ayuda y llevarla con una de esas caravanas. Tras la hora de cierre, caminando de vuelta a casa junto al negro río que casi había impedido que visitáramos Medjugorje todos esos años atrás, nos pusimos a hablar cada vez más entusiasmados sobre la perspectiva de regresar.

Al día siguiente compartimos la idea con el resto de la familia y, casi de inmediato, antes de que pudiéramos reflexionar más a fondo, se puso en marcha la pequeña campaña de ayuda. Mamá y papá llamaron por teléfono a varios amigos y visitantes regulares del centro de retiro para preguntarles si podían colaborar; al poco tiempo se estaban entregando en nuestro hogar paquetes con alimentos, ropa y medicinas. Para nuestra sorpresa, también empezaron a llegar por correo donaciones de dinero. Apresuradamente Fergus y yo nos tomamos una semana de vacaciones de la piscifactoría en la que trabajábamos para comprar un Land Rover de segunda mano con el dinero recibido. Habíamos aprendido de aquellos que organizaban caravanas desde Londres que para distribuir la ayuda en las montañas de Bosnia-Herzegovina se necesitaban vehículos con tracción a las cuatro ruedas. Nuestro plan era, por tanto, salir de Londres junto a la caravana y dejar en Medjugorje tanto la ayuda como el Land Rover para luego volar de regreso a casa.

Apenas tres semanas después de esa conversación en el *pub*, nos encontramos al volante de un Land Rover peligrosamente sobrecargado saliendo de Londres hacia Dover y, de allí, a Bosnia-Herzegovina. Dado que habíamos avisado a nuestro jefe con muy poca antelación, no podía darnos más que una semana de vacaciones, así que, para asegurar que podíamos ir y volver en el tiempo disponible, organizamos una cadena de amigos que conducirían la primera parte del viaje desde Dalmally a Londres. Nosotros, entonces, acortamos un día de viaje tomando un vuelo. Y así fue como llegamos de nuevo a Medjugorje, con un Land Rover repleto de donaciones para personas a las que nunca habíamos visto, muchas de las cuales vivían en vagones de tren abandonados en un cercano campamento de refugiados. No habíamos vuelto desde nuestro viaje a principios de los 80 —era la primera visita como hombres adultos—, por lo que en un primer momento nos quedamos impresionados al ver todas esas pensiones y hoteles en lugares donde antes solo había viñedos. Para cuando ascendimos al monte Krizevac rezando el vía crucis y nos sentamos al pie de la enorme cruz blanca de la cima, supimos que todas las bendiciones y gracias que habíamos experimentado allí de adolescentes se estaban derramando de nuevo sobre nosotros. Regresamos a casa con el corazón agradecido. Las diversas donaciones y el dinero que habían estado llegando a Craig Lodge, en respuesta a nuestra primera y pequeña campaña de ayuda, no se habían detenido, de hecho, el goteo se había convertido en un diluvio. Los cobertizos que me había prestado mi padre al lado de Craig Lodge estaban ahora repletos de material médico, alimentos, mantas y ropa. Me di cuenta de que debía tomar una decisión. Tras rezar y pensarlo durante unos días, entregué mi carta de renuncia en la piscifactoría y puse mi casa en venta. Durante algún tiempo había estado buscando algo más en mi vida y ahora, inesperadamente, tenía una oportunidad. Mamá vendió el valioso cuadro que había heredado recientemente de un pariente lejano para ayudarme a reunir el dinero que necesitaba para comprar un pequeño camión. Dijo que cuando yo no estuviera durmiendo en ese camión podía volver al hogar de Craig Lodge. Y así, sin plazo determinado ni «plan maestro», me encontré organizando la recogida y entrega de ayuda para Bosnia-Herzegovina.

Capítulo 3
Pequeños actos de amor

> Da algo, por pequeño que sea, a quien lo necesita.
> No hay nada pequeño para quien nada tiene.
> Tampoco será pequeño para Dios
> si hemos dado lo que hemos podido.
>
> San Gregorio Nacianceno

Mientras tanto, en casa, mamá y papá seguían llamando por teléfono a todos sus conocidos. A lo largo de los años, miles de personas se habían alojado con ellos y muchos habían pasado a ser amigos queridos. Las llamadas explicando nuestros nuevos esfuerzos por la gente de Bosnia-Herzegovina movilizaron rápidamente a un ejército de colaboradores. No satisfechos con eso, mamá escribió a todas las parroquias católicas de Escocia para recabar apoyo. La respuesta fue increíble. El teléfono no paraba de sonar con ofertas de ayuda. El cartero llegaba cada mañana con montones de cartas que contenían cheques procedentes de donaciones personales, colectas en las iglesias o el resultado de actos de recaudación de fondos. Julie se pasaba horas redactando cartas de agradecimiento con su máquina de escribir mientras yo me dedicaba a conducir, por todo el país, para recoger las donaciones de artículos y traerlas de vuelta a los cobertizos de Craig Lodge, donde las clasificábamos y empaquetábamos para su embarque. Se trataba de un trabajo duro que no hubiera podido llevar a cabo sin la colaboración de numerosos amigos que nos ayudaban regularmente. Una de mis tareas favoritas era la carga de los camiones con destino a Bosnia-Herzegovina. Sentía una gran responsabilidad para asegurar que hasta el último centímetro cuadrado del vehículo estuviese totalmente ocupado, de manera que aprovecháramos al máximo cada uno de los caros y largos viajes para entregar la carga a los necesitados. Hacer encajar las mercancías de diferentes tamaños, pesos y fragilidades se convirtió en una especie de rompecabezas gigante en 3D. También suponía un gran esfuerzo físico, algo que echaba de menos desde que había dejado la piscifactoría en la que había trabajado de la mañana a la noche durante seis años realizando labores manuales muy exigentes. La tarea que menos me agradaba era la de dar charlas y hacer presentaciones para aquellos que nos pedían información. O, mejor dicho, yo imaginé que sería la tarea que menos me agradaría porque, durante algún tiempo, conseguí evitar cualquier invitación persuadiendo a mamá, o a Julie, para que se ocuparan de estas charlas en iglesias, colegios y otros grupos de apoyo, mientras que yo debía hacer alguna recogida previamente concertada en algún remoto lugar del país.

John y Anne Boyle, una maravillosa pareja de jubilados de Glasgow, acudieron a nuestro rescate. Crearon un grupo de voluntarios en la ciudad y consiguieron un almacén gratuito del ayuntamiento, así como una furgoneta para hacer las recogidas locales. En poco tiempo estas acciones ocuparon la mayor parte de nuestras operaciones. El almacén gratuito fue un regalo muy apreciado, aunque poco apropiado por su diseño. Teníamos nuestro espacio en el cuarto piso, lo que significa que teníamos que introducir y sacar todos los artículos usando un viejo ascensor. Los días que cargábamos el camión para llevarlo al extranjero, un equipo se ocupaba de llenar el ascensor en el cuarto piso para enviarlo al grupo de abajo, que cargaba el camión. El ascensor se estropeaba con frecuencia. Comprendimos que las autoridades de la ciudad solo enviarían a un técnico para arreglarlo de forma inmediata si se hubiese quedado alguien atrapado en el ascensor; de otro modo, la espera podía durar horas o incluso días. Finalmente descubrimos que podíamos deslizarnos al interior del ascensor atascado a través del techo, por lo que, en algunas ocasiones, recurrimos a esta artimaña antes de llamar al ayuntamiento.

—Sí, hay alguien dentro —contestaríamos de forma precisa y honesta.

Creo que ellos sabían perfectamente lo que estábamos haciendo, ya que, cuando aparecían, se encontraban que uno de nosotros estaba dentro, con la cara roja y exprimido entre una pila de cajas. Daba la sensación de que, junto con el resto de la ciudad, querían ser parte de ese esfuerzo para mantener la ayuda en movimiento. Si bien en un principio gran parte de nuestro apoyo en Glasgow llegó a través de las parroquias, tan pronto como la gran comunidad musulmana oyó hablar de nuestro trabajo, también se involucró. Organizaban colectas de comida en las mezquitas de forma regular y entregaban grandes cantidades a nuestros almacenes. Muchas personas de la comunidad asiática, principalmente descendientes de pakistaníes, estaban relacionadas con el comercio minorista de alimentos, por lo que, muy a menudo, donaban los excedentes de sus *stocks*. Pero nunca eran suficientes alimentos (secos o en conserva). Esa era la prioridad de las necesidades urgentes que recibíamos desde Bosnia-Herzegovina. Empezamos a ir a los supermercados para pedir permiso para recolectar comida. Nos dejaban aparcar un carrito de la compra vacío en la entrada de su establecimiento, repartíamos folletos a los clientes que entraban en la tienda para invitarlos a comprar un producto de nuestra lista que depositarían en el carrito al salir. Cada fin de semana uno de nuestros pequeños equipos se acercaba a una tienda diferente con este propósito. Quedamos impresionados por la buena disposición de la gente a donar de esta manera. También resultó muy eficaz que otro equipo se situara en la furgoneta para clasificar y empaquetar por separado cada uno de los productos a medida que llegaban. Por lo general, volvíamos al almacén al final de la noche con cajas llenas y listas para ser entregadas, incluso rotuladas, como vegetales, pasta, azúcar, etcétera. Casi todas las cajas que usábamos para embalar habían sido donadas por las destilerías de *whisky*. Eran cajas fuertes, perfectas, que causaban gran expectación y consternación en los puestos fronterizos. Los funcionarios de aduanas y la policía se quedaban boquiabiertos cuando abríamos la caja de nuestro camión para ser inspeccionada. Inmediatamente pensaban que estos «humanitarios» no eran más que contrabandistas de *whisky*. En general quedaban decepcionados cuando se revelaba el contenido de las cajas una vez abiertas. Con el paso del tiempo, nos dimos cuenta de otro interesante patrón en las colectas de los supermercados. Aquellos que vivían en las zonas deprimidas de Glasgow —lugares con las peores tasas de desempleo y pobreza en el Reino Unido— eran mucho más generosos que los que residían en barrios más ricos. No pretendo explicar por qué ocurre esto, pero es real y digno de mención.

Me resultó muy difícil definir «patrones de donaciones» cuando pedíamos dinero por la calle. Se trataba de una actividad en la que yo disfrutaba mucho menos que en los supermercados. Siempre es más embarazoso pedir dinero a un extraño que comida. A pesar de que resultara obvio que no se trataba de una petición personal, había algo cuando golpeaba una lata mientras decía «por favor, ayuda a la gente de Bosnia-Herzegovina» que yo encontraba muy difícil. Era como una pequeña humillación; quizá una pequeña muestra de lo que uno debe de sentir cuando tiene que pedir para sus propias necesidades. Para pasar el rato durante las eternas horas en la calle, muchas veces me entretenía con un juego privado por el que intentaba adivinar la respuesta que cada peatón daría a mi solicitud: el tipo con los músculos y tatuajes; la mujer con el cochecito de niño; los escolares en su hora del desayuno; el músico callejero que parecía molesto por mi presencia en «su zona». La mayoría de las veces, me sorprendían. No podía llegar a conclusiones por clases de personas o por la forma en que metían las monedas en la lata. Tampoco podía distinguir patrones entre hombres y mujeres, jóvenes y mayores, de mirada fiera o tranquila, o los cantantes de viejas canciones escocesas deprimentes u optimistas, o incluso entre los gaiteros. Estoy seguro de que otros han llevado a cabo experimentos mucho más científicos sobre esta materia y podrán, por tanto, demostrar que estoy equivocado, pero llegué a la conclusión de que personas de todo tipo podrían ser extremadamente generosas o extremadamente tacañas. Nuestra experiencia en este campo incluía una comparación potencialmente mucho más polémica, cuando nos daban permiso para hacer colectas en la calle alrededor del estadio nacional de fútbol, justo antes de la final de la Copa escocesa que iba a ser disputada por los dos gigantes del fútbol escocés: Glasgow Rangers y Glasgow Celtic. La rivalidad entre estos dos equipos tiene fama de ser la más encarnizada en el mundo del fútbol, en tanto que representan a las comunidades protestantes y católicas del oeste de Escocia, y la indeseable carga histórica que ello conlleva. Así fue como, con cierto temor, nos aventuramos con nuestras latas de colecta entre el hormiguero de fans que se acercaban al estadio por decenas de miles. Me preguntaba si se darían cuenta de nuestra presencia o si escucharían nuestra invitación. Desde luego que lo hicieron. Sus donaciones fueron increíbles, las más generosas que he visto nunca. Sospecho que hubo algún componente de rivalidad. Tal vez pensaron que mantendríamos separadas las cantidades recibidas de los fans con camiseta azul de aquellas de los que la llevaban verde, para contárselo al mundo. O tal vez simplemente ocurre que la cerveza que se toma antes del partido ayuda a abrir corazones y carteras. Sea lo que sea (y en realidad estoy convencido de que habría razones mucho más loables que estas que menciono), recogimos una cantidad récord en un espacio de tiempo muy corto mientras los fans entraban en el estadio. El vínculo con esos dos clubes de fútbol de Glasgow ha continuado desde entonces de varias maneras.

Un par de años después de este acontecimiento me presentaron a dos famosos jugadores retirados, Frank McGarvey y Gordon Smith, quienes habían jugado en el Celtic y en el Rangers, respectivamente. Decidieron organizar un partido entre jugadores retirados de ambos equipos con objeto de recaudar fondos para nosotros. Como seguidor del Celtic y amante del fútbol, no podía estar más entusiasmado. Alquilaron un pequeño estadio en la zona este (East End) de Glasgow y llamaron a sus viejos amigos. Muchos jugadores famosos aceptaron jugar. El día antes del evento charlé con Frank sobre los arreglos de última hora. Le pregunté cómo se estaba configurando su equipo.

—No muy bien, la verdad —me contestó—. Algunos

se han echado atrás en el último momento. Será mejor que traigas tus propias botas.

Solté una carcajada.

—No es broma. Trae tus botas. Eres un muchacho grande y me dijiste que sabías jugar un poco.

Con eso, colgó el teléfono. Dejé de reír inmediatamente. Entonces llamé a mis amigos para contarles las últimas noticias. Y me fui a buscar mis viejas botas, que no habían visto un campo desde hacía bastante tiempo. Al día siguiente me encontré en un vestuario, sentado en medio de un grupo de jugadores que habían sido los héroes de mi infancia, hablando sobre tácticas para vencer a los Rangers. Recordé haber tenido un montón de sueños como este cuando era joven. Todo resultaba muy extraño.

—¿Dónde querrías jugar? —me preguntó Frank cuando empezó organizar a su equipo, y me di cuenta de que se dirigía a mí.

—Humm, arriba..., delantero.

—Excelente. Tú y yo jugaremos juntos en la punta —sonrió—. No te preocupes. Yo te cubriré.

Así fue como terminé jugando en un partido entre los Celtic y los Rangers. De hecho, me enfrentaba directamente a uno de los más famosos jugadores y reciente capitán del equipo nacional inglés, Terry Butcher. Era un hombre grande. Creo que se mostró indulgente conmigo durante el juego, a pesar de que su amabilidad no se tradujo en dejarme tocar mucho la pelota. En realidad no jugué demasiado bien y fallé un par de oportunidades que debía haber marcado. Perdimos el partido. Algunos de mis amigos de Dalmally habían venido a verme, lo cual significaba mucho para mí, aunque luego, en el bar, se lo pasaron en grande analizando mi rendimiento.

Toda esta experiencia me hizo sentir como si Dios me estuviera haciendo un pequeño regalo. Un maravilloso y sorprendente regalo. Algo totalmente inesperado, pero relacionado con algún deseo (incluso uno infantil que yo no me atrevía a articular como adulto) o alguna nostalgia que solo Él entendía. Sentí que esta era la forma a través de la cual Él quería hacerme saber que me entendía. Y esto me ha pasado muchas veces desde entonces. Regalos inmerecidos, inesperados y gratuitos que pueden abrirse cuando te sientes como un niño pequeño.

Mientras tanto, había un montón de cosas por hacer bastante menos interesantes. Ahora que este trabajo parecía haber evolucionado hacia una misión permanente, nos dimos cuenta de que teníamos que registrar una organización benéfica. El nombre que habíamos escrito inicialmente en los lados de nuestro viejo camión era Scottish Bosnia Relief.[3] Cuando la palabra *Bosnia* se hizo políticamente sensible durante la guerra, empezó a ser arriesgado conducir a través de determinadas zonas o cruzar algunas fronteras, así que la borramos. Al cabo del tiempo decidimos poner la palabra *International* (Internacional) en el espacio entre *Scottish* y *Relief*. Después de todo, razonamos, estamos entregando artículos en Croacia y también en Bosnia-Herzegovina, y ¿quién sabe en qué otro lugar en el futuro? Así pues, llamamos a la organización Scottish International Relief.[4] Durante un tiempo, mi hermano Fergus se dedicó a garabatear varias ideas para un logo. Elegimos una cruz celta azul que había dibujado con las letras *SIR*, el acrónimo por el que fuimos conocidos durante varios años. Este antiguo símbolo, una cruz sobre un círculo más pequeño, puede verse con frecuencia por Escocia e Irlanda y representa la transición del paganismo al cristianismo de nuestros antepasados, de la adoración al sol (el círculo) a

3. Ayuda Escocesa a Bosnia. [*Nota del traductor.*]
4. Ayuda Internacional Escocesa. [*Nota del traductor.*]

la adoración a Jesús (la cruz). A continuación necesitábamos un eslogan y, de nuevo, nos reunimos alrededor de la mesa familiar para estudiar varias ideas. Al final decidimos que sería «Repartiendo esperanza». Mi palabra favorita ha sido siempre *esperanza*. También discutimos brevemente acerca de si este trabajo debería ser una extensión del Centro Familiar de Oración Craig Lodge —que existía y estaba registrado como una organización benéfica desde hacía algunos años— adoptando, por tanto, el marchamo de una organización católica, o si debería ser aconfesional. Aunque todos sentíamos que esto era una labor de Dios y un fruto de Medjugorje, también sentíamos de forma unánime y decidida que debía ser una organización abierta a personas de todos los credos y de ninguno. Así pues, constituimos una nueva organización benéfica aconfesional a cuyo primer consejo de administración invitamos, además de a miembros de nuestra familia, a dos amigos no católicos que ya habían hecho mucho trabajo con nosotros. Trabajamos con un abogado del cercano pueblo de Oban para redactar los estatutos. En la primera reunión, bastante informal, elegimos a mi cuñado Ken, marido de Ruth, como presidente. El consejo se reuniría tres o cuatro veces al año, mientras que Julie y yo haríamos el trabajo diario contando con el apoyo de mamá y papá (a pesar de que seguían llevando la casa de retiros) y con la ayuda de multitud de voluntarios.

Julie, quien afortunadamente contaba entre sus dones con un gran talento para la administración, asumió la responsabilidad de dar las gracias a los donantes y registrar sus nombres y direcciones. Yo me encargaba, en gran medida, de conducir por toda Escocia para recoger las donaciones, y de la planificación y preparación de las entregas. Esto incluía la comunicación con nuestros socios en los diferentes lugares de penuria, listas de peticiones, trámites aduaneros, planificación de rutas y reparación de agujeros en el techo de nuestro camión. También me encargaba de escribir las peticiones de ayuda y los boletines informativos que empezamos a enviar a nuestro creciente grupo de benefactores y, para mi sorpresa, me encontré disfrutándolo mucho. De hecho, para ganarme la vida (todavía era un voluntario altruista viviendo de mis ahorros y del alojamiento gratuito de mamá y papá), empecé a escribir algunos artículos sobre otros temas y a venderlos a varias publicaciones. Gran parte del tiempo lo pasábamos conduciendo el camión por toda Europa. En el año transcurrido desde nuestro primer viaje con el Land Rover fui a Bosnia-Herzegovina en unas veinte ocasiones.

Cada vez que hacía una de esas entregas descubría cosas nuevas, pero aprendía tanto o más de las personas que estaban apoyando nuestro trabajo en casa de las formas más increíbles. Estaba muy motivado por la generosidad que estaba encontrando.

La señora Duncan Jones vivía en una pequeña casita, como las de los cuentos de hadas, al final de una accidentada pista cerca del pueblo de Kilmartin. Siempre disfrutábamos en las visitas que le hacíamos con nuestra furgoneta para recoger diversos artículos, tanto donaciones propias como objetos que había recogido de sus amigos en la zona. Cada vez que la visitábamos nos obsequiaba con magníficos cuencos de sopa casera y, «con objeto de proveernos de sustento en nuestro viaje a Bosnia», nos horneaba los más deliciosos pasteles de fruta que jamás he probado. Estos pasteles contenían una cantidad verdaderamente impresionante de *brandy*. A veces los dejaba, cuidadosamente envueltos, junto con una nota de ánimo, en cierta estación de servicio para que los recogiéramos en nuestro camino a Glasgow. Su marido, un sacerdote episcopaliano, falleció poco después de que nos conociéramos, pero su intenso trabajo y apoyo a nuestros esfuerzos nunca decayó. Recuerdo que en una ocasión, cuando la visitábamos para recoger otra pila de donaciones, me di cuenta de que no me servía la sopa con un cucharón, sino con una vieja taza. Empecé a mirar a mi alrededor, a sus estantes y armarios vacíos, y me di cuenta de que no había casi nada. Preocupado, le pregunté si estaba bien.

—Sí, muy bien —sonrió.

—¿Te estás mudando de casa? —pregunté.

—No, no. Me encanta estar aquí. No, solo pensé en esas familias de Bosnia que no tienen nada en absoluto regresando a sus hogares. Ellos necesitan estas cosas más que yo ahora. Quiero decir, ¿acaso una vieja mujer como yo, que vive sola, necesita realmente un cucharón? ¿O platos y cacharros de más?

Desde su hogar rodé colina abajo con mi furgoneta llena de sus pertenencias domésticas y el pastel cuidadosamente embalado en el asiento del copiloto. En el espejo retrovisor vi a la señora Duncan Jones despidiéndose con una magnífica y enorme sonrisa.

Tuve otras muchas experiencias motivadoras. Unas semanas antes de este episodio, íbamos Julie y yo (ahora prometidos en matrimonio) hablando durante el viaje de regreso a casa de otra expedición, cuando empezó a preguntarme, muy cuidadosamente, sobre mi timidez y mi ropa. Le expliqué con cierto aire de suficiencia que podía meter toda la ropa que tenía en una sola carga de lavadora (sin contar mi falda escocesa). Y ella acababa de darse cuenta, asombrada y abatida, de que el mal aspecto que yo tenía no se debía solo a que me pasaba todo el día conduciendo y cargando camiones.

—Bueno, supongo que eso explica por qué toda tu ropa es de ese horrible color gris —dijo secamente después de un corto silencio—. ¿Qué vas a hacer cuando todo esto termine? ¿Volverás a ser un piscicultor? —me preguntó.

—Realmente no lo sé —contesté tras pensarlo un poco—. De lo que estoy seguro es de que no va a ser algo que tenga que ver con el trato a la gente.

No obstante, a medida que pasaban los meses y tuve que pasar más tiempo hablando con personas a las que no conocía, mi autoconfianza fue creciendo muy poquito a poco. De vez en cuando, y gracias al apoyo de Julie, daba charlas a algunos de los grupos de benefactores; disfrutaba de algunos de esos encuentros y sentía que había algo que yo podía hacer y hacerlo bien. Descubrí que nuestros benefactores estaban hambrientos de información sobre nuestras últimas entregas de ayuda. Empezamos a tomar fotografías y compramos un viejo proyector para acompañar nuestras presentaciones. Cambiamos nuestros boletines para poder incluir fotos. Empezó a crecer en mí la necesidad de comunicar las palabras y carencias de los que estaban sufriendo a todos los que querían ayudarlos. Por un momento pensé que quizá podría convertirme en periodista. Un día vi un anuncio en una revista de pesca en el que buscaban un reportero. Envié mi currículum. Para mi sorpresa me pidieron que fuera a Edimburgo para una entrevista. Los dos hombres sentados frente a mí elogiaron los escritos que les había enviado, por lo que parecía que la cosa iba bien. Entonces me hicieron una pregunta:

—¿Qué harías si descubrieras que el producto vendido por una compañía que tuviera una importante cuenta de publicidad con esta revista (por ejemplo, que incluyera productos químicos para eliminar los parásitos de los salmones) tuviera un efecto muy perjudicial en el marisco de la zona?

—Por descontado que escribiría un artículo objetivamente correcto y bien documentado al respecto. Sería una historia importante para contar —les dije con cierta fruición, sin pensar ni por un segundo que mi respuesta les parecería irremediablemente ingenua.

Entonces vi cómo se miraban, uno con la ceja levantada y el otro sonriendo. Demasiado tarde, mi fantasía de ser galardonado por ejercer un periodismo como arma de la verdad y la justicia no era necesariamente compatible con ser escritor de una revista de pesca escocesa. Julie estaba esperándome fuera y, cuando le expliqué lo que había pasado, se rio mucho, y nos dimos cuenta de que realmente no teníamos el corazón puesto en eso. De hecho, nuestro corazón no estaba en nada que no fuera el trabajo que estábamos haciendo. Y Julie era una prometida que ni una sola vez había expresado su preocupación por nuestra futura salud financiera o bienestar.

Pero nos estábamos quedando sin dinero. Había pasado un año desde que dejé mi trabajo. El consejo propuso que empezara a recibir un pequeño sueldo para que este trabajo, que crecía de forma constante, pudiera continuar. Finalmente, tras discutirlo, pensarlo y rezar mucho, acepté. Fue una decisión difícil. No era parte del plan original; quedarme una parte del dinero recibido para mantenerme a mí, aunque fuera muy pequeña, resultaba incómodo. Queríamos que nuestra organización, y aún hoy lo queremos, soportara los costes más bajos posibles y dependiera de voluntarios siempre que se pudiera. Pero la alternativa estaba en que yo volviera a otro trabajo y redujéramos nuestra actividad justo en el momento en el que más gente nos daba su apoyo y nos animaba a seguir adelante. Un pequeño salario representaba un porcentaje muy pequeño del valor de las donaciones. Por tanto, acepté la oferta y estoy muy contento con la decisión.

Seguíamos buscando sin descanso la manera más efectiva de entregar la ayuda que las personas nos habían confiado. Estaba feliz de que con nuestro camión, de mayor tamaño, hubiéramos reducido bastante los costes de transporte, pero ahora empezaba a preocuparme cruzar Europa con un enorme tráiler vacío en cada viaje de vuelta. Empecé a indagar si alguien nos pagaría algo por traer alguna mercancía desde Europa del Este para compensar gastos. Fue en esa época cuando conocí a sir Tom Farmer, quizá el emprendedor escocés más famoso y fundador de Kwik Fit, la enorme compañía de neumáticos y tubos de escape. Unos años atrás había visitado a mamá y papá en nuestro centro de retiro de Dalmally y había sido muy amable al ofrecerles su apoyo. Resultó que por esa época estaba importando muchos neumáticos desde Eslovenia y el norte de Italia hasta Escocia. Se sintió feliz de que pudiéramos transportar algunos hasta sus depósitos de Kwik Fit como «carga de retorno», pagando la tarifa estándar. Sir Tom se convirtió en un gran amigo y mentor durante los años siguientes, compartió su tiempo conmigo cuando lo necesitaba y me dio sabios e importantes consejos.

—Haz que tus valores sean tu objetivo, no hagas que tu objetivo se convierta en tus valores —me dijo cuando le mencioné las cifras de crecimiento de mi ambicioso plan.

En otras ocasiones, cuando hablaba de nuevos proyectos, me reorientaba diciéndome:

—¡Magnus, simplemente, sigue haciendo tu labor!

Las cargas de retorno funcionaron de maravilla y, con el tiempo, también empezamos a contratar, a través de agentes, otro tipo de carga para traer de vuelta (neveras, mobiliario, etcétera). Para poder trabajar como transportistas tuvimos que obtener una licencia de transporte que me obligó a estudiar sobre transporte internacional y aprobar un examen. Las cargas de retorno sirvieron para compensar la mayor parte del coste del viaje, pero me di cuenta de que ahora dedicaba mi tiempo a dirigir una compañía de transporte. Sentía que eso no era lo que debía estar haciendo. Así que empecé a pensar en darle la vuelta al proceso. En nuestros viajes observé que había muchos camiones de Europa del Este repartiendo mercancías en el Reino Unido. ¡Seguro que también tendrán camiones vacíos para llenar en sus viajes de regreso! Y eso es lo que empezamos a hacer. Ahora que teníamos socios de confianza, como el Centro Familiar en Zagreb, podíamos cargar un camión croata en Escocia, pagándoles un precio muy razonable, para que transportaran la ayuda en nuestro lugar. Esta pasó a ser la mejor manera de trabajar, pues permitía que nos concentráramos en dar a conocer nuestro trabajo, en recoger la ayuda y en dar las gracias a los donantes. También nos permitió hacer frente a la creciente escala de nuestras operaciones. En el momento álgido de las entregas de ayuda, con la crisis de Kosovo en 1999, durante dos meses consecutivos cargamos a diario un camión de cuarenta toneladas desde nuestros almacenes en Glasgow. Pedimos a una emisora de radio de Glasgow que hiciera un llamamiento para conseguir más voluntarios y, en un fin de semana, se registraron quinientas personas en nuestros almacenes para ayudar a empaquetar y seleccionar los artículos. Estos camiones llevaban las donaciones por carretera a Split, donde, con la colaboración del formidable doctor Marijo, nuestro fiel amigo en Croacia, se cargaban en barcos para emprender la última parte del viaje hacia Albania, adonde estaba llegando un gran número de refugiados procedentes de Kosovo.

Con el tiempo, también fue evolucionando el tipo de ayuda que enviábamos. A medida que retornaba la estabilidad a ciertas áreas de Bosnia-Herzegovina y Croacia, algunos refugiados empezaron a regresar a sus casas, que habían sido dañadas y saqueadas y carecían de los artículos básicos para retomar sus vidas de nuevo. Nuestros camiones empezaron a llevar cubiertos, utensilios de cocina y herramientas.

Había un grupo de personas, que estaban contemplando la posibilidad de regresar a sus hogares, que eran buenos amigos nuestros. Eran refugiados musulmanes bosnios que vivían en Glasgow. En 1992 habían huido de su ciudad natal, Bosanski Petrovac, situada en una zona de Bosnia-Herzegovina controlada por los serbios. Habían llegado a Glasgow por casualidad, después de haber sido evacuados por la ONU. Fue allí donde los conocimos, cuando empezaron a venir a nuestro almacén, como voluntarios para ayudarnos a preparar las donaciones benéficas para el envío a su patria. Llegaron a formar parte del «equipo» de voluntarios del almacén, y nos manifestaron que, al permitirles hacer esto, estaban dando un sentido a sus vidas rotas. No solo luchaban para aprender inglés y adaptarse a una cultura extranjera; también se encontraban con una vida muy diferente a su antigua existencia rural en la planta diecisiete de un bloque de pisos de la ciudad. Eran doce, todos estrechamente emparentados y, en ocasiones, los invitábamos a comer una barbacoa con nosotros en Dalmally. Nos hicimos amigos de Suad y su mujer Zlata, que tenían un hijo pequeño y eran de nuestra edad. A medida que su inglés mejoró, quisieron contarnos más de lo que les había pasado. Explicaron que antes de la guerra su pueblo era el hogar de serbios y musulmanes, quienes, hasta entonces, habían vivido pacíficamente juntos. Muchos de sus vecinos eran serbios a los que conocían de toda la vida.

—Trabajábamos en el campo con normalidad —explicó Suad—. Hasta que un día empezaron los tiroteos, sin más. Había tensión. Todos sabíamos lo que estaba pasando en otras partes de Bosnia-Herzegovina. Pero incluso una semana antes nuestro vecino serbio nos había invitado a una fiesta en su casa. Los tiros venían de cerca de la casa de nuestro vecino, al lado de nuestro campo. Mi padre y mi hermano Mersad cayeron sangrando. También me dieron a mí —dijo, y señaló las cicatrices de su debilitado brazo.

»Mi hermano Mersad tardó mucho tiempo en morir. No paraba de gritar “Suad, ayúdame”, pero yo no podía. También estaba todo ensangrentado.

—Veíamos todo lo que estaba pasando desde casa —dijo Zlata en voz baja—. Queríamos salir corriendo hacia ellos, pero los serbios no paraban de disparar desde unos arbustos cercanos. Nos habrían matado. Edin, el hijo de Mersad, tenía diez años. Tuvimos que sujetarlo porque quería salir corriendo hacia su padre. Finalmente, cuando se hizo de noche, Suad consiguió arrastrarse hasta casa.

Al día siguiente los apretujaron en autobuses abarrotados, proporcionados por la ONU, para evacuarlos a Zagreb. Fueron tiroteados por los serbios y soportaron un terrible viaje con mucho calor, sin agua ni comida.

—Tuve que usar mi camisa como pañal para Zlatan, todavía era un bebé entonces —nos dijo Zlata entre lágrimas.

En 1995 las circunstancias de la guerra comenzaron a cambiar cuando los serbios perdieron el control de esa zona de Bosnia-Herzegovina. Empezamos a enviar camiones de ayuda a la ciudad de Bihac, que había sufrido un horrendo asedio durante tres años, y después, a la ciudad natal de nuestros amigos, Bosanski Petrovac. Suad comenzó a recibir mensajes de personas que ya habían regresado a sus hogares, y les pedían que retornaran ellos también. A pesar de no tener ahorros ni oportunidades de empleo allí, sin garantía de seguridad, y solo una casa destrozada y unos campos que podían estar sembrados de minas, decidieron regresar a su pueblo. Y nosotros optamos por acompañarlos. Llevamos un camión grande con todas las pertenencias que habían acumulado en

Glasgow, así como otros artículos y herramientas que los ayudarían a empezar sus vidas de nuevo. Entretanto, nos habían donado un minibús para un hospital psiquiátrico en Croacia, al que entregábamos ayuda de forma regular, así que planificamos que yo llevaría al grupo en ese minibús y después lo dejaría en el hospital, antes de volar de regreso a casa. La BBC se enteró de nuestro plan y decidió hacer un documental del viaje. Por el bien de nuestro cámara, dijimos adiós al camión, a punto de reventar, que partía delante de nosotros desde el almacén de Glasgow, y nos subimos al autobús. El grupo incluía desde un niño de dos años hasta una abuela anciana. Nos dirigimos al sur hacia el ferri y a Europa.

Cuando llegamos a Bélgica nos paramos en la aduana para enseñar nuestros pasaportes. La policía se mostraba descontenta con los papeles de los bosnios. Hicieron preguntas y llamaron por teléfono. Nos dijeron que los papeles solo eran válidos para entrar en Croacia y Bosnia-Herzegovina, pero no para transitar por otros países europeos. Decidieron deportarlos al Reino Unido. También nosotros hicimos preguntas y llamadas telefónicas, pero fue en vano, por lo que más tarde nos encontramos regresando a Inglaterra en un barco. Me di cuenta de que los bosnios no tenían un hogar al que regresar en Glasgow y de que todas sus pertenencias estaban de camino hacia Bosnia-Herzegovina, junto con el equipo de filmación de la BBC. Llamé a Julie para comprobar cuánto dinero quedaba en nuestra cuenta bancaria y saber lo que costarían los vuelos desde Heathrow. Calculamos que teníamos lo justo para hacer volar a todo el grupo. Así que los llevé al aeropuerto de Heathrow desde la terminal del ferri y los acompañé al avión. Entonces, yo me encaminé al sur de nuevo y cogí el tercer ferri para cruzar Canal y dirigir mi autobús hacia Zagreb. Ahora hacía el camino a nuestros distintos destinos en la antigua Yugoslavia sin mapa, y por una vez, era agradable comprobar lo rápido que podía ir comparado con el lento ritmo del camión al que me había acostumbrado. Entretanto, Julie había organizado que Marijo recibiera a las familias bosnias cuando llegaran a Zagreb y las acompañara a su casa, mientras me esperaban para continuar el viaje. Cuando finalmente llegué al siguiente día, subieron de nuevo al autobús para la última parte de su emocionante periplo a través de la frontera de Bosnia-Herzegovina. ¡Me quedé atónito cuando vi el documental sobre el viaje filmado por la BBC, y descubrí lo hábilmente que habían reconstruido las imágenes de manera que no quedara ningún indicio de las deportaciones y los vuelos que habían tenido lugar entre la salida de Glasgow y la llegada a Bosnia-Herzegovina!

Tras la comprobación habitual de papeles en la frontera bosnia, pudimos pasar sin problemas. Mientras entrábamos en Bosnia-Herzegovina, Zlata rompió el silencio con un grito:

—¡Ya no somos refugiados!

Todo el mundo en el autobús lloró. Los sollozos se hicieron más fuertes cuando por fin llegamos a Bosanski Petrovac, que estaba en ruinas. Todos los edificios tenían las huellas de las balas y muchas casas habían sido reducidas a escombros.

La bienvenida que les hicieron sus queridos amigos, a quienes no habían visto en tres años, estaba llena de emoción en estado puro. ¡Había tantas noticias que darse! ¡Habían pasado tantas cosas terribles que nunca habían tenido la oportunidad de contar o de intentar entender! Su viejo pueblo también había cambiado mucho. Los serbios se habían ido. Ahora era musulmán, de una forma que no había sido antes. Incluso se estaba construyendo una nueva mezquita, aunque muchas de las casas eran una ruina. Los musulmanes, como estos con los que había llegado, nunca habían sido practicantes de su religión. De hecho, conocí algunos musulmanes jóvenes durante la guerra que me dijeron que nunca habían sabido que eran musulmanes antes de iniciarse el conflicto. Solo su apellido revelaba su religión y, en ocasiones, sellaba su destino. Bosanski Petrovac era su casa, y sus corazones se regocijaban por estar de vuelta, pero, de alguna manera, era una tierra extraña. Me sentí un poco incómodo. Estaba en medio del reencuentro de estas personas, tan particular e íntimo que quería dejar que lo vivieran sin mí de la forma que mejor pudieran.

Partí de Bosanski Petrovac muy temprano a la mañana siguiente dejando a Suad y a su familia durmiendo en su casa. Tendría que haberme sentido eufórico, pero mi travesía no fue agradable. Viajé durante mucho tiempo por campos y pueblos desiertos. El único signo de vida eran los perros salvajes que vagaban entre escombros y basura. Esta parte de la Krajina[5] fue una zona ocupada por los serbios durante la mayor parte de la guerra. Acababan de ser derrotados hacía poco allí, por lo que estaba cada vez más asustado mientras conducía por ese páramo. Empecé a dudar de si aquellos que habían regresado recientemente a Bosanski Petrovac estaban bien informados cuando me dijeron que sería seguro conducir por esta ruta hacia Croacia y la costa adriática, donde el hospital aguardaba la llegada del minibús. Y ante la inexistencia de señales de tráfico o de ninguna forma de comprobar si estaba en la carretera correcta, empecé a temer que podría llegar a algún lugar en el que no fuera bienvenido. Pasaron las horas sin ver a un solo ser humano. Así como el miedo, empezó a crecer en mí un odio abrumador por la guerra y su inutilidad. Me preguntaba qué ha-

5. *Krajina* es un topónimo eslavo utilizado para definir algunas regiones de los Balcanes. [*Nota del traductor*.]

bría sido de todos los serbios que se habían visto obligados a huir de sus casas vacías al lado de la carretera y de los pueblos a los que habían pertenecido durante generaciones. Estaba claro que no había habido ganadores en esta guerra, solo personas que habían perdido mucho y de muchas formas horribles.

Finalmente, encontré el camino para salir de las montañas de Bosnia-Herzegovina y llegué esa misma noche a un mundo diferente en el que comí un delicioso pescado al lado del espumoso Adriático, junto a algunos amigos del hospital que estaban encantados con el nuevo autobús.

No fue hasta el vuelo de regreso cuando recordé nuestra cuenta bancaria. Las 4.200 libras que habíamos gastado en billetes de avión a Zagreb nos dejaban casi sin nada. Las donaciones de ayuda se estarían acumulando; empecé a preguntarme de qué manera pagaríamos algunas facturas pendientes y cómo encontraríamos una forma de financiar nuestra siguiente entrega. Cuando regresé, una sonriente Julie no podía aguantar las ganas que tenía de darme noticias.

—Esta mañana ha llegado un cheque de un sacerdote de Irlanda. No le conocemos. No quiere una carta de agradecimiento. Desea permanecer en el anonimato —dijo con la voz rota por la emoción—. Es de 4.200 libras.

Capítulo 4
¡Sufrid, pequeños niños!

Primero te ignoran, después se ríen de ti, luego te atacan, y entonces vences.

Mahatma Gandhi

Me llevó mucho tiempo descifrar la maraña de números de mi billete para encontrar el vagón, compartimento y litera del tren nocturno con destino a Transilvania que salía de la estación de Bucarest, justo antes de medianoche, una noche muy fría y oscura de abril de 1998. Cuando finalmente encontré el compartimento correcto, quedé consternado al descubrir que estaba lleno de jóvenes soldados rumanos bebiendo cerveza. No parecieron muy contentos cuando entré. Me sentí un poco intimidado. Tras un buen rato intentando convencerlos de que era mi sitio enseñando mi billete (no sabían inglés y yo desconozco el rumano), un hombre joven y fornido, con su cabeza afeitada, renunció a la cama sobre la que había estado sentado, que era la mía. El tren resoplaba mientras atravesaba una área sombría de altos edificios cuando uno de los soldados me sorprendió ofreciéndome un trago de su cerveza. Acepté, y justo cuando estaba devolviéndole la botella, la ventana de nuestro vagón estalló hacia adentro. Una pequeña piedra aterrizó en el suelo entre las literas, y los vidrios rotos se esparcieron por toda la cabina. Por la reacción de mis compañeros de viaje deduje que se trataba únicamente de un acto de vandalismo al azar, pero, a medida que el aire frío de la noche se colaba en nuestro compartimento y hacíamos grandes esfuerzos para acurrucarnos bajo las escasas mantas, me cuestioné la sensatez de viajar a este país del que sabía tan poco. Entonces recordé el correo que me había llevado hasta allí. Lo había recibido hacía unas semanas, y lo enviaba una señora americana llamada Kristl Kilian. Se presentó explicando que era una voluntaria que trabajaba con niños abandonados, en hospitales en la ciudad de Targu Mures, en Rumanía. Nos suplicaba desesperadamente que enviáramos suministros básicos.

«En el hospital de enfermos de sida donde trabajo perdimos nueve niños en Navidad —había escrito—. Los demás se están muriendo de enfermedades relacionadas con el sida, o de hambre. La situación es seria. Los chicos más fuertes roban y se aprovechan de los más débiles y, con tan solo dos enfermeras para cuarenta niños, los más pequeños y débiles se están muriendo de hambre. POR FAVOR, ayudadnos.»

A estas alturas empezábamos a recibir muchas solicitudes de ayuda, pero había algo en el tono de esta, un grito de desesperación, que nos movió a actuar. Nuestro primer camión con alimentos, ropa, juguetes y medicinas ya estaba en camino hacia Targu Mures. Yo viajaba para conocer mejor la situación y ver qué podíamos hacer.

Cuando a la mañana siguiente, temprano, entré ansioso en la estación de Targu Mures, fue un alivio encontrarme con Kristl, una pequeña y hermosa mujer, de oscuro pelo ondulado y con una gran sonrisa siempre en la cara.

Fuimos a un café cercano y, mientras tomábamos algo caliente, me contó su historia. La primera vez que visitó Rumanía como turista sufrió un accidente de coche que la llevó a pasar una corta temporada en el hospital local, antes de volar de regreso a Estados Unidos. Mientras se recuperaba en casa, no podía dejar de pensar en los niños abandonados que había conocido en las salas del hospital, y decidió que, tan pronto como se encontrara bien, volvería para hacer lo posible para ayudar. Cuando regresó a vivir en Targu Mures, empezó a visitar los hospitales junto a un pequeño grupo de amigos rumanos que se le fueron uniendo poco a poco.

Kristl me explicó que, durante la década de los 80 y principios de los 90, miles de niños rumanos habían sido infectados con el virus VIH mientras los atendían por procedimientos hospitalarios básicos. Jeringas contaminadas, vacunas y sangre habían provocado el contagio de la enfermedad dando lugar a que Rumanía tuviera el mayor índice de casos pediátricos de VIH de Europa. El hecho de que la mayoría de los niños infectados de esta forma fuesen roma (gitanos) —una etnia marginada y a menudo discriminada— condujo a diversas teorías de conspiración. Fueran cuales fueran las razones para los contagios, lo cierto es que había miles de niños VIH positivos, que habían contraído la enfermedad durante ese período, viviendo en hospitales y, muy a menudo, abandonados por sus padres, a quienes las autoridades habían alentado para hacerlo. En ese momento vivían más de 100.000 niños en instituciones rumanas. Solo hacía nueve años que había sido derrocado el último líder comunista, el infame Nicolae Ceaucescu, quien gobernó Rumanía durante veinticinco años. Le capturaron junto a su mujer, Elena, y los condenó a muerte un pelotón de fusilamiento. El abominable legado de su gobierno todavía era evidente, especialmente en los miles de orfanatos, hospitales y calles de la ciudad en los que niños que nunca habían conocido el amor de una familia soportaban una vida trágica.

Kristl y su dedicado grupo de ayudantes visitaban ahora, de manera regular, algunas salas del hospital de Targu Mures para pasar tiempo con los niños, hablar y jugar con ellos. La situación de los pequeños en el Hospital de Enfermedades Infecciosas —la que ella había descrito en su correo— era de las más terribles que yo había visto. Los niños abandonados estaban desatendidos en todos los sentidos de la palabra. Todos ellos se enfrentaban a un futuro allí y cada semana morían varios, solos en sus cunas. Había una tensión creciente, incluso animosidad, entre el personal empleado y estos voluntarios, a quienes observaban con recelo porque su actitud ante estos niños era totalmente opuesta a la que mostraban enfermeras y doctores. Las palabras brotaban de los labios de Kristl como si estuviera ansiosa por contar la historia completa. Incluso en medio de este triste relato surgía una chispa de humor. Ella misma se reía de sus errores diarios en este país extranjero en el que trabajaba duro para aprender la lengua y la cultura.

—Cuando he ido a buscar mi coche esta mañana me he dado cuenta de que ayer noche lo aparqué muy mal, y dejé sin salida el coche de uno de mis vecinos. Había una nota en mi parabrisas —se rio—. Solo decía: «cretina». Me da la risa. Tendré que buscar a mi vecino esta noche para disculparme.

Me llamó la atención su valentía y fortaleza de espíritu, pero, sobre todo, su evidente fe en Jesús. Se había criado como baptista e incluso, durante las primeras conversaciones, empezamos a discutir nuestras diferentes tradiciones cristianas, descubriendo que teníamos en común el amor por los escritos de C. S. Lewis. Para cuando me había tomado el segundo café y tragado el último bocado de mi grueso sándwich de salami, ya había aprendido mucho sobre Rumanía y la situación en la que Kristl y sus amigos estaban trabajando. Una vez terminada su amplia y completa exposición, Kristl sugirió que fuéramos inmediatamente al Hospital de Enfermedades Infecciosas. Nos montamos en su viejo y maltratado coche y, al ver la arrugada nota con la palabra *cretina* que había dejado en el salpicadero, nos dio la risa de nuevo. Recorrimos unas hermosas calles, con árboles a ambos lados, antes de dejar el coche delante de un edificio de ladrillo poco llamativo, que no se identificaba de forma inmediata como un hospital. Caminamos hacia la puerta principal y nos internamos por oscuros pasillos sin ver a un solo miembro del personal. Kristl, en ese momento, había parado de reír. Nunca olvidaré el abrumador hedor a heces e infección, y el silencio cuando entramos en el «pabellón». En una fría, sombría, desnuda habitación se encontraban largas filas de cunas, cada una con un niño. Demacrados y vestidos con sucios pijamas desgarrados, la mayoría de ellos se balanceaban rítmicamente hacia adelante y atrás. De vez en cuando, se rompía el silencio con un gemido o un grito. Una niña empezó a golpearse repetidamente la cabeza ensangrentada contra los barrotes de su cuna mientras chillaba. Muchos tenían la cabeza grotescamente hinchada. Sus caras parecían envejecidas, como la de un anciano. Las extremidades de algunos sobresalían de sus cuerpos en ángulos que parecían imposibles. Les habían rapado el pelo, por lo que no se distinguían las chicas de los chicos. La mayoría tenían costras, llagas y lo que podría ser sarna. Al principio parecía que no se daban cuenta de nuestra presencia, pero, a medida que nos aproximábamos, algunos empezaron a sacar sus brazos delgados como alambres entre los barrotes de metal. Aceptando su invitación, los levantamos y sostuvimos. Nos abrazaban como lapas, incluso cuando tratábamos de despegar sus brazos y piernas para coger al siguiente niño que pedía un abrazo. Alguno me regaló una pequeña, bonita e inesperada sonrisa. Conforme se me fue pasando el susto (ni siquiera el relato de Kristl me había preparado para esto), empecé a pensar que debía hacer fotos. Sabía que quería hacer algo para ayudar a estos niños y me di cuenta de que, para persuadir a otras personas a colaborar, debíamos mostrarles que esto estaba pasando realmente. Hurgué en la bolsa para sacar mi cámara y Kristl continuó hablando con los niños mientras yo tomaba algunas fotos. Se sabía los nombres de muchos de ellos. Me explicó que algunos ni siquiera sabían andar a los nueve o diez años, simplemente porque nadie los había sacado nunca de sus cunas durante el tiempo necesario para que aprendieran. Allí había cuarenta niños con enfermedades crónicas y solo dos enfermeras de guardia en todo momento para cuidarlos. Daba la sensación de que el personal hacía mucho tiempo que había renunciado a cuidarlos.

Una enfermera entró en la habitación por primera vez. Parecía descontenta al vernos y frunció el ceño en cuanto vio mi cámara. Le dijo a Kristl (que ya dominaba un rumano bastante bueno) que fuéramos a hablar con la directora del hospital y nos llevó por los pasillos hasta una pequeña oficina. La directora, una mujer con gafas, de mediana edad y que lucía el pelo mal teñido de naranja, nos dio un pequeño sermón. Nos pidió que nos fuéramos y nos dio la impresión de que a Kristl y a sus amigos no se les permitiría volver.

Me entristecía que por mi causa las cosas pudieran ponerse peor, pero, de vuelta al apartamento de Kristl y sus amigos, que se reunieron para analizar el camino a seguir, trataron de tranquilizarme. Tomando un café con pastel, me explicaron que esta no era la primera vez que los habían echado, y que su relación con el personal ya estaba deteriorada. Explicaron que incluso los juguetes, pijamas y jabón que habían llevado al hospital recientemente habían desaparecido, y sospechaban que los había robado el personal.

—Gracias por los regalos que enviaste desde Escocia, pero mientras esos niños estén en el hospital no podremos cambiar sus vidas —me explicaron.

Más tarde, esa noche, regresé andando al hospital por mi cuenta. Me quedé fuera durante mucho tiempo, junto a las sucias paredes de ladrillo, rezando. Le pedí a Dios que tuviera misericordia de esos niños. «Por favor, Señor, dales una nueva vida. Permite que conozcan el amor. Muéstranos qué hacer. Por favor, Señor.»

Al día siguiente hablé con Kristl sobre la idea de construir un hogar lleno de amor para, por lo menos, algunos de esos niños, quizá una especie de hospicio infantil en el que pudieran recibir atención y amor durante sus cortas vidas. Me dijo que ella había estado pensando lo mismo y rezando por ello, pero me explicó que había muchos y grandes obstáculos que debían ser superados. La dirección del hospital no iba a permitir que los niños se fueran porque recibía fondos del gobierno para mantenerlos. Muchos rumanos sabían poco sobre el sida, pero tenían un gran temor y prejuicio sobre esta enfermedad y, por lo tanto, habría una fuerte oposición local para abrir este tipo de hogar. También resultaría difícil encontrar personal cualificado y atento, aunque sería buena idea empezar a buscar entre el impresionante grupo de voluntarios locales y amigos de la iglesia de Kristl. Además, por supuesto, quedaba por resolver la cuestión sobre cómo encontrar los fondos para abrir e impulsar dicho hogar, sin olvidar que ninguno de nosotros había hecho nada parecido. A pesar de darnos cuenta de que las probabilidades eran muy pocas, viéndolo retrospectivamente, ese día nació un sueño. Hoy agradezco que fuéramos tan ingenuos sobre la magnitud de los problemas y los obstáculos que nos íbamos a encontrar.

Empecé a viajar a Targu Mures con frecuencia. Era un pueblo que empezó a gustarme mucho por su arquitectura austrohúngara y su bonita plaza cerrada al tráfico los domingos. Por las tardes, cuando todas las reuniones habían terminado, iba a visitar alguna de las muchas iglesias que hay. La mayoría de la población húngara del lugar era católica, por lo que, muchos días, podía asistir a misa en una de sus iglesias, aunque, a menudo, también visitaba el gran y hermoso templo ortodoxo, quedando prendado por la belleza de sus cantos y maravillosos iconos. Algún domingo por la mañana, después de misa, me acercaba a la ceremonia a la que asistía Kristl, en la sala de reuniones de un hotel, caracterizada por su música de guitarras y piano. Los miembros de esta pequeña congregación eran efusivos y apasionados en sus oraciones y cantos de alabanza. Empecé a conocer a algunos amigos íntimos de Kristl. Entre ellos se encontraban Gusti y su mujer Ibi, cuyos dos hijos adolescentes superdotados llevaban gran parte de los cantos. Un día, cenando en su casa, Ibi me dijo que había sido criada por padres comunistas y que no sabía nada del cristianismo. Cuando era una niña pequeña enfermó y, posteriormente, le diagnosticaron cáncer. Terminó en el mismo hospital en el que ahora vivían los niños abandonados. Estando allí, tuvo una experiencia mística en la que conoció a Jesús. Dejó el hospital completamente limpia del cáncer y con una ardiente fe cristiana que nunca la abandonó. Estaba contento de encontrarme entre estas personas que creían en los milagros y que indefectiblemente exhibían una actitud de gran fe y esperanza. Juntos empezamos a considerar diferentes propiedades que podrían ser adecuadas para el hogar de nuestros niños. Entretanto, de regreso en Escocia, empecé a contar el sufrimiento de los niños en el hospital y nuestra necesidad de recaudar fondos con objeto de abrir un hogar para ellos. Justo cuando nuestra campaña de recaudación de fondos para este proyecto estaba empezando, falleció mi tío abuelo Nigel Bruce. Casi no le conocía, solo le había visto tres o cuatro veces en mi vida, por lo que me sorprendió descubrir que me había dejado una suma de dinero en su testamento. Los abogados me enviaron una nota en la que Nigel había escrito: «Sé que Magnus sabrá qué hacer con este dinero». La cantidad que me dejó era muy similar al mínimo que habíamos estimado para comprar y establecer un hogar. El tío abuelo Nigel estaba en lo cierto, indudablemente sabía qué hacer con este extraordinario regalo. Una vez más, parecía como si todo lo que necesitáramos nos fuera concedido. Mientras, muchos mecenas generosos respondieron a la llamada para sufragar los costes de funcionamiento de nuestro hogar. Por primera vez habíamos invitado a la gente a establecer donaciones mensuales para poder estar más seguros de nuestros presupuestos. Nos quedamos sorprendidos del número de personas que empezaron a prometernos cantidades regulares. Sin embargo, la recaudación de fondos para este proyecto resultó ser la parte más fácil.

Tras unas semanas de búsqueda en las que visitamos todo tipo de propiedades en y alrededor de Targu Mures, encontramos lo que parecía ser el lugar perfecto. Era una casa grande de dos plantas, situada en medio de maizales a las afueras de un pequeño pueblo comercial y a treinta minutos en coche de Targu Mures. La segunda vez que la visité iba acompañado por mi hermana Ruth, que ahora estaba colaborando conmigo y ayudándome con las tareas, cada vez más numerosas. Como era una escritora de talento, empezó a hacerse cargo de las comunicaciones con los benefactores, incluso elaboró nuestro primer boletín. Nos reíamos al recordar que, de niños, jugábamos a publicar nuestro pequeño periódico. Lo llamábamos *Craig Lodge News*. Estaba correctamente presentado en columnas con noticias, imágenes dibujadas, anuncios e, incluso, una página de cartas al director. ¡Era fantástico que ahora, ya adultos, publicásemos un «periódico» que esperábamos que la gente leyera de verdad! En esta etapa no teníamos una asignación de funciones concreta ni una descripción del trabajo de cada uno. Mi hermana me ayudaba con lo que hiciera falta, así que nos quedamos un par de noches en la casa, entre los ondulantes campos, tratando de aprender más acerca de la comunidad local. A la hora del desayuno una brusca ama de llaves estampaba sobre la mesa un frasco de conservas vegetales, un trozo de pan blanco y una botella de vodka mientras Ruth y yo intentábamos aguantar la risa. Nunca he conseguido que me gustaran los pepinillos para desayunar.

Tuvimos conversaciones con las autoridades locales junto con Kristl y nuestros colaboradores rumanos. Nos reunimos con el alcalde del pueblo para explicarle lo que queríamos hacer con la casa. Pedimos su aprobación y nos quedamos encantados cuando accedió a darla. Firmó algunos documentos necesarios declarando su apoyo a la apertura de un hogar para niños abandonados que tenían VIH. Seguimos adelante y compramos la casa. Dos semanas más tarde contactó con nosotros el alcalde y nos dijo que había un gran enfado en la población por nuestro proyecto y que, incluso, había recibido amenazas de muerte por respaldarnos. La gente estaba aterrorizada con la idea de que niños con sida vinieran al pueblo. Nos dijo que nos retiraba su apoyo. Después de infructuosos intentos para dialogar con él y con los que se oponían al plan, nos dimos cuenta de que era inútil perseverar. El tiempo para los niños en el hospital era demasiado corto. Decidimos revender la casa mientras empezamos a buscar una alternativa. Gusti, quien dirigía un hogar para niños de un grupo de una iglesia americana, me dijo que tenían una propiedad a la venta en

Targu Mures. Fui a verla y me encontré con una casa espaciosa y bien construida, en una zona tranquila de la ciudad, y con un gran terreno. Ahora ya nos habíamos dado cuenta de que nuestra mejor opción, dada la firmeza de los sentimientos locales, estaba en abrir el hogar en la ciudad, mejor que en una comunidad menor. Esa casa era perfecta para nuestras necesidades, pero el precio que pedían era demasiado para nosotros.

—¿Estás interesado en comprarla? —preguntó John, el propietario americano, tan pronto como terminó mi visita a la casa. Rondaba los sesenta, muy vivaz, con ojos brillantes y una apabullante desenvoltura al hablar.

—Sí —contesté—. Pero no tenemos suficiente dinero. Incluso si vendemos la otra casa pronto, no vale tanto como esta, por lo que tendremos que buscar fondos adicionales en algún otro lado. Estoy convencido de que podemos conseguirlo, pero ignoro cuánto tiempo nos llevará.

Me pidió que le contara más cosas del proyecto que habíamos planeado. Una vez terminé de hablar, se hizo un largo silencio.

—Creo que esto es una obra de Dios —dijo firmemente—. Estaría encantado de que me pagues ahora lo que tienes y, el resto, cuando lo consigas.

No pidió ningún contrato, ni fechas concretas de pagos, ni tampoco el abono de intereses. Me quedé sin habla. Seguimos adelante y compramos la casa a partir de esta increíble oferta. De repente, las cosas empezaron a acelerarse. El siguiente gran obstáculo fue la cantidad de papeleo necesario para obtener permisos del gobierno local y para, oficialmente, tomar estos niños a nuestro cuidado. En algunos casos, y con todo el derecho, aún a pesar de que la mayoría de los progenitores no había estado en contacto con sus hijos desde hacía muchos años, tuvimos que conseguir su consentimiento para que los niños fueran trasladados desde el hospital hasta su nuevo hogar. Armados con una lista de nombres y direcciones, Kristl y su prometido inglés, Matt, partieron para dar con estas personas. Tras recorrer cientos de kilómetros por carreteras precarias, sucios caminos y realizar una interminable búsqueda en los pueblos diseminados por el campo, granjas abandonadas y barrios marginales de la ciudad, obtuvieron todas las firmas necesarias. Aprovecharon la oportunidad para invitar a los padres a visitar a sus hijos siempre que pudieran.

Mientras tanto, quizá la parte más importante de todas se estaba desarrollando muy bien; estábamos reclutando un increíble equipo de personal rumano. Muchos de ellos eran los que habían estado ayudando a Kristl con los niños en las visitas a los hospitales, como voluntarios. Se trataba de gente que quería hacer esto más porque llevaba en sus corazones el ayudar que por el interés en su propio beneficio. Pero necesitábamos alguien que pudiera liderar el proyecto, por lo que hablé de esto con Ibi. Yo la admiraba profundamente; ella era contable, con un buen trabajo en el gobierno local y bastante bien pagado. Aunque se sentía muy atraída por la idea de ayudar a estos niños, decidió que no podía renunciar a su carrera en aquel momento. No tuve mucho tiempo para sentirme decepcionado antes de que su callado y honesto marido, Gusti, que ya tenía experiencia dirigiendo un hogar para niños, dijera que le encantaría venir a trabajar con nosotros y desempeñar esa función. Acordé los detalles con Gusti en la última noche que los visité, y volé de regreso a Escocia, contento de que, por fin, todas las piezas empezaran a encajar. Tan pronto llegué a casa, Ibi me llamó para decirme que, justo cuando los había dejado, Gusti se había puesto seriamente enfermo. Durante las semanas siguientes se supo que tenía un derrame cerebral y que había pocas posibilidades de que se recuperara para trabajar de nuevo. Poco tiempo después, a pesar de que su mundo se había vuelto del revés y ahora tenía que mantener a sus dos hijos adolescentes y a su marido enfermo, Ibi me llamó de nuevo para decirme que sentía que Dios quería que renunciara a su trabajo en el gobierno con el fin de dirigir el hogar. Quería estar segura de que esos niños serían amados. Y se ha dedicado a esa tarea desde entonces.

Habíamos elegido a los niños más sanos para que fuesen los primeros en dejar el hospital, creyendo que probablemente serían los que más se beneficiarían de su nuevo hogar, al que habíamos decidido bautizar Casa Iona por la famosa isla de las Hébridas con ese nombre, en Escocia. En el transcurso de dos días, los niños, asustados y atónitos, fueron conducidos cuidadosamente por Ibi y su equipo desde el hospital a su nuevo hogar. Los primeros días estaban llenos de sorpresas y desafíos para los nuevos cuidadores de la casa. La mayoría de los críos no sabían utilizar tenedores y cuchillos, ni estaban acostumbrados a sentarse a la mesa para comer. Algunos estaban aterrados y querían huir. Muchos de ellos comían hasta caer enfermos porque nunca les habían puesto delante tal cantidad de comida. Todos nuestros asesores con experiencia en sida dejaron clara la importancia de una dieta adecuada, así que, desde el principio, queríamos asegurarnos de servir una comida sana y apropiada a estos niños. La mayoría ganó peso rápidamente. Los cuidadores empezaron a ayudar a algunos de ellos a andar adecuadamente. Una parte del jardín se había convertido en un pequeño parque de juegos y, para la mayoría, explorar en el exterior suponía una nueva y gran emoción. Después de que pasara el trauma inicial del traslado y cuando sentimos que los niños estaban listos, decidimos que era el momento para «celebrar el día de la inauguración».

En la mañana de la fiesta —su primera fiesta— estuve un tiempo con los chicos recogiendo manzanas y avellanas de los árboles de la casa. Laci, un niño robusto de diez años, se reía tontamente mientras jugaba con los cachorros. Fue un momento de asombro y admiración que nunca olvidaré. Mandra llevaba puesto un vestido por primera vez en su vida. Carla se rio de ella y dijo que parecía divertida, aunque los demás le aseguraban que estaba muy guapa, y lo estaba. Vasile se pasó la tarde pintando un cuadro de pájaros, ríos, montañas y árboles con pinturas recién llegadas de Escocia.

—Tengo mucha imaginación —me explicó cuando le felicité por ello.

A los dieciséis años de edad era un poco mayor que el resto de los niños. Había llegado a nosotros a través de las autoridades locales en lugar de venir del hospital. Me contó su historia. Su padre alcohólico le abandonó en una estación de ferrocarril cuando tenía tres años. Desde entonces había vivido en varios orfanatos hasta que enfermó y pasó una larga temporada en el hospital. Un día, un doctor que le había estado examinando salió del cuarto diciendo que volvería unos minutos más tarde. Cuando después de una hora nadie apareció, Vasile decidió mirar las notas del doctor que estaban esparcidas en el escritorio. Fue entonces cuando supo que tenía VIH.

—Me abracé a mí mismo un buen rato —me dijo en voz baja mirando al suelo.

Explicó que algún tiempo después, cuando sentía inclinaciones suicidas, unas personas muy amables le invitaron a un campamento cristiano de verano.

—Me encantó. Después de eso comencé a orar todos los días para que Dios me diera una familia —dijo sonriendo—. Pero hasta hoy no me podía imaginar cómo iba a responder Dios.

Por la noche hicimos una barbacoa frente a la casa. Los niños se apiñaron alrededor, con los ojos abiertos como platos por la alegría, para ver el asombroso espectáculo de cocinar en el exterior. Les daba la risa cuando el humo corría tras nosotros por la brisa. A medida que la puesta de sol se teñía de naranja a través de los árboles frutales, nos sentamos juntos para dar cuenta de las suculentas chuletas de cerdo, cuencos de ensalada y patatas fritas, brindando con nuestros vinos y zumos. Habíamos esperado mucho tiempo para esto. Cuando terminamos de comer, empezamos a patear una pelota a la luz mortecina del atardecer. Arriba, en la casa, uno de los niños abrió una ventana dejando que la música flotara por el jardín. Kristl, cuya fe nos había llevado a este día, se levantó, tomó a Laci en los brazos y empezó a enseñarle a bailar el vals. Observé sobrecogido la gran sonrisa que se dibujó en su cara.

Cuando abrimos la Casa Iona solo veinticuatro niños seguían con vida en el hospital. Tan pronto como diez de ellos empezaron a instalarse en la Casa Iona, nuestros pensamientos regresaron a los catorce que todavía quedaban en el hospital. Decidimos construir una segunda casa grande en los terrenos que teníamos si éramos capaces de encontrar el dinero para hacerlo. Por aquel entonces, alguien me presentó a Duncan Bannatyne, un conocido emprendedor escocés cuya imagen pública era la de un áspero y duro hombre hecho a sí mismo. Me reuní con él para comer en un restaurante cerca de su vivienda y, frente a un plato de *fish and chips*, le hablé de nuestro trabajo en Rumanía y de nuestro deseo de abrir una segunda casa. Él conocía Rumanía y se mostró muy interesado en lo que estábamos haciendo. No había pasado una hora cuando me dijo que nos daría todo el dinero que necesitáramos para construir el hogar, y que le gustaría venir conmigo para la inauguración el año próximo. Me dijo la fecha en la que esperaba que estuviera terminada y no dudó de que yo debía asegurar que lo estaría. Afortunadamente, conseguimos cumplir el calendario previsto y, a principios de 2001, Duncan y yo viajamos a Targu Mures. Nos acompañaba la hermana Martha, una joven monja con su hábito blanco a quien había conocido recientemente. La había invitado porque tenía gran experiencia en el cuidado de niños con necesidades especiales y estábamos buscando consejo y ayuda. Formábamos un grupo dispar. Duncan —había descubierto que tenía un tierno y gran corazón debajo del áspero exterior de hombre duro— estaba fascinado por la paz que rebosaba esta hermosa y joven dama, que había hecho votos de castidad, pobreza y obediencia. Le hizo un interrogatorio, intentando descubrir por qué había elegido ese camino y por qué ella, que no poseía nada a los ojos del mundo, estaba tan llena de alegría. Tuvimos algunas animadas discusiones sobre el sentido de la vida y, en respuesta al interrogatorio de Duncan, ella prometió que rezaría por él todos los días. El punto culminante de esta visita era la inauguración oficial de la Casa Bannatyne, que nos había permitido traer a otros críos del hospital. Esta nueva casa iba a ser el hogar de las niñas, mientras que la Casa Iona sería para los chicos. Algunos críos de este grupo estaban mucho más enfermos y discapacitados que los del primero. Organizamos otra celebración con todos ellos en nuestro jardín, ahora teníamos veinte. Duncan, a quien los niños querían mucho, dijo que este era uno de los días más felices de su vida. Tras la comida, nos sentamos en el exterior para hablar mientras los chicos jugaban. En un momento me di cuenta de que Duncan había desaparecido durante un rato detrás de la casa y, cuando regresó, se veía que había llorado. Parecía que estaba tratando de encontrar las palabras adecuadas. Nos dijo que acababa de tener una experiencia espiritual.

—Dios quería que yo me volviera como tú —dijo tratando de sonreír—. Dios me dio a elegir. Yo decidí que no y, entonces, Él me dejó. Pero no puedo hacerlo, no puedo dejarlo todo.

—Pero Dios no quiere quitarte tus cosas, Duncan —dijo Ibi suavemente—. Quiere darte algo.

Duncan sigue siendo un buen amigo y nos ha apoyado a mí y a nuestro trabajo todos estos años. En su autobiografía, *Anyone Can Do It* (*Cualquiera puede hacerlo*), describe este encuentro con Dios. Creo que su sincero relato de esta experiencia es honesto y humilde en extremo, y rezo para que un día encuentre la forma de aceptar ese regalo.

La generosidad de Duncan y la apertura de la Casa Bannatyne significaban que ahora solo quedaban cuatro niños enfermos en aquel pabellón. Así que nos pusimos en marcha para recaudar el dinero con el que comprar una pequeña casa adyacente a nuestra propiedad, para convertirla en un hogar apropiado. Mientras tanto, visité el hospital de nuevo. Una de las niñas, Juliana, se golpeaba continuamente la cabeza, con heridas, contra los barrotes de la cuna, y tenía los flacos brazos retorcidos en los muelles de metal bajo el colchón. Su cara era inexpresiva, parecía ajena a todo lo que la rodeaba. Sentí una oleada de ira. ¿Cómo podía el personal verla así y no hacer algo para acolchar la cuna o proteger su cabeza de las barras de hierro? El doctor de la sala, que parecía incapaz de ver nada que mereciera la pena en estos niños y que no alcanzaba a comprender por qué llegábamos a tales extremos para proporcionarles un hogar, dijo mientras miraba a Juliana:

—No tengo ni idea de por qué estás construyendo otro hogar. Sin duda, esta niña estará muerta incluso antes de abrirlo.

Cuando regresé al cabo de unos meses y visité por primera vez nuestro tercer hogar, La Casa de Rosie (bautizada así por una de las niñas pequeñas que falleció en el hospital), me recibió en la puerta Juliana, que había sido amparada por Ana María, un miembro de nuestro personal que se había dedicado hora tras hora a su cuidado y le estaba enseñando a caminar. Juliana parecía otra. Le estaba creciendo el pelo y las heridas de la cabeza habían sanado. También había ganado dos kilos. Me tomó la mano y empezó a enseñarme su hogar. Sobre todo, tenía ganas de mostrarme su hermoso y colorido dormitorio. En su cama tenía un montón de ositos de peluche; sus juguetes.

Aquella sala del hospital de donde vino esta niña ahora está vacía.

El funcionamiento de estas tres casas era una tarea de enormes proporciones para Ibi y su equipo. Los niños tenían incontables y apremiantes necesidades médicas y emocionales. Tuvimos que establecer una red de expertos alrededor del equipo central de cuidadores; doctores, fisioterapeutas, consejeros, psiquiatras, sacerdotes y monjas, todos se involucraron. Los niños pudieron beneficiarse, por primera vez, de medicamentos antirretrovirales y nutrición apropiada. Como si no tuvieran bastante con este proyecto enormemente exigente, Kristl e Ibi se sintieron obligadas a hacer más por otros niños enfermos en Targu Mures, especialmente aquellos en riesgo de ser abandonados. Trabajando con las autoridades locales, empezaron a apoyar a familias que cuidaban en su hogar a niños con VIH. Continuaron el desarrollo de su trabajo en una conocida comunidad gitana a las afueras del pueblo llamada Hill Street. Dos veces por semana, arrastrábamos algunos recipientes con pan y una espesa sopa por una empinada pista de tierra rodeada de chozas, algunas de las cuales no eran más que trozos de plástico arrojados sobre ramas irregulares (una protección desesperada contra las nieves de invierno). A la vista de nuestra furgoneta, un enjambre de niños venía a toda velocidad, cada uno con un cuenco o recipiente, y se ponían en fila mientras aparcábamos. La carrera no era necesaria. Siempre había suficiente hasta para el más lento de los setenta niños de pelo largo, sucios y descalzos, que vivían en la calle. Estos chicos vivían en una comunidad caótica y despreciada que, en gran parte, sobrevivía trabajando en el Rampa, el enorme basurero de la ciudad situado en la colina de atrás. Allí trabajaban muchas horas para recuperar objetos para su reciclaje. Ninguno de los niños iba a la escuela. Las razones eran la hostilidad de otros padres, profesores y críos hacia su comunidad, la falta de ropa presentable y el hecho de que sus padres pensaban a menudo que su ayuda en el basurero era una prioridad más urgente. Cuanto más tiempo pasamos con la gente de Hill Street más nos dimos cuenta de que allí nunca cambiaría nada a menos que los niños tuvieran la oportunidad de disfrutar de una educación. Con el tiempo, construimos un pequeño parvulario para los más pequeños con la norma de que solo los niños que asistieran y, por tanto, empezaran a acostumbrarse a la rutina diaria del aprendizaje, recibirían una comida. Gracias a esa promesa, sus padres los enviaron, por primera vez, a un lugar de educación formal.

A lo largo de los años siguientes la vida de muchos de los niños de nuestros hogares empezó a cambiar de forma espectacular de la manera más maravillosa que jamás podríamos haber esperado. La combinación de medicamentos, nutrición, abrazos, amor y oraciones produjo resultados milagrosos. Como muchos de ellos crecieron y se hicieron adolescentes y después jóvenes adultos, poco a poco nos dimos cuenta de que, después de todo, no habíamos abierto un hospicio. Aunque durante esos años, desde que los sacamos del hospital, siete de los niños habían fallecido.

Tras dos años en la Casa Iona, Claudiu fue el primer niño que perdimos, de repente. Era un chico que tenía dificultad para aprender, pero muy buena disposición. Los otros niños, que se habían acostumbrado a ver morir a sus amigos cuando vivían en el hospital, para entonces casi habían conseguido olvidarse de la muerte. Se sintieron desolados por la muerte de Claudiu. La siguiente fue Ioana, una niña bonita y sonriente que nunca paraba de moverse y de reír. Una semana antes de fallecer nos dijo que había decidido dedicar su vida a Jesús.

A continuación, Atila, un pequeño e hiperactivo crío de habla limitada, murió pacíficamente en la primavera siguiente. Una semana antes de morir, aunque no había ninguna razón médica para estar particularmente alarmados, Ibi tuvo una premonición y decidió celebrar su cumpleaños por adelantado. Cuando los otros chicos salieron del salón, llevando sus globos y risas con ellos, él sorprendió a Ibi pidiéndole que cantaran juntos, a lo cual, por supuesto, accedió.

Sany había pasado de ser un niño inusualmente dulce a un adolescente desagradable para cuando murió. Codruta, la mayor, que era ciega pero nunca dejaba de hablar; luego la valiente Olimpia, que había sobrevivido a una operación de un tumor bajo el ojo y le encantaba jugar a las muñecas; y, por último, la pequeña, que vivía en su propio mundo y que solo de vez en cuando nos daba una pista de lo que pensaba. Todos murieron durante los años siguientes.

Ibi y los otros cuidadores apreciaban a cada uno de ellos casi como si fueran sus propios hijos, y cada muerte traspasaba sus corazones. En cada ocasión se enfrentaban con un profundo dolor y tristeza, a la vez que trataban de proporcionar a los otros niños, también destrozados, el amor y la tranquilidad que necesitaban. La certeza de que cada uno de estos chicos murió habiendo experimentado la alegría, sabiendo que eran maravillosos y que habían sido amados ayudaba a que Ibi y los otros pudieran continuar. Por supuesto, las maravillas que se desarrollaban en la vida de los otros niños también ayudaban.

La mayoría de los que trajimos del hospital son ahora jóvenes adultos. Algunos necesitarán cuidados intensivos para siempre, mientras que otros están viviendo vidas independientes o semiindependientes. Juliana, la niña que golpeaba la cabeza contra la cuna, aquella de la que el doctor dijo que moriría antes de que construyéramos nuestra casa, es ahora una jovencita. Necesita muchos cuidados, pero es feliz y está viva. Algunos de los jóvenes tienen trabajo remunerado. Otros han conseguido restablecer una relación con sus familias por primera vez. En una reciente visita, Laci, ahora un joven fuerte y fornido, que recientemente encontró y visitó a su familia, quiso hablar conmigo. Entramos en un cuarto tranquilo con Ibi, que se nos unió para hacer de traductora. Yo siempre había estado particularmente encariñado de Laci. Tenía un aire de serena formalidad y franqueza. Cuando todavía era un niño muy pequeño, recuerdo una ocasión en la que Ibi le había encargado cuidar algunas hortalizas del jardín. Unas semanas más tarde, el personal se lo encontró regando las plantas bajo la torrencial lluvia y le preguntaron que qué estaba haciendo.

—¡Ibi me pidió que las regara todos los días! —contestó.

En ese momento me di cuenta, cuando se sentó frente a mí y comenzó a hablar, de que la larga cicatriz del cuello, mentón y mejilla se había vuelto más visible, probablemente por la falta de barba en la vieja herida. Me avergüenza reconocer que esperaba que me pidiera ayuda o, quizá, incluso dinero.

—Quiero agradecerte que me sacaras del hospital. —Ibi tradujo sus primeras palabras—. Por haberme dado comida y ropa. Por haber dado a mi familia comida y ropa —vaciló un momento, miró a Ibi, y luego continuó—. Quiero decirte que he decidido volver a casa. —Se aclaró la garganta como para indicar que su siguiente declaración iba a ser la más importante, el quid de la cuestión—. Verás, quiero a mi madre —dijo en un perfecto y bien ensayado inglés.

Este trabajo con Ibi y los niños en Rumanía me enseñó muchas cosas. Me cambió. Me mostró que el amor fiel e incondicional —el tipo de amor que yo vi siempre en esos niños durante años— puede transformar las situaciones más desesperadas. Estas experiencias me mostraron la verdadera esencia de la caridad. La entrega extraordinaria de personas como la señora Duncan Jones —así como la de mis propios padres— había plantado algunas semillas, pero las cosas que vi y experimenté en Rumanía crearon en mí el sentimiento profundamente arraigado de que la caridad, sin sufrimiento ni sacrificio ni, incluso, fracaso, es, en realidad, otra cosa. Cosas buenas, todas ellas, si se hacen bien, pero no son caridad. ¿Filantropía quizá? ¿O labor de asistencia? ¿Tal vez desarrollo internacional? Todas ellas son cosas buenas si se hacen bien, pero no son caridad. Fue la caridad por sí misma la que me atrajo y me sedujo con su belleza. Se convirtió en algo que yo quería aprender.

En el verano de 2010, nueve años después de haber abierto la Casa Iona, volví para otra fiesta en el jardín. Esta era la celebración más especial que habíamos tenido hasta el momento; incluso me puse mi falda escocesa. Ese día, tres de las niñas —Adela, Carla e Ilidi— lucían sus vestidos de novia. Bailaban en el césped con sus blancos ropajes junto a sus nuevos maridos. Bailamos hasta bien entrada la noche. Cada una de ellas es ahora madre de un niño sano.

Capítulo 5
Hacia África

> La paz exige la labor más valiente y los sacrificios más difíciles.
> Requiere más heroísmo que la guerra.
>
> THOMAS MERTON

El padre Pat Maguire solía llegar con un gran estruendo en su grandísima motocicleta enfundado completamente en su atuendo motorista de cuero. Entre los visitantes habituales a la Casa de Oración Craig Lodge había muchos amigos queridos, pero mis hijos siempre estaban particularmente entusiasmados con sus apariciones. El padre Pat se había convertido en uno de nuestros mayores aliados en la recogida de donativos para Bosnia-Herzegovina. Su casa en Dunblane era el punto de recogida de los donativos en esa parte de Escocia. Yo le visitaba con frecuencia para cargar mi furgoneta con todos los bienes acumulados en su garaje. Una vez terminado el trabajo duro, me contaba, con una taza de té, historias de su estancia como misionero en África y su amor por ese continente. Hablaba mucho de la guerra civil en Liberia, donde trabajaban algunos de los sacerdotes de su orden (la Sociedad de Misiones Africanas o SMA). Me explicó que más de la mitad de la población vivía en campamentos de desplazados de la capital, Monrovia, y que entre ellos se encontraba un sacerdote inglés, el padre Garry Jenkins. Describía el sufrimiento y las necesidades que tenía allí la gente y parecían, incluso, más desgarradores que los de Bosnia-Herzegovina. Empezó a preguntar si podríamos enviar ayuda allí también. Comenzamos a mirar los costes de transporte y hablamos más detalladamente con el padre Garry acerca de las necesidades y de los aspectos prácticos para llevar las mercancías desde el puerto a los campamentos. Estaba desesperado porque lo intentáramos y, tranquilizándonos, nos aseguró que él se encargaría de toda la logística y distribución si nosotros pudiéramos hacer llegar los contenedores a Monrovia. De modo que durante 1996 escribimos una «nueva lista de necesidades», esta vez para los desplazados de Liberia, y empezamos a pedir ayuda en su nombre. Además de los alimentos, ropa y medicinas que habíamos estado enviando a la antigua Yugoslavia, identificamos como artículos necesarios de forma inmediata toallas y jabón para personas que vivían en condiciones extremadamente calurosas y húmedas.

El mundialmente famoso hotel y campo de golf de Gleneagles no está lejos del hogar del padre Pat. Una de las gobernantas, otra amiga del padre Pat, oyó hablar de la urgente necesidad de jabón. Ella y sus colegas empezaron a recoger las pastillas de jabón que eran desechadas por los clientes tras un solo uso, guardándolas en bolsas de plástico para que las recogiéramos. Durante los años siguientes me convertí en un visitante habitual de uno de los más famosos y exclusivos hoteles del mundo, y la trasera de mi furgoneta empezó a oler realmente bien. Además de jabón, también recogimos velas, que eran muy necesarias en Liberia y no se habían utilizado más de una vez en el hotel Gleneagles. Siempre salía del hermoso jardín de ese hotel sonriendo. Había algo en el transporte de estos objetos de lujo, desechados por personas de gran riqueza para aquellos que vivían en la extrema pobreza, que me complacía especialmente. Aunque todo se hacía con el consenso del director del hotel, conseguí sentirme un poco como Robin Hood, y el páramo de Perthshire por el que conducía se convertía en el bosque de Sherwood. Cuando algún tiempo después transcribimos nuestra impresión, una parte de ella decía «que todos aquellos que tienen más de lo que necesitan lo compartan con aquellos que no tienen acceso ni a las cosas más básicas». Aquellas amables camareras del Hotel Gleneagles sin duda hicieron posible conseguirlo de forma espectacular. Parecía un insulto que, casi diez años después, el gobierno del Reino Unido, anfitrión de la cumbre del G8 en 2005, eligiera el hotel Gleneagles como sede y decidiera que esa cumbre tratara del Cambio Climático y Desarrollo Económico de África. Por desgracia, cuando tomaron esas decisiones, desconocían por completo las iniciativas de reciclaje de jabón y velas que habían sido pioneras allí. Sin embargo, en varias ocasiones desde entonces, cuando he asistido a reuniones en las que participaban políticos para hablar de ayuda internacional y desarrollo, con el fin de combatir sentimientos de angustia y desesperación me he esforzado por evocar el perfume de aquel jabón y el estado de ánimo que me producía.

Pronto, además de los camiones con destino a Bosnia-Herzegovina, llenamos y despachamos por mar contenedores de nuestro almacén en Glasgow, y recibimos informes y cálidos agradecimientos del padre Garry y de los destinatarios de esta ayuda. Nos encantaban sus descripciones sobre cómo descargaban los enormes y pesados contenedores en los camiones que los transportaban desde el puerto (alguno de estos, en lugar de ser devueltos vacíos, se utilizaban como almacenes seguros). En ausencia de una grúa, ataban el contenedor a un árbol, hacían acelerar los camiones y dejaban que los contenedores se estrellaran en el suelo. No siempre funcionaba a la primera y algunas palmeras acababan partiéndose en dos.

A principios de 1997 se decretó una tregua en Liberia y el padre Pat y yo decidimos que era un buen momento para hacer una visita. Lamentablemente, lo primero que conocí de África fue una oscura ciudad devastada por la guerra. En Monrovia más de un millón de personas no tenían electricidad, y mientras conducíamos desde el aeropuerto al final de la tarde, vimos a grupos de personas apiñados alrededor de oscilantes fuegos entre sobrecogedores armazones de edificios sin techo. Los padres SMA tenían un pequeño piso en el centro de la ciudad que, al igual que casi todos los edificios, había sido saqueado de todo su contenido. Incluso las bombillas y los enchufes eléctricos habían sido arrancados, aunque, en cualquier caso, tampoco nos habrían servido de mucho. Deshicimos nuestras maletas en la oscuridad con la ayuda de linternas y nos acostamos para dormir unas horas durante la calurosa y pegajosa noche.

Liberia fue fundada en 1847 por esclavos americanos liberados para convertirse en la primera república independiente de África. Los descendientes de esos americanos pasaron a ser los gobernantes del país y, durante la década de los 70, Liberia fue considerado como un país relativamente próspero y con gran potencial, dados sus enormes recursos naturales. Pero un golpe de Estado en 1980 marcó el comienzo de una era de decadencia para, finalmente, acabar en una guerra civil en las postrimerías de esa década. Varias facciones armadas, divididas en función de su origen tribal y motivadas por el deseo de controlar las lucrativas industrias del oro, diamantes, hierro, caucho y madera, se enfrentaban en un conflicto brutal que ya se había cobrado la vida de más de 150.000 liberianos. Más de 60.000 personas habían tomado las armas, muchas de ellas niños, a quienes los grupos armados que habían saqueado sus aldeas y matado a sus padres forzaban a convertirse en esclavos o «niños soldados». El famoso señor de la guerra, Charles Taylor, líder de la facción NPFL (Frente Patriótico Nacional de Liberia), que había controlado gran parte del territorio de Liberia durante varios años, había salido victorioso y se había establecido una frágil paz durante algunos meses. El ECOMOG, las Fuerzas de Pacificación de los Países del África Occidental, estaba ayudando a proporcionar estabilidad a través de unas elecciones para el mes de mayo. Cuando nos alejamos de la ciudad al amanecer, soldados guineanos nos pararon en los puntos de control y nos pidieron los pasaportes. Cerca de allí, un enorme y oxidado tanque se hallaba aparcado en una gasolinera, como si estuviera esperando a que viniera un empleado para llenarlo. Todos los edificios de la ciudad habían sido acribillados por ametralladoras y muchos habían sido bombardeados. Entre los escombros se habían improvisado refugios para mucha gente y sus familias con piezas de plástico. Mientras conducía, el padre Garry nos dio las últimas noticias sobre la guerra, nos explicó sus complejidades y respondió a nuestras preguntas con reveladoras e inquietantes anécdotas. Su amor por la gente de allí era evidente. Tuve la impresión de que él sufría con ellos. Habló ferozmente sobre justicia y sobre cómo no habría paz duradera sin ella. Citó el Antiguo Testamento. También nos contó un poco de su vida; había sido criado como metodista y había abandonado su casa a los dieciséis años para alistarse en el ejército británico. Era impresionante; un sacerdote guerrero, algo que rara vez había visto antes. Cruzamos el puente principal sobre el río Saint

Paul (el cual reconocí como la escena de recientes batallas encarnizadas, mostradas en reportajes de los telediarios) y pasamos el puerto al que habían arribado nuestros contenedores desde Escocia. Finalmente, llegamos al extenso campamento en las afueras de la ciudad, que ahora era el hogar de cientos de miles de personas que habían sido forzadas a abandonar sus aldeas. En estas interminables hileras de chozas de barro y adobe, levantadas de forma apresurada, era donde vivía el pueblo gola, entre el que el padre Garry había convivido y trabajado durante veinte años. Estas eran las personas a las que había estado ofreciendo lo que traíamos en los contenedores. Esos regalos se fueron asomando a medida que caminábamos entre los hogares, hablando con los amigos del padre Garry que salían a saludarnos. Muchos de ellos vestían las rayas del equipo escocés de fútbol, u otras camisetas cuyos eslóganes dejaban claro su origen. «Glasgow's 10k Sponsored by Irn-Bru», podía leerse en la camiseta que llevaba uno de los jóvenes que se acercaban con ganas de saludar al padre Garry y sus invitados. Alguno de ellos, como Abraham, quien estaba en una silla de ruedas enviada desde Escocia, quiso agradecernos el regalo. Nos sentamos y hablamos durante mucho rato con ellos. La conversación fue emocionante. Algunos creían que había llegado el momento de arriesgarse a regresar a su pueblo de Jawajeh, del que habían huido despavoridos tres años atrás cuando una de las facciones, Ulimo J., había tomado el control de esa parte de Liberia. Los hombres acababan de escuchar noticias alentadoras enviadas por aquellos que ya habían dejado el campamento y se dirigían a los pueblos; creían que los combatientes ya habían abandonado esa zona. Pedían consejo al padre Garry. Finalmente les sugirió que fuéramos todos juntos días más tarde. De esta forma podría llevarlos y transportar algunos suministros. Me di cuenta de que, además de las sonrisas y risas que esta oferta suscitó, también podían apreciarse en algunos rostros miradas de miedo, incluso de temor.

Más tarde visitamos un montón de familias en sus improvisados hogares. Era obvio que la mayoría de ellos conocían al padre Garry desde hacía muchos años y sus bienvenidas eran cálidas y sinceras. Cuando nos apiñábamos en pequeñas habitaciones para charlar, era agradable sentir el maravilloso olor del jabón de Gleneagles, ahora en un entorno muy diferente, y reconocer las velas que proporcionaban su única luz en las horas de oscuridad. Muchos de los niños estaban severamente desnutridos, algunos tenían el vientre hinchado y el cabello sin pigmento debido a *kwashiorkor*.[6] Me agarraban las manos y me acariciaban los antebrazos fascinados por la presencia de esta enorme y peluda persona blanca. Algunos bebés lloraban al verme y se acurrucaban contra sus contritas y sonrientes madres. Más tarde, el padre Garry y el padre Pat celebraron misa en una pequeña y abarrotada capilla improvisada. Todo el mundo cantaba con todo su corazón y pedía a Dios que los sacara de esos campamentos y los devolviera sanos y salvos a sus pueblos. También rezaron por toda la gente de Escocia que les había ayudado en sus momentos de necesidad.

Algo más tarde, el padre Garry recibió la noticia de que nuestro último contenedor se había despachado con rapidez desde el puerto y ya estaba en camino. El padre Garry suplicó a los que nos rodeaban y que habían escuchado el mensaje que no lo difundieran.

6. El *kwashiorkor* es una enfermedad de los niños causada por la ausencia de nutrientes como las proteínas, debido a una dieta con alto contenido de féculas y carbohidratos, cuyos signos son el abombamiento abdominal, coloración rojiza del cabello y despigmentación de la piel. [*Nota del traductor*.]

—Por favor, guarden silencio sobre esto —pidió encarecidamente—. No queremos distribuir el contenido inmediatamente porque nos gustaría poder dárselo a aquellos que regresen a sus pueblos en las próximas semanas. Queremos animar y apoyar a la gente para que vuelva a sus hogares, a sus granjas, no a quedarse aquí para siempre en estos campamentos. Por ahora solo pretendemos descargarlo en nuestro almacén. Así pues, no deseamos grandes multitudes por aquí.

Miré el «almacén» al que estaba señalando. Se trataba de un contenedor de transporte enviado desde Escocia y previamente vaciado, en cuya puerta podía leerse «Con amor desde Escocia» toscamente pintado con espray. Sonreí ante el recuerdo de una de nuestras voluntarias, Debbie, quien nos había sorprendido a todos justo antes de que el camión que llevaba este contenedor se alejara de las puertas de nuestro almacén en Glasgow. Mientras el conductor subía a la cabina para iniciar su largo viaje hacia el puerto, ella había trepado por los palés que había a su lado sacando un espray blanco de su chaqueta. Mientras nosotros reíamos a carcajadas, ella, como la experimentada artista de grafiti que era, escribió, con ademán ostentoso, su mensaje. Cuando miré por última vez ese contenedor, con esas palabras tan claras como el primer día, todavía se encontraba en nuestro cuartel general de Liberia, ¡más de dieciocho años después!

Pero la súplica del padre Garry fue en vano. Para cuando llegó el camión retumbando, cientos de personas con harapos se habían juntado y ofrecían su ayuda. Su desesperación era obvia. Siempre había disfrutado cargando y descargando camiones, sobre todo cuando podía distribuir aquellos que había ayudado a embalar en Glasgow. De hecho, yo había recogido personalmente la mayoría de los artículos de esta carga en las casas, escuelas e iglesias de Escocia. Conocía a muchas de las personas que habían hecho estos regalos. Me emocionaba poder regresar a casa y asegurar a aquella buena gente que yo había visto con mis propios ojos cómo sus regalos se habían dado a quienes pasaban necesidad. Pero esta descarga no fue, exactamente, una de las que disfruté. El padre Garry y el padre Pat habían salido para decir misa en otro campamento, dejándonos a nosotros al mando. Las personas a nuestro alrededor sentían hambre. Tenían niños desnudos y hambrientos en casa, necesidades urgentes y, para ellos, era muy difícil entender por qué no podíamos darles esta ayuda en particular. En ausencia de una residencia amurallada y segura, decidimos hacer una cadena humana para trasladar la ayuda al almacén lo antes posible, mientras que los demás trataban de mantener la creciente presión de la muchedumbre. Algunos empezaron a gritar con rabia y, en ese instante, varios miles de personas se habían congregado en el atardecer. Zinnah, que había trabajado con el padre Garry durante muchos años y que estaba organizando con calma el equipo, me dijo que no me preocupara, que había enviado un mensaje pidiendo que las tropas del ECOMOG vinieran a ayudarnos. Para mi alivio, unos minutos más tarde salieron de una camioneta varios soldados nigerianos que restablecieron el orden. Sillas de ruedas, paquetes de ropa, aperos de labranza, cajas de gafas y conocidas bolsas de jabón se llevaron con rapidez al otro contenedor, que fue cerrado con candado mientras la impotente y descontenta multitud se dispersaba en la noche.

Al ver lo difícil que había sido esa descarga del contenedor, especialmente para aquellos que habían tenido que estar mirando, entendí lo importante que era animar y apoyar el regreso de esta gente a sus pueblos y granjas, donde podrían reanudar su modo de vida. Existía el riesgo de que se desarrollara una gran dependencia de las ayudas en el campamento; era fácil entender por qué algunos no mostraban ningún entusiasmo por regresar. Aparte de las traumáticas circunstancias en las que muchos habían abandonado sus pueblos, la opción de volver a sus granjas invadidas por la maleza, en zonas que actualmente carecían de asistencia sanitaria o escuelas, no era una decisión fácil de tomar.

Pero, sin duda, aquellos hombres fuertes que se metieron en la camioneta del padre Garry agarrados a sus machetes un par de días después estaban decididos a reconstruir su vida. Catorce de nosotros nos apretujamos en la camioneta y salimos de la ciudad pasando los puestos de control del ECOMOG, hacia lo que había sido territorio dominado por los rebeldes durante muchos años. De vez en cuando, mientras cruzábamos el país marcado por la guerra y veíamos los restos de los edificios a los lados de la carretera, los hombres se ponían a cantar. Había mucha emoción entre estos exiliados que iniciaban el regreso, incluido el padre Garry. Finalmente llegamos a Tubmanburg, la capital del condado y antigua ciudad minera en la que había vivido el padre Garry. Nos mostró lo que quedaba de su casa —no mucho más que un montón de escombros— y su iglesia saqueada. Durante la guerra había decidido quedarse allí, detrás de las líneas enemigas, para ayudar a los más vulnerables —los ciegos, enfermos que padecían lepra, amputados, ancianos y otras personas enfermas—, que se habían congregado alrededor de su iglesia. Había estado aislado de sus colegas en Monrovia durante quince meses. En este tiempo, había pasado hambre, había sufrido atracos a mano armada y había tenido que huir a pie de emboscadas y ataques con artillería. En 1996 allí habían muerto de hambre y de enfermedades asociadas a la desnutrición cerca de trescientos niños. Nos mostró los pequeños montículos de tierra próximos a la iglesia donde los había enterrado.

—Mientras los niños se morían de hambre, las personas que provocaron su muerte continuaban cavando en busca de diamantes —nos comentó con tristeza—. Aquí dicen que incluso los árboles lloran por la falta de niños. Los mangos, que comban las ramas por su peso, son sus lágrimas, porque los niños no están aquí para recogerlos.

Nos apretujamos de nuevo en la camioneta y continuamos nuestro camino dejando las carreteras asfaltadas e internándonos muy despacio por pistas forestales invadidas por la maleza. Cada tanto, teníamos que esperar a que los hombres despejaran con sus machetes el camino bloqueado por árboles caídos y ramas colgantes. Finalmente, paramos en un claro amurallado por enormes árboles de algodón. Como los hombres peleaban por salir del coche, me di cuenta de que aquello era Jawajeh y empecé a divisar las casas medio derruidas entre la espesura. Aquellos hombres cortaron ansiosamente a machetazos algunas de las ramas colgantes a medida que empezaban a explorar. Entonces pararon para esperar al padre Garry y al padre Pat. Hablaron tranquilamente con ellos y se sentaron en un círculo bajo los árboles. Habían pedido a los dos sacerdotes que celebraran una misa entre los restos de su aldea. Pude ver, a través de los árboles, a un hombre y una mujer sentados a las afueras de una ruinosa casa de adobe embadurnados con las pinturas de Ulimo J. Nos estaban observando.

—¡Un combatiente! —dijo uno de los hombres susurrando, para ignorarlo después en el momento en que los sacerdotes, vestidos con su sotanas blancas, comenzaron a decir misa.

Tras recibir la comunión, los hombres se levantaron y empezaron a cantar, en voz baja al principio, «Ven, Jesús, Diablo, vete». Caminaban por el pueblo entre sus hogares destrozados, cubiertos de vegetación y pintadas, cantando todo lo alto que podían mientras sus sacerdotes rociaban agua bendita con hojas de palma a su alrededor. En el espacio en el que una vez hubo una casa, yacían dos calaveras humanas.

Paul, que tenía aproximadamente la misma edad que yo, y que era el jefe de la aldea, me mostró su casa sin techo.

—Creo que debo tirarla abajo y empezar de nuevo —me dijo con tristeza después de una breve inspección.

Antes de que los dejáramos en el pueblo, ya habían empezado un ataque feroz a la selva invasora con sus machetes. Tenían claro que había que despejar una granja para poder plantar. Esta era su primera prioridad. Solo cuando vieran sembrados nuevos cultivos, hubieran rehecho sus hogares y estuvieran convencidos de que su pueblo era de nuevo un lugar seguro, traerían a sus mujeres y niños desde los campamentos.

Días más tarde, volvimos a Jawajeh. En nuestra camioneta teníamos un montón de fruta, sacos de arroz, semillas de yuca, machetes nuevos, azadas, alambre para atrapar animales y un gallo y una gallina, que serían los encargados de comenzar la reproducción de pollos. Al llegar, no podíamos creer la cantidad de selva que habían despejado ya con la fuerza de sus manos. Estaban encantados con los suministros que habíamos llevado, y nos dijeron que para agosto ya estarían cosechando yuca. Entretanto, vivirían de lo que pudieran cazar o encontrar en la selva. Me explicaron que en ella se encontraban arbustos de batata, palmito y otros alimentos silvestres, aunque nos preguntaron si podríamos llevarles provisiones de arroz de vez en cuando.

Así fue como nuestro trabajo en Liberia entró felizmente en una nueva fase. Al menos durante un tiempo, nuestro cometido pasó de responder a situaciones de emergencia a ayudar a las personas que regresaban a sus hogares y trabajaban para rehacer sus vidas. Gran parte de mi tiempo durante esa primera visita lo pasé organizando la compra de artículos para los repatriados de otras diecisiete aldeas en el condado de Bomi. Usábamos las donaciones para comprar miles de machetes, grandes cantidades de semillas y otros artículos esenciales. También financiamos la reconstrucción de escuelas en las aldeas y el establecimiento de una clínica móvil para dar asistencia sanitaria en esta zona. Este trabajo era increíblemente directo y efectivo. «1,75 libras costará comprar un machete —escribíamos en nuestro boletín—, 10.000 libras reconstruir una escuela en una aldea.» La gente nos dio el dinero y nosotros compramos los machetes y reconstruimos las escuelas. Los donantes tenían gran confianza en nuestra cercanía, entendiendo que todo lo que hacíamos estaba basado en una verdadera cooperación con nuestros amigos de allí. Estábamos suministrando algunas de las cosas más básicas que necesitaban desesperadamente para volver a ser independientes. La clínica móvil que financiamos creció y comenzó a circular por los pueblos del condado de Bomi proporcionando la única atención primaria disponible. Las enfermeras y comadronas que empleamos, así como las medicinas que embarcamos, estaban salvando vidas todos los días. A medida que las granjas empezaban a producir alimentos, creció la esperanza de que el pueblo gola estuviera entrando en una nueva era de paz y autosuficiencia. Pero la paz duró poco.

Charles Taylor, el vencedor convertido en presidente, continuó aterrorizando a la población y desangrando los recursos naturales del país para su beneficio personal. En 1999, surge un nuevo grupo rebelde llamado LURD (Liberianos Unidos para la Reconciliación y la Democracia) y comienza la segunda guerra civil. Esta guerra, como todas, era brutal, pero quizá esta vez con mayor crueldad. Probablemente ningún conflicto en los últimos cien años ha utilizado a niños soldados de una forma tan masiva. Tanto Taylor como el LURD eran culpables de ese horrendo proyecto, y, finalmente, alrededor de 20.000 críos fueron forzados a ser «porteadores de munición» o niños soldados. Se volvieron frecuentes la crueldad y otros abusos contra los derechos humanos. El liderazgo militar de muchos señores de la guerra se basaba en un confuso misticismo y sus jóvenes soldados eran frecuentemente introducidos en la cocaína, *khat*[7] y otras drogas. Había numerosos informes de torturas, canibalismo y asesinatos rituales. El abuso y violación de mujeres estaba generalizado. El LURD pronto obtuvo el control de gran parte de las zonas rurales, incluyendo la mayor parte del condado de Bomi, por lo que, una vez más, la gente de estas aldeas, que solo quería ver crecer sus cultivos y a sus familias en paz, fue forzada a escapar de sus hogares. La historia se repetía. Nuestros amigos se encontraron de regreso a los campamentos en las afueras de Monrovia, por lo que volvimos a centrar nuestra atención en enviarles ayuda de emergencia.

El padre Garry decidió no ir a la capital. A medida que las fuerzas del LURD avanzaban hacia Tubmanburg, los demás expatriados y organizaciones humanitarias se marcharon. El arzobispo de Monrovia exhortó al padre Garry a hacer lo mismo. Pero, para entonces, aquellos más necesitados se habían reunido de nuevo alrededor de la iglesia en busca de ayuda, y al recordar a los niños que habían muerto de hambre en 1996, decidió quedarse. Hablaba con él regularmente. Me llamaba subido encima de una mesa bajo un árbol del mango y me decía, con una risotada, que era el único lugar en el que tenía

7. La planta de *khat, Catha edulis,* tiene un poderoso efecto narcótico; al ser mascada, genera un estado de euforia leve seguido de un largo período de estupor. [*Nota del traductor.*]

buena cobertura. Fuimos capaces de enviarle de manera regular fondos y alimentos que necesitaban con urgencia a través de unos amigos libaneses, propietarios de un supermercado en Monrovia. Entretanto, se acercaban las fuerzas rebeldes. Finalmente, en mayo de 2002, nos enteramos de que los soldados del LURD habían atacado y sitiado Tubmanburg. Ninguno de nosotros volvió a tener contacto con el padre Garry durante tres semanas. Nos temíamos lo peor. Entonces, para nuestra alegría y sorpresa, supimos que estaba en Guinea. Un par de días después nos llamó y nos contó su historia. Los jóvenes soldados que tomaron el pueblo tras una feroz batalla estaban sorprendidos de encontrar entre los indigentes a un excéntrico sacerdote inglés. Hablaron con su comandante por radio solicitando órdenes y les dijeron que no le mataran. Así que lo hicieron prisionero. Cuando los dos colaboradores más cercanos del padre Garry, Zinnah y Matthew, entendieron lo que estaba pasando, pidieron a los soldados del LURD que también los llevaran con ellos. Querían estar con él y tratar de protegerle. Viajaron durante tres semanas a través de la selva antes de que los liberaran en la vecina Guinea.

—He aprendido mucho —me dijo el padre Garry la siguiente vez que nos vimos—. Durante años he estado liderando comunidades y asistiendo a los demás. Mientras permanecí capturado me sometí a dieciséis niños soldados con autoridad sobre mí. Dependía de ellos para mi sustento y para sobrevivir. Un día, uno de ellos me salvó la vida cuando resbalé cruzando un profundo río. Otro día, vi cómo lanzaban una granada en una poza y recogían los peces muertos que quedaron flotando para comer. Sentía impotencia, vulnerabilidad y debilidad física de una forma completamente nueva. También experimenté empatía con mis captores. Me alisté en el ejército cuando solo tenía dieciséis años, supongo que yo fui un niño soldado en alguna ocasión. Ese día di gracias a Dios por esa experiencia.

Finalmente, en las postrimerías del año 2003, tras unas encarnizadas batallas en Monrovia, Charles Taylor dimitió, fue extraditado y, posteriormente, juzgado por crímenes de guerra. El conflicto había terminado y la ONU desplegó la misión para mantener la paz más importante del mundo. Poco tiempo después regresé a Tubmanburg. Se estaban haciendo grandes esfuerzos para desarmar a la población, incluyendo a los niños soldados. En las calles, los chicos aún conservaban sus AK-47 y sus lanzagranadas. Todavía mantenían sus «nombres de guerra»: Mata Mujeres, Tiro Rápido, Bebé Disidente y Baja a mi Nivel, este último era un chico desaliñado de once años que estaba entre los niños que conocimos y con los que jugamos al fútbol. Al final, todos entregaron sus armas refiriéndose a esos «nombres de guerra» como si se tratara de personas diferentes. En dos ocasiones durante esa visita, una en una gasolinera a las afueras de Monrovia y otra en una solitaria pista por la selva, nos tropezamos con los captores del padre Garry. Le saludaron con afecto y le abrazaron. El aprecio y respeto mutuo eran obvios. Ahora solo querían recuperar su infancia y tener oportunidad de estudiar. Le preguntaron al padre Garry cuándo abrirían de nuevo la escuela St. Dominic.

Arreglar y restaurar la única escuela de enseñanza secundaria en la zona se convirtió en una de nuestras prioridades. La habían saqueado y se habían llevado todo su contenido. El patio de juegos estaba cubierto por una alfombra de casquillos de bala vacíos, y también encontramos una tumba anónima. Embarcamos contenedores llenos de libros y de material para la enseñanza con objeto de aprovisionar la biblioteca del colegio y reequipar la escuela mientras empezábamos a reclutar a los nuevos profesores. De los seiscientos alumnos que se matricularon más de la mitad habían sido niños soldados.

Entre la gente joven que conocí al inicio de ese nuevo curso escolar había un increíble interés por la educación y un angustioso reconocimiento de que sin ella no se podía salir de la miseria. Era un contraste con la gran inquietud que embargaba a mi familia al inicio del curso escolar en Escocia, y una gran diferencia con mis recuerdos infantiles sobre el pavor que me producía el fin de las vacaciones escolares.

Recientemente he observado con alivio, mientras Marta se secaba las lágrimas a la puerta del colegio, que el abrazo de lapa que daba a Julie se debilitaba hasta que, finalmente, incluso se olvidaba de decir adiós antes de largarse a ver a sus amigas. Ahora, en Liberia, vi como una mujer en silla de ruedas se acercaba al padre Garry cuando volvía a casa a desayunar tras decir la misa de la mañana. Un chico adolescente empujaba la silla y la había puesto estratégicamente en el trillado camino entre la iglesia y la casa del padre Garry. Ella explicó que era madre de nueve hijos y que había viajado dos horas desde su casa cerca de Monrovia para pedirle al padre Garry que acogiera a uno de ellos en la escuela secundaria. Él intentó explicar que no quedaban plazas y que, en cualquier caso, la escuela solo admitía a niños de los tres condados circundantes. Ella se lamentó y protestó. Él se disculpó de nuevo dándole el importe para el taxi de regreso a Monrovia. Se quedó sentada llorando sin hacer ruido mientras el chico que la había traído hasta la puerta intentaba consolarla.

También nos dimos cuenta de que la guerra había robado a muchos adolescentes y adultos jóvenes la oportunidad de asistir al colegio. Para ellos construimos una pequeña escuela de formación profesional con la esperanza de que desarrollaran habilidades tales como carpintería, albañilería, costura e informática, para que pudieran encontrar trabajo y mantenerse a sí mismos. También incluimos en este proyecto una granja que enseñara agricultura, ya que muchos de ellos habían vivido en campamentos de refugiados o luchado en la guerra y habían perdido su tradicional conocimiento agrícola. Llamamos a esta granja El Nuevo Mundo y la emplazamos justo al lado del lugar (ahora señalado por una cruz de madera) en el que estaban enterrados los niños que habían muerto de hambre durante la guerra. Criamos ovejas y cabras con miras a repoblar de animales la aldea, porque habían sido completamente aniquilados. Poco a poco la gente empezó a adaptarse a la paz. Pero sin justicia es difícil mantener la paz. Uno de los alumnos más jóvenes le confió al padre Garry que cada mañana, mientras venía caminando desde casa, pasaba junto al hombre que había asesinado a su madre delante de él.

La mayoría de las armas estaban oxidándose en recintos de la ONU, aunque, de alguna manera, esto era lo de menos. Verdad y reconciliación, en un país en el que decenas de miles de niños habían sido drogados y entrenados para matar, era una tarea difícil. Un día, hablando de esto con Moses Flomo, un viejo amigo de Tubmanburg, ayudante médico y antiguo miembro del equipo de la clínica móvil, me dijo:

—Tienes que entender que todo esto no se trata solo de armas. Los liberianos tenemos que desarmar nuestros corazones.

La ampliación de nuestro trabajo en Liberia solo era posible si crecía nuestro apoyo en casa. Para entonces, un formidable grupo de cincuenta voluntarios de la zona de Glasgow había empezado a visitar diferentes parroquias cada domingo para que los feligreses, previamente invitados a que llevaran baratijas y aquellas ropas que no querían, las dejaran en la trasera de nuestra camioneta en su camino hacia la iglesia. Llevábamos estos artículos a los almacenes para clasificarlos. Algunos iban a Liberia y otros a nuestras tiendas de caridad para ser vendidos. Habíamos empezado a establecer estas tiendas que atendían grupos de voluntarios muy entregados. Invitados por los sacerdotes y ministros, el equipo que recogía artículos en las parroquias también empezó a dar charlas en las congregaciones y a vender rifas a la salida de las iglesias. Con el tiempo reclutamos un equipo de gente increíblemente comprometido —entre los que se encontraban adolescentes, gente mayor, una señora en silla de ruedas y un hombre ciego— y lo bastante numeroso como para estar presente cada fin de semana en tres parroquias por lo menos, con lo que obteníamos cientos de miles de libras. Ellos crearon una conciencia de colaboración y respeto por nuestro trabajo. Incluso hoy continúan esta iniciativa, sacrificando sus fines de semana, haga viento, lluvia o sol, y me hacen más humilde y me enseñan mucho con su buen ánimo y sus ganas de ayudar. Me gusta describir nuestro trabajo como una serie de muchos y muy pequeños actos de amor y, cuando lo hago, suelo pensar en ellos a la puerta de una iglesia, en pie, riendo bajo la lluvia escocesa.

Capítulo 6
Una tierra de hambruna

> Es el amor el que pide, el que busca, el que golpea, el que encuentra, y el que es fiel a lo que encuentra.
>
> SAN AGUSTÍN

Durante la primera mitad del año 2002 nuestros periódicos y canales de televisión comenzaron a informar extensamente sobre la hambruna que estaba teniendo lugar en el sur de África. Millones de personas se enfrentaban a la inanición en varios países. El más afectado y del que más oíamos hablar en los boletines de noticias era Malawi, donde se decía que, por lo menos, tres millones de vidas estaban en riesgo. A pesar de los muchos y fuertes vínculos históricos que había entre Escocia y Malawi —de los que me enteraría más tarde—, sabía muy poco de este país montañoso, encerrado entre Mozambique, Zambia y Tanzania, salvo que había formado parte del Imperio británico y que hoy era una de las naciones más pobres de la tierra. Cuando empezamos a hablar de Malawi y a discutir si habría algo que pudiéramos hacer para ayudar allí, todos pensamos lo mismo: «Me pregunto qué habrá sido de Gay Russell».

Gay era aquella señora que nos había escrito una carta, casi veinte años atrás, pidiéndonos más información sobre Medjugorje, tras haber leído el artículo de Ruth sobre nuestra experiencia allí como adolescentes. Se había descrito a sí misma como una piloto de Malawi que manejaba un pequeño avión. Esto nos evocó románticas imágenes, quizá inspiradas por el libro favorito de la familia, *Memorias de África*. Aunque habíamos recibido más de mil cartas en aquel momento, Gay era la cronista que se había quedado en nuestras mentes. Mamá le escribió una carta, recibió una agradable respuesta y envió otra. Esto fue lo último que supimos de ella.

Mientras hablábamos de todo esto y pensábamos en voz alta en Gay, la única persona con quien habíamos tenido contacto en Malawi, en Craig Lodge se había alojado, como siempre, un grupo de gente interesante para un retiro. Entre ellos había un hombre de negocios de la parte central de Inglaterra que se llamaba Tony Smith. Nunca le habíamos visto. Cuando Tony nos dijo que no solo conocía a Gay Russell, sino que estaba trabajando con ella en Malawi, nos quedamos atónitos. Tony nos contó que, a raíz de su propia experiencia de conversión en Medjugorje algunos años antes, había tenido la inspiración de construir una réplica de la gigantesca cruz en una montaña de algún lugar de África, para aquellos que nunca pudieran permitirse hacer la peregrinación desde ese continente hasta Medjugorje. Con el tiempo, le habían presentado a Gay y, juntos, estaban construyendo la cruz de hormigón en la cima de la montaña con vistas a Blantyre, la ciudad en la que vivía Gay. Tony nos puso en contacto con Gay por correo electrónico y, tras un intervalo de dieciocho años, retomamos una agradable correspondencia con ella. Entre otras cosas, supimos que ella y su marido David también participaban en proyectos de ayuda para aliviar la hambruna de su país.

Nos invitaron con entusiasmo a ir a visitarlos cuando pudiéramos. Mientras tanto, empezamos a contactar con otras personas que llevaban a cabo trabajos de emergencia en Malawi. Entre ellos se encontraba la antropóloga de la Universidad de Saint Andrews, quien había estudiado la sociedad matrilineal de los chewa y había vivido anteriormente en algunos pueblos de la región central. Trabajando con amigos de esos lugares, había diseñado un plan para proveer de ayuda alimentaria a algunas aldeas en particular. El proyecto tenía dos propósitos: primero, salvar a la gente de morir de hambre y, segundo, facilitarles que se quedaran en sus aldeas en lugar de tener que buscar comida en otros pueblos y ciudades. De esta manera podrían plantar y cuidar su próxima cosecha y prevenir que se destruyera su forma de vida (como tan a menudo ocurría en situaciones de hambruna). Hicimos un nuevo llamamiento a nuestro creciente grupo de generosos colaboradores para el hambriento pueblo de Malawi. Cientos de cheques emitidos por amables personas llegaron a Dalmally y, muy pronto, Ruth y yo empezamos a planear nuestra primera visita a Malawi. Queríamos visitar a Gay y a los grupos con los que estaba trabajando en las regiones del sur, pero, antes de eso, tomaríamos parte en el primer envío de comida a las dos aldeas de la región central.

Al pasar por el sur del aeropuerto de Lilongwe, en dirección a esas aldeas, vimos los enormes silos de grano del gobierno. Los reconocimos por los recientes artículos de prensa que informaban de que las reservas de comida que deberían haber estado almacenadas allí, precisamente para una catástrofe como esta, habían sido vendidas por el gobierno. Los silos, que podían almacenar 167.000 toneladas, estaban totalmente vacíos. El gobierno afirmó que el Fondo Monetario Internacional (FMI) les había recomendado vender la reserva para ayudar a pagar su deuda, algo que negó este último, que aseguró que nunca había recibido ningún pago. Entre tanto, una investigación de la Oficina Anticorrupción reveló que altos cargos políticos y personas del sector privado se habían beneficiado enormemente de esta venta. Entre los acusados estaba el ministro responsable de la disminución de la pobreza.

Continuamos el viaje y empezamos a empaparnos de nuestras primeras impresiones de Malawi. Era una preciosidad. Ambos lados de la carretera estaban llenos de gente: mujeres con leña sobre la cabeza, hombres empujando bicicletas en las que se apilaban montones muy altos de carbón vegetal y niños llevando cubos de agua de colores brillantes. En la campiña, la gente estaba labrando los campos, aireando la tierra con azadas, lista para sembrar. Las casas construidas con ladrillos de barro o con barro y zarzo,[8] con generosos techos de paja, se agrupaban en pequeñas aldeas junto a la carretera. Nos encantaron los árboles baobab, con ese aspecto tan gracioso. Los enormes troncos se estrechaban en la parte de la copa, que era relativamente pequeña, y parecían árboles dados la vuelta. Colinas de formas curiosas comenzaron a tomar forma en la bruma. En el horizonte sur, Bunda, con su cima redondeada, y Nkhoma, más empinada y que se alzaba de manera espectacular, destacaban en la llanura circundante, desdeñando el apoyo de ninguna otra colina. El camión que seguíamos iba cargado hasta arriba con sacos de judías y harina de maíz, la primera remesa de alimentos para «nuestras» aldeas, comprados a comerciantes de la ciudad. Mien-

8. El zarzo es un material de construcción ligero que se hace tejiendo ramas delgadas y cuyo uso se remonta al Neolítico. [*Nota del traductor*.]

tras ayudamos a organizar el aprovisionamiento de estas raciones con los comerciantes de la ciudad, empecé a ser consciente, por primera vez, de que el hambre y la desnutrición no solo se debían a que no hubiera comida disponible. La gente se moría de hambre porque no tenía suficiente dinero para comprar comida. Los niños quedaban desnutridos porque sus padres no podían permitirse comprar la alimentación más básica. Iba pensando en esto, en que el hambre la provoca la pobreza, mientras abandonábamos la carretera asfaltada y seguíamos nuestro camino a través de pistas llenas de baches, en las que gente muy delgada caminaba abatida entre la oscilante nube de polvo que dejábamos a nuestro paso.

Lo primero que vi cuando entramos en Ngwanda, una aldea enclavada entre grandes rocas, fue a un grupo de hombres apiñados en los escalones de una casa. Se arremolinaban en torno a una pequeña radio. Más tarde me explicaron que estaban escuchando, entre interferencias, la retransmisión del mayor partido de fútbol de Malawi en muchos años, un enfrentamiento con la vecina Zambia. Tan pronto como vieron el camión con comida dando botes por el empinado camino hacia su pueblo, se levantaron a saludarnos con enormes sonrisas. Las mujeres salieron rápidamente de sus chozas, algunas con bebés atados a su espalda, y aparecieron niños corriendo desde todas partes. Para cuando salimos del coche, las mujeres estaban cantando y bailando para darnos la bienvenida. La voz del comentarista de la radio quedó ahogada por los cantos y gritos de alegría.

El maíz y las judías del camión eran la respuesta a las oraciones de este pueblo. Por supuesto, habían sido informados de que iba a llegar. Nuestros amigos habían trabajado con los líderes de la comunidad para contabilizar los habitantes de la aldea, conocer sus necesidades y asegurar que estaban preparados para organizar una distribución ordenada. La cantidad que estábamos entregando debía ser suficiente para cubrir sus necesidades durante los dos meses siguientes. Pero, a pesar de esto, la gente de la aldea parecía asombrada de que allí, ante sus propios ojos, se encontrara la comida que salvaría sus vidas y las vidas de sus hijos. Es posible que en más de una ocasión se les hubieran hecho promesas que nunca se habían cumplido.

Casi el ochenta y cinco por ciento de la población de Malawi se dedica a una agricultura de subsistencia, viven en aldeas como Ngwanda y sobreviven con los alimentos que crecen en sus pequeñas propiedades de entre uno y dos acres. Aquellos que viven de la tierra allí nunca se libran de pasar hambre. Su comida cotidiana es una mazorca —un maíz blanco— que muelen, secan al sol y luego cocinan en forma de pasta con agua hirviendo. El resultado es un plato llamado *nsima*, al que mi sobreestimulado paladar occidental apenas encontró sabor, por lo que me resultó muy difícil de comer en cualquier cantidad. El maíz es autóctono de América y fue introducido en Malawi por los europeos durante el siglo XVI. Gracias a su alto rendimiento, pronto reemplazó al mijo y al sorgo, que habían sido los pilares de la dieta africana durante miles de años. Hoy en día, esos cultivos indígenas representan menos del diez por ciento de la superficie total plantada, mientras que el maíz, como cultivo de subsistencia, se ha convertido para Malawi en lo que el arroz es para Asia. Pero el maíz es una planta sedienta y hambrienta, que absorbe grandes cantidades de agua y nutrientes de la tierra, por lo que las sequías de los años 90, combinadas con la falta de fertilizantes para el suelo cada vez más empobrecido, habían desencadenado una espiral de hambrunas cada vez peores. Un año de buena cosecha producía lo justo para que un granjero pudiera alimentar a su familia durante un año. Pero estos últimos tiempos no eran tan buenos. Diciembre, enero y febrero se conocían como los «meses hambrientos» porque se les acababa su propia cosecha y el precio de los alimentos se disparaba. Ese año las pequeñas tiendas de las aldeas llevaban meses vacías y, en aquel momento, la población hambrienta de Malawi había empezado a comer, en su desesperación, raíces de árboles, mazorcas de maíz, serrín, bulbos de lirios de agua y otras cosas varias que normalmente no se consideran alimento.

Cuando finalmente dejaron de cantar en la fiesta de bienvenida en Ngwanda, una de las ancianas pidió a la gente que se pusiera en orden. Se sentaron en largas filas sobre el suelo polvoriento y esperaron a que se les llamara por su nombre, escrito en una lista. Un miembro de cada hogar, generalmente una madre o abuela, se acercaba cuando le llegaba el turno para recoger su asignación de maíz y judías. Cada ración —calculada según el tamaño de la familia— se pesaba cuidadosamente en una balanza y se metía en sacos. Me llamó la atención la paciencia y el silencio de los que estaban sentados esperando y, en un momento dado, observé cómo una anciana y su nieto se arrodillaban en el polvo rojo para recoger los pocos y minúsculos granos que habían caído. Colocaron su precioso tesoro en un pequeño frasco para llevarlo a casa. Cuando empezó a desaparecer la luz del día —recordé que allí anochecía rápidamente y que habíamos planeado no conducir de noche—, el jefe de la aldea proclamó el último nombre de la lista. Todos tenían ahora suficiente comida para pasar los siguientes dos meses. Prometimos volver con suministros antes de que se les acabaran, y también con semillas para que pudieran plantar la cosecha del año siguiente, cosecha que les permitiría, con suerte, liberarlos de la dependencia de nuestra ayuda.

Dejamos el pueblo de Ngwanda mucho más tarde de lo que habíamos planeado. El sol ya se había puesto cuando continuamos con el camión, ahora medio lleno, más allá de la redonda montaña Nkhoma, hasta una remota aldea al final de la carretera. Nos sentíamos mal al saber que la gente de Mgonzo había estado esperándonos todo el día. Cuando llegamos, la luz de la luna llena proyectaba sombras entre el pequeño grupo de casas situadas en la ladera de una empinada colina. Allí nos recibieron con saludos en susurros. Esta gente tenía incluso más hambre y estaba mucho más débil. Nos explicaron que habían estado comiendo hojas, raíces y plátanos verdes durante las semanas anteriores. De alguna forma, el modo tranquilo, casi sin palabras, en que esta gente mostraba su agradecimiento era más conmovedor que la animada bienvenida que habíamos recibido antes. Tras descargar el camión, nos sentamos durante algunos minutos al lado de la oscura pila de alimentos, en completo silencio —un silencio profundo y agradecido que no olvidaré nunca—, y finalmente nos levantamos para despedirnos. Los pacíficos pobladores musitaron sus despedidas y, después de susurrarles promesas de que regresaríamos, los dejamos de nuevo sentados en silencio ante las brillantes hogueras.

Al día siguiente, Ruth y yo tomamos un autobús atestado de gente desde Lilongwe hasta Blantyre. Las vistas del trayecto de cuatro horas eran estimulantes; en un punto alto del camino pensamos que habíamos visto el espumoso lago Malawi a lo lejos y lo que presumimos que eran las tenues montañas azules de Mozambique. Cuando el autobús se detuvo en el centro de la ciudad de Blantyre, vimos a una pareja de raza blanca que saludaba al autobús, de pie en la calle. El marido, de unos sesenta años de edad y con un poco de sobrepeso, llevaba unas gafas de gruesos cristales y lucía una sudadera del Russell Athletic.

—¡Deben de ser David y Gay! —dijo Ruth señalándolos y riendo mientras agarrábamos nuestras maletas y bajábamos del sofocante autobús.

No sabíamos cuál era su aspecto y la primera impresión que tuvimos de un hombre con un autodestructivo sentido del humor no estaba, pronto lo descubrimos, fuera de lugar. Después de unos cálidos abrazos y treinta minutos en coche, nos encontramos en la sala de estar de su casa, encaramada en lo alto de una colina, con una vista impresionante sobre la ciudad y la nebulosa llanura hasta las colinas de más allá. Durante la cena, sus historias surgían a borbotones. Los dos habían pasado casi toda su vida en África, se habían criado en Zimbabue (entonces Rodesia) antes de trasladarse a Malawi para vivir una vez casados. David trabajaba para Knight Frank[9] y como asesor económico del gobierno, mientras que Gay volaba como piloto para una gran empresa azucarera. Nos entretuvieron contando hilarantes anécdotas, una detrás de otra. Gay nos explicó también que, tras recibir la carta de mamá, había visitado Medjugorje por primera vez en 1986. Desde entonces había empezado a fundar grupos de oración y centros en Medjugorje desde el sur de África. Asimismo, había organizado grandes grupos para hacer peregrinaciones desde Malawi hasta Medjugorje. En el año 2000 Tony Smith había contactado con ella y juntos habían empezado a construir un vía crucis en las afueras de Blantyre, una réplica del de Medjugorje, para todos aquellos que nunca podrían viajar a Europa.

—Ah, por cierto —dijo Gay—. Todavía conservo esa carta.

Salió del cuarto y volvió con la carta manuscrita de mamá. Con ella había una descolorida fotografía, que

9. Empresa inmobiliaria con oficinas en todo el mundo. [*Nota del traductor*.]

mamá debió de adjuntar, en la que se nos veía a Ruth y a mí de adolescentes, junto a los videntes de Medjugorje. Reímos y lloramos con Gay. Estábamos conmovidos por un profundo sentimiento de que se estaba revelando el plan de Dios en nuestras vidas.

—¡Plastas de la religión! —exclamó David—. ¡Tonterías! ¡Puro cuento!

Durante el resto de la noche, y en muchas otras ocasiones, David se burló de Gay y de nosotros, pero, de alguna manera, nunca nos pareció que fuese cínico y, ciertamente, cuando se trataba de actos de amabilidad y buenas obras, quedó claro que tenía mucho que enseñar a esos «plastas de la religión». Más tarde, Gay nos explicó que David le había regalado los billetes de avión para ir a Medjugorje y que le insistía en que fuera. También parecía que muchos de los sacerdotes y monjas en Malawi utilizaban su casa como un lugar regular de retiro. La puerta de David siempre estaba abierta. Tanto él como Gay estaban profundamente involucrados en las campañas para paliar la hambruna, daban apoyo a varios grupos y ofrecían su experiencia y un gran conocimiento del lugar a gente como nosotros, que estábamos deseando hacer algo útil.

—¡Espero que no os importe, hemos organizado un par de días muy ajetreados para vosotros dos! —dijo Gay cuando por fin nos levantamos para irnos, muy cansados, a la cama.

—Os llevaremos a la cima de la montaña donde estamos construyendo esa absurda cruz —dijo David.

Los días siguientes estuvimos bastante ocupados. Visitamos a varios amigos de Gay que estaban comprometidos con las campañas contra el hambre y con otras buenas obras. Entre ellos se encontraban algunas jóvenes voluntarias de Israel que dirigían una pequeña clínica de atención primaria, en las orillas del lago Malawi. Para llegar a Chembe, donde trabajaban, bajamos por una incómoda pista llena de baches, riéndonos de los babuinos que se colgaban de los árboles al lado de la carretera. Nos quedamos sin aliento cuando finalmente vimos el famoso lago, de brillante color azul celeste, y el pequeño pueblo de chozas de paja, situadas a lo largo de una magnífica playa de arena blanca. Era igual que una foto de una revista sobre turismo de lujo; completaban la escena unos pescadores sentados, junto a sus canoas, remendando sus redes. A primera vista parecía un lugar idílico, pero no lo era. Irit y Yogi, las dos jóvenes israelitas, nos recibieron en su clínica y nos dieron una visión completa y deprimente de la vida allí, en la comunidad junto al lago donde ellas habían instalado su hogar. Mientras caminábamos por la aldea, nos explicaron que de las 11.000 personas que vivían allí, cerca de ochocientas eran huérfanas y que esa cifra continuaba creciendo. El sida estaba aniquilando una inmensa franja de población en edad de procrear, dejando que los abuelos u otros miembros más lejanos de la familia criaran a los niños. Esta era una historia de horror que se desarrollaba en todas las aldeas de Malawi, un país en el que el 16,4 por ciento de los habitantes entre quince y cuarenta y nueve años estaban infectados: la segunda tasa de VIH o sida más alta del mundo. El número de los que fallecían por la enfermedad ya era elevado, pero, ahora, el hambre crónica que estaba acechando esta tierra hacía que una situación ya de por sí catastrófica fuera aún más terrible. La esperanza media de vida había caído a treinta y nueve años y, aunque fallecían ciento cuarenta personas cada día, Malawi todavía se encontraba por entonces a algunos años de distancia de su número máximo de fallecidos por sida. Como habíamos aprendido en Rumanía, una dieta saludable con un montón de proteínas es la primera y más esencial necesidad para alguien con VIH. Sin embargo, en esta aldea, la gente pasaba tres días seguidos sin comer. Un grupo de niños empezó a seguirnos mientras hacíamos nuestra visita, compitiendo por estar a nuestro lado. Irit señaló un cementerio en la parte posterior de la aldea, en el que los montículos de arena se extendían hasta la ladera.

—Ahora hay cuatro o cinco funerales diarios —nos dijo al tiempo que un anciano la saludaba, llamándonos por señas para que entráramos en el patio de su casa con rapidez.

Dentro estaba su mujer acostada en una colchoneta, tratando de consolar a su nieto. El delgado niño gemía continuamente y nos explicaron que sus padres habían muerto y que, ahora, ellos ejercían de «madre y padre» en lugar de ser sus abuelos. Irit, tras examinar al chico, nos sorprendió preguntándonos si podíamos pagar el coste de un coche para llevarle a una clínica de salud.

—Necesita medicinas inmediatamente —dijo mientras le entregábamos la insignificante cantidad.

Una vez dejamos todo organizado para la pareja, Irit nos llevó por la aldea. Una señora con un gran cubo metálico de agua en la cabeza se detuvo a charlar con Irit. El cubo tenía una fuga por la que goteaba el agua. Mientras sonreía y bromeaba con Irit, sostenía una pequeña taza de estaño para recoger la preciada agua que trataba, en vano, de escapar.

Nos detuvimos en un pequeño mercado, donde Irit compró algo de pescado para nuestro almuerzo.

—El hambre es terrible aquí, no solo porque los cultivos han fracasado, sino porque también ha habido una sobreexplotación de los recursos pesqueros del lago.

Nos señaló unas mesas donde se secaba pescado. Algunas tenían unos pequeños peces plateados, mientras que otras estaban vacías.

—Antes estaban repletas. Los secaban y los vendían.

De esta forma, no solo tenían pescado para comer, sino también una fuente de ingresos.

Llevamos el pescado a la señora Kaswaya, una amiga de Irit que nos iba a preparar la comida en su casa. Nos saludó con timidez y colocó una estera en el suelo para que nos sentáramos. Nos acomodamos en silencio con ella, comimos pescado y *nsima*[10] con las manos, haciendo lo posible por no quemarnos, mientras la señora Kaswaya y sus cuatro hijos se reían tontamente de nosotros. En el camino de regreso, Irit dijo que le gustaría que conociéramos a una amiga suya, Teresa, una joven de dieciocho años que había recurrido a la prostitución para sobrevivir al hambre. Ahora tenía sida y se estaba muriendo. La llamó desde la puerta hasta que escuchamos algo de movimiento. Teresa salió lentamente a rastras. Sus delgadas piernas como el alambre no la sostenían; Irit estaba tan sorprendida como nosotros. Nos sentamos en la arena junto a Teresa. Irit habló en voz baja con ella, tomó su mano con ternura y, finalmente, se despidió. Ya no podía hacer nada más por ella. Poco más tarde dejamos Chembe, con el camión dando tumbos por la desigual carretera más allá de los babuinos, en silencio, pensando en el microcosmos de Malawi que acabábamos de conocer. La pelea contra el hambre, el sida y la pobreza degradante era un combate que se estaba reproduciendo en cada pueblo de esta tierra. Estas personas desnutridas, debilitadas y privadas de las armas de la educación y la buena salud, libraban una batalla terriblemente unilateral.

El itinerario elaborado por los Russell para el resto de nuestra estancia nos dio un montón de oportunidades para aprender sobre Malawi y conocer algunas de las personas luchadoras que no estaban dispuestas a ceder.

10. *Nsima* es el nombre genérico que se da en Malawi a las tortillas de harina de maíz. [*Nota del traductor*.]

Entre ellas había una pequeña pero fuerte monja de Filipinas que estaba dirigiendo algunos centros de día para niños en edad preescolar en Blantyre. La mayoría de estos niños eran huérfanos y tenían una urgente necesidad de comida y cuidados. Su enfoque era apoyar y entrenar a voluntarios locales para ejecutar este proyecto y para asegurar que lo vieran como «su» proyecto y «su» responsabilidad en lugar de que fuera de alguna organización extranjera.

—Estos son vuestros hijos, no los míos. Esta es vuestra responsabilidad más que la mía —decía vehemente la hermana Lilia al grupo de voluntarios locales durante uno de los días de formación al que nos había invitado.

Al principio estaba un poco desconcertado por su aparente falta de compasión hacia estos voluntarios que, después de todo, daban su tiempo para una noble tarea en circunstancias difíciles. Sin embargo, pronto entendí que su filosofía no nacía por la falta de amor, sino, más bien, por la caridad genuina y real. Quería ayudar a liberar a esta gente de su dependencia de la beneficencia.

Cada uno de los veintiún jardines de infancia de su proyecto lo llevaba un comité de miembros de la comunidad local, que hacían las veces de empleados. Sus responsabilidades y la formación proporcionada los ayudaban, muy a menudo, a tener confianza. Como innovación reciente habían empezado a aceptar niños de padres que podían pagar una cuota por su «cuidado» y, de esta forma, conseguir algunos de los fondos necesarios para proveer de alimentos a los niños pobres, en lugar de que el proyecto dependiera exclusivamente de donaciones y subvenciones.

Empezaba a sentirme intranquilo por la ayuda al desarrollo que enviábamos. Se trataba de una ayuda impuesta, en ocasiones, a las comunidades locales. Parecía despojar a las personas de su dignidad y de su sentido de la responsabilidad, y daba poca importancia al futuro, más allá de la intervención inmediata. Desde luego que eran importantes las respuestas de emergencia, en ese mismo momento estaban salvando millones de vidas en Malawi, y nuestro proyecto tenía un papel muy pequeño. Pero comprendí que la guerra contra la pobreza y el hambre solo podía ganarla el propio pueblo de Malawi, no con donaciones de extranjeros, por muy importante y leal que nuestro apoyo pudiera ser para ellos.

¡Era una alegría poder visitar esos centros para menores de seis años! En cada uno de ellos éramos recibidos por sesenta o setenta niños pequeños, sentados en fila, a quienes los profesores voluntarios les empezaban a enseñar los números y las letras. Cuando llegábamos siempre nos saludaba un niño poniéndose en pie y recitando un saludo formal bien ensayado.

—Presentación. Mi nombre es Paul. Tengo cuatro años. Soy un niño.

Y el siguiente se levantaba para repetir la fórmula.

—Presentación. Mi nombre es Verónica. Tengo cinco años. Soy una niña.

Después de varias «presentaciones», se ponían a cantar y a aplaudir, lo que enternecía nuestros corazones.

Algunos de estos pequeños vivían ahora en familias encabezadas por niños. Eran huérfanos que carecían del apoyo de un adulto y estaban atendidos por hermanos mayores que, a su vez, se hallaban en edad de ir a la escuela primaria. Los alimentos proporcionados en estos centros estaban salvando la vida de estos chiquillos. El inicio de su educación era un regalo que tan solo podría abrirles una pequeña puerta para escapar de la pobreza. Estos centros también eran un lugar seguro y de acogida, mientras los hermanos mayores iban a la escuela o trabajaban para sobrevivir.

La última jornada de nuestra primera visita, antes de dirigirnos al aeropuerto, nos levantamos de madrugada para subir, a través del bosque, hasta la cima de la montaña Michuru, en la que habían empezado a trabajar en los cimientos de la inmensa cruz de hormigón. Las vistas desde allí eran imponentes. A nuestros pies se extendía la ciudad de Blantyre, sus vastas llanuras y colinas. Rezamos un rosario con Gay, absortos en el paisaje. Al terminar, sacamos de nuestros bolsillos algunos guijarros traídos desde nuestra montaña en Escocia —la que está detrás de Craig Lodge y en la que papá construyó un vía crucis— y algunos de la montaña de Medjugorje en la que tuvieron lugar las primeras apariciones de Nuestra Señora. Los pusimos dentro de los cimientos abiertos, llenos de piedras de Malawi, y oramos por la bendición de este proyecto y de Malawi. Prometí a los Russell que volvería muy pronto.

A nuestro regreso a Escocia empezamos a recaudar fondos de manera urgente. Aquellos que habíamos conocido en Malawi, que desempeñaban un magnífico trabajo, estaban desesperadamente necesitados de dinero para alimentar más bocas. Les habíamos prometido hacer todo lo que pudiéramos. Con Gay coordinando las cosas en Malawi, fuimos capaces de empezar a enviar fondos inmediatamente a nuestros nuevos amigos. Sacamos la noticia en nuestro boletín sobre esta experiencia en Malawi y así conseguimos algo de cobertura mediática.

Cada vez que regresaba de un viaje, daba una pequeña charla y enseñaba las fotos a los voluntarios y miembros de la comunidad de jóvenes que vivía en Craig Lodge, quienes se habían tomado un año sabático para orar y servir a los que venían de retiro. Nuestro trabajo iba creciendo, muy a menudo, a través de las personas que venían de retiro a Craig Lodge. Por tanto, era importante mantener a la comunidad al día e involucrada en nuestros esfuerzos, permitirles que pudieran hablar con los huéspedes que estuvieran interesados y que quisieran saber más. Tres días después de esta charla en particular, se me acercó Maureen Callahan, uno de los miembros de la comunidad, para decirme que, cuando les hablé de Malawi, había sentido un fuego abrasador en su corazón. No pudo dejar de pensar en lo que había escuchado y su deseo de ir a ayudar. Desde entonces no había dormido nada en esas dos noches. Ella nunca había estado en ningún lugar del tercer mundo y no había sentido ningún particular deseo de ir. Otras dos chicas de la comunidad, Lisa y Nicola, también se sintieron conmovidas de la misma manera. Así pues, decidieron hacer un «viaje misionero» hasta allí, financiado por el Craig Lodge Trust (la entidad benéfica constituida para administrar la Casa de Oración). Gay se quedó encantada al escuchar la noticia e, inmediatamente, se puso en marcha para encontrarles una pequeña casa de alquiler, al pie de su «montaña de la cruz» en Blantyre. Allí vivieron durante cinco semanas con los más pobres entre los pobres, ayudando a la hermana Lilia, y empezaron a trabajar con el párroco local para identificar a los niños más necesitados.

Tres meses después de mi primera visita, en noviembre de 2002, regresé a Malawi para visitar a aquellos a quienes estábamos financiando, así como a otros grupos que Gay sabía que necesitaban ayuda. En esta ocasión me acompañaban dos periodistas del *Herald*, el periódico escocés de más prestigio y mayor tirada, que habían accedido a escribir un artículo sobre la situación de Malawi y nuestros esfuerzos para ayudar. En aquellos momentos, como era de esperar, los efectos de la hambruna habían empeorado. Incluso sin hambruna, noviembre solía marcar el inicio de los meses de más hambre, pero ese año la gente hacía tiempo que había agotado las reservas que pudieran tener.

Para entonces ya me había dado cuenta de que la forma más efectiva de distribuir alimentos de emergencia era, muy a menudo, a través de las iglesias, que tenían la ventaja de contar con una estructura permanente que podía ser movilizada para crear redes de voluntarios en la comunidad. En esta visita pasé mucho tiempo con varios grupos de sacerdotes y monjas que estaban llevando a cabo un trabajo increíble a gran escala. Ninguno parecía particularmente sorprendido por esta hambruna, y todos habían probado y acreditado sistemas desarrollados a lo largo de muchos años en los que poder confiar. En Namitembo, una zona remota y particularmente devastada por la hambruna, vivían dos sacerdotes misioneros, el padre Owen O'Donnell de Glasgow y el padre Frank de Liverpool. Me quedé con ellos durante un par de noches. Si bien cada uno de ellos hablaba con el fuerte y distintivo acento de su ciudad de origen, me fijé en que entre sí hablaban chichewa, la lengua local. Tuve la impresión de que, para entonces, se sentían allí como en casa mucho más de lo que nunca volverían a sentirse a orillas del río Clyde o del Mersey. Su parroquia era enorme. Dentro de sus límites vivían 80.000 personas. Habían impartido formación como asistentes domiciliarios a una enorme red de voluntarios para cuidar a los enfermos de la parroquia (la mayoría con sida, y que morirían en sus casas) y a los huérfanos. Durante mi primera tarde, el padre Owen me mostró la escuela secundaria, recientemente construida, la única en toda la zona, equipada hasta con laboratorio de ciencias. La creación de este centro educativo se había realizado con amor. Haciendo un examen detallado, me di cuenta de que los pequeños fregaderos del laboratorio estaban hechos con latas de galletas. Al lado de la escuela había enormes almacenes repletos de alimentos suficientes para cubrir las necesidades de emergencia de las ochocientas ochenta familias durante otro mes, pero al padre Owen le preocupaba cómo iba a comprar lo suficiente para el mes de febrero.

Necesitaba que se transportara hasta allí pronto, antes de que las lluvias hicieran intransitables estas carreteras.

La temporada de siembra ya había empezado. Algunas lluvias recientes habían animado a muchos a plantar maíz, pero, sin una gota de agua desde entonces, la gente temía que se perdiera su cosecha.

No tenían más semillas para plantar. La vida allí era terriblemente precaria.

Me levanté temprano para asistir a misa en su sencilla iglesia, al tiempo que los primeros rayos de luz se filtraban por las ventanas. Daba la sensación de que esta pequeña congregación, vestidos con harapos y mostrando sus manos callosas, estaba de camino a los campos. Al final de la misa, mientras salía la mayoría en silencio, me fijé en una señora que llevaba un bulto en la cabeza. Lo depositó en el escalón inferior del altar y el padre Owen rezó sobre él y lo bendijo. La dama se colocó el hatillo de nuevo en la cabeza y caminó serenamente hacia la salida del sol sobre los campos. Estaba claro que dentro de ese paquete se hallaban las preciadas semillas que ella iba a plantar ese día. Medité durante el momento de «silencio tras la misa» sobre el acto de fe que acababa de presenciar. Esas semillas representaban su futuro y el de su familia. En ellas se encontraban todas sus esperanzas y sus temores. Todo. Incluso la vida y la muerte. Ella había sido capaz de dejar de lado todo eso y, con un solo gesto, simple y sincero, se lo entregaba todo a Dios y le pedía su bendición. ¿Cuán difícil sería para mí poder hacer una ofrenda semejante? Debido a nuestros niveles de seguridad y complejidad occidentales, seguro que esto no es algo fácil de hacer. ¿Cómo debe sentirse uno al ser totalmente dependiente de cuándo caiga la siguiente lluvia o del Dios que la creó? ¿O, por lo menos, ser plenamente conscientes de ello?

Algo más tarde ese mismo día, fui con el padre Owen a visitar a uno de sus muchos parroquianos moribundos.

Fostino, un hombre de treinta y cinco años, que había sido sastre, vivía con su hermana. Ella se ocupaba de él en una solitaria casa entre los campos secos. Fostino tenía el torso desnudo y se percibía su extrema delgadez. Todas y cada una de sus costillas sobresalían y sus brazos estaban horriblemente consumidos. Fostino gimió y su hermana le ayudó a sentarse erguido. Parecían quedarle pocas horas de vida. Nos dijeron que, aparte de algunos mangos que crecían en un árbol cercano, no habían comido nada en casi una semana. Tenía sida y estaba convencido de que había recibido la enfermedad como castigo porque, en una ocasión, le había robado la bicicleta a un hombre. Estaba desesperado porque ese hombre le perdonara, ya que creía que solo de esa manera podría curarse. El padre Owen le consoló y rezó con él antes de darle la comunión. Fostino y su hermana, cuyo nombre nunca supe, parecían estar en paz cuando los dejamos. Mientras salíamos por el camino de la casa, la hermana se nos acercó y, con una tímida sonrisa, nos entregó un paquete de mangos de su precioso árbol, un regalo para nuestro viaje a casa.

Tuvimos muchos encuentros durante esos días que me conmovieron profundamente y provocaron que me cuestionara muchas cosas y que las viera de forma diferente. Por todas partes había vida y muerte. Tenía la sensación de estar preparándome para algo y de que esto era algún tipo de curso de formación intensivo. Antes de salir de casa para este viaje, Julie, que estaba esperando nuestro cuarto hijo, me recordó que justo entonces se cumplían diez años de nuestro primer viaje a Bosnia-Herzegovina. La sorprendí diciendo que, por alguna razón, sentía que esos diez años, por increíbles que hubieran resultado, no habían sido más que la preparación para algo más. Lo que no me esperaba es que mi siguiente encuentro con una familia que lo estaba pasando mal cambiaría mi vida de la forma que lo hizo, ni que llevara a la fundación de Mary's Meals.

La parroquia de Balaka se encuentra a un par de horas en coche desde Namitembo, a la que se llega por sucias pistas que atraviesan campos secos. Al llegar allí, el sacerdote italiano me llevó a una iglesia, a la que entramos por una puerta lateral. Me quedé sorprendido al encontrarme en el altar mirando fijamente a quinientos cincuenta niños pequeños, sentados en fila en silencio. Todos eran huérfanos. Diez años atrás los sacerdotes de este lugar habían decidido buscar patrocinadores en Italia para apoyar a los diez huérfanos que conocían en su parroquia. No habían tenido intención de hacer nada más que eso porque no habían visto ninguna necesidad adicional. Ahora había 8.000 huérfanos en su parroquia y el número crecía cada día. Aunque parezca increíble, allí y en todo Malawi casi todos esos niños huérfanos por culpa del sida eran atendidos por parientes lejanos. Todavía no se conocían en Malawi los niños de la calle ni los orfanatos. Me preguntaba lo diferente que hubiera sido la respuesta en Occidente si hubiéramos tenido que enfrentarnos con un desastre de cientos de miles de huérfanos.

El padre Gamba, un sacerdote joven y cordial, me preguntó si me gustaría acompañarle al hogar de uno de sus parroquianos que estaba muriéndose. Así fue como conocí a la familia cuya fotografía permanece en la pared sobre mi escritorio: Emma, rodeada de sus seis hijos, entre ellos Edward, de catorce años, que, cuando le pregunté acerca de sus expectativas en la vida, me dio una respuesta que jamás olvidaré: «Quiero tener suficiente comida y un día ir al colegio», había sido su dura y sorprendente afirmación.

El alcance de las ambiciones de este chaval de catorce años, que lo contaba como si fuera un sueño, me sacudió por varias razones. La más importante tenía que ver con una conversación que había mantenido con Tony Smith, el hombre de Inglaterra que nos había vuelto a poner en contacto con Gay. Continuaba dando apoyo al trabajo de construir la cruz, que ahora derivaba hacia un proyecto más ambicioso, como era la edificación de una réplica exacta de la iglesia de Medjugorje y la colocación de idénticas estaciones del vía crucis hasta la montaña Michuru. Su estancia en casa de Gay había coincidido con la mía y me había contado algo que le ocurrió dos años antes.

Había estado viviendo en casa de Gay y se sentía deprimido por el sufrimiento que veía en Malawi, especialmente el de los niños desnutridos. Una tarde, de vuelta en casa de Gay, puso la televisión y escuchó el discurso del senador americano George McGovern en el que declaraba que, si Estados Unidos decidiera sufragar la prestación de una comida diaria en un centro educativo para cada niño de los países más pobres del mundo, funcionaría como un Plan Marshall que sacaría al tercer mundo de la pobreza. Cuando Tony oyó esto tuvo la convicción de que si alguien tomara esta idea, se la ofreciera a María, madre de Jesús, y la llamara Mary's Meals,[11] entonces sería posible. Lo habló con Gay y pensaron en la posibilidad de iniciar el programa en Malawi. Sin embargo, la situación de hambruna que empezó a extenderse por Malawi obligó a que los fondos que enviaba allí bajo el nombre de Mary's Meals se utilizaran para la distribución urgente de alimentos en una zona llamada Chipini, a través de unas monjas que habíamos conocido y que también estaban ayudando.

Gran parte de nuestra experiencia en los últimos veinte años se puso de manifiesto en este concepto tan simple: nuestra devoción por María, madre de Jesús; nuestro sorprendente encuentro con ella en Bosnia-Herzegovina

11. «Las comidas de María», en inglés. [*Nota del traductor*.]

cuando éramos adolescentes; los numerosos encuentros con niños empobrecidos desde entonces, que no podían asistir al colegio debido a la miseria y al hambre; las palabras de Edward; y el reconocimiento de que los problemas a los que se enfrentaban las comunidades más pobres del mundo solo podrían ser superados por personas sanas y que tuvieran, por lo menos, una educación básica. La promesa de una comida podría permitir que aquellos niños en vez de trabajar asistieran a clase, y alentaría a los padres a enviar a sus hijos al colegio en lugar de mantenerlos en casa ayudando. Ya habíamos visto que esto era posible, de forma muy modesta, en nuestro proyecto iniciado unos años atrás en Targu Mures con los niños roma.

Por descontado, Edward no era el único que estaba faltando a clase. Alrededor del treinta por ciento de los niños de Malawi en edad escolar no estaban matriculados en el colegio, a pesar de que la enseñanza era gratuita para todos. La necesidad de encontrar alimento, cultivar las tierras, realizar cualquier trabajo esporádico remunerado, cuidar de los padres moribundos o los hermanos pequeños estaba manteniendo a estos niños alejados de sus clases. Incluso si se matriculaban, muy a menudo no eran capaces de concentrarse y aprender debido al hambre, o sus niveles de asistencia eran muy bajos a causa de las enfermedades. Unos niños desnutridos y hambrientos no pueden ser buenos estudiantes, y muchos, como Edward, nunca habían tenido la oportunidad de intentarlo.

Más de un tercio de los niños que mueren en el mundo cada año lo hacen por causas relacionadas con el hambre. El hambre y la desnutrición siguen siendo, en el siglo XXI, la mayor amenaza a la salud, causando más muertes que el sida, la malaria y la tuberculosis juntas.

El hambre la provoca la pobreza y la pobreza provoca el hambre. La gente sufre hambre crónica, no porque no haya comida, sino porque no puede permitirse comprarla. El mundo produce abundantes alimentos, más que suficientes para todos sus habitantes. Incluso en esta situación de hambruna extrema, Edward, si tuviera dinero, habría viajado hasta el pueblo para comprar comida a su familia. Pero no tenía dinero y, por tanto, se morían de hambre.

Los niños que padecen desnutrición crónica no pueden desarrollarse física ni mentalmente, tampoco pueden aprender en el colegio y, por ambas razones, se ven privados de la posibilidad de trabajar de forma productiva para sostener a sus familias cuando son adultos. No pueden gozar de una vida independiente y digna que toda persona anhela. El cuarenta y tres por ciento de los niños en el tercer mundo sufren retraso en el crecimiento. Estos críos siempre serán más bajos de lo que tendrían que haber sido para el resto de sus vidas (y esas vidas serán más cortas, dado que se estima que alrededor de 18.000 niños mueren cada día por causas relacionadas con el hambre). Por otro lado, 775 millones de adultos analfabetos se enfrentan a una lucha diaria, casi imposible, para ganar lo suficiente para sobrevivir.

Lo primero que hay que hacer por un niño hambriento es darle de comer. Cualquier padre, cualquier persona lo sabe. Pero está claro que también es esencial una educación básica si queremos que el hambre crónica sea verdaderamente vencida. ¿Cómo puede la gente aprender a regar sus campos, producir fertilizantes o diversificar sus cultivos si no sabe leer o escribir? ¿Cómo pueden buscar otras maneras de ganarse la vida y crear riqueza más allá de cultivar lo que comen? ¿Cómo pueden las personas analfabetas pedir cuentas a sus gobiernos? ¿Cómo pueden defenderse de la corrupción? ¿O combatir la propagación del sida? ¿Cómo pueden resolverse otras necesidades sanitarias apremiantes sin asegurar primero que los niños en edad de crecimiento tienen lo suficiente para comer?

De este modo, la misión de Mary's Meals de proporcionar cada día una buena comida en el centro educativo a los niños pobres hambrientos se puso en marcha gracias a las palabras de Edward.

Por supuesto que la idea de servir comidas en el colegio es poco original. La mayoría de los escolares dan por supuesto que van a comer cada día. Por lo menos, yo sí. Cada mañana, en nuestra pequeña escuela primaria de las Highlands escocesas,[12] nos emocionábamos cuando llegaba hasta nuestras puertas la furgoneta con los recipientes de acero con comida preparada en la escuela mayor, ubicada en el lado opuesto del lago. Por lo menos, yo creía que procedían de allí, pero siempre fue todo un poco misterioso para mí. Introducíamos los recipientes intentando adivinar qué contenían. Si descubríamos que los contenedores grandes llevaban albóndigas humeantes y puré de patatas, el día se presentaba prometedor, aunque la ilusión podía durar poco si resultaba ser pastel de ruibarbo.

No puedo recordar ni un solo día de colegio sin comer o, incluso, sin contemplar algo así. Comer en el colegio se acepta como algo natural en el mundo desarrollado, ya sea financiado por los gobiernos o pagado por los padres. De hecho, en el mundo alrededor de 368 millones de niños son alimentados todos los días en sus escuelas. En los países más ricos, casi todos los críos se benefician de este sistema, mientras que en el tercer mundo solo lo hace el veinte por ciento. El Programa Mundial de Alimentos de la ONU proporciona alimentos a quince millones de niños. Mientras tanto, 57 millones de niños pobres no acceden a la escuela, y otros 66 millones más van al colegio con hambre y son incapaces de aprender adecuadamente.

12. Tierras Altas. [*Nota del traductor.*]

Cuanto más hablábamos y pensábamos sobre Mary's Meals, más nos gustaba la idea a Ruth y a mí. Una vez en casa, el consejo y todos aquellos implicados con Scottish International Relief dieron inmediatamente su apoyo a la propuesta de empezar esta nueva campaña. Decidimos constituir una sucursal de Scottish Internacional Relief en Malawi para empezar este trabajo allí (así como para los diferentes proyectos con los que estábamos comprometidos por aquel entonces en ese país). Gay Russell trabajó sin descanso para establecer una buena organización, convenció a un amigo suyo de Blantyre que era abogado y, en poco tiempo, Tony y yo nos unimos como los primeros administradores de la organización de Malawi. Entretanto, empezamos a recaudar fondos para nuestra nueva campaña Mary's Meals.

Todos coincidimos en que la visión de Mary's Meals debía ser que todos los niños recibieran una comida diaria en sus respectivos centros educativos. Era evidente que había mucho trabajo por delante. Solo nos faltaba decidir por dónde empezar.

Capítulo 7
Un tazón de papilla de cereales

El ayer ya pasó. El mañana no ha llegado aún. Solo tenemos el hoy. Empecemos.

MADRE TERESA

Al pie de la montaña Michuru (en la que se estaba construyendo la cruz) se extendía una empobrecida población llamada Chilomoni hacinada a lo largo de la sinuosa carretera que sale de Blantyre, siempre flanqueada por vendedores de frutas, peluqueros, mecánicos y una gran variedad de personas que ejercen su comercio en puestos precarios. Filas de casas diminutas ascendían por la ladera detrás de estos hogares de una creciente población. En medio de este asentamiento se encontraban una gran iglesia parroquial y la escuela.

Dos horas en dirección norte, en una llanura a orillas del río Shire, a la sombra de una cresta de colinas, se ubicaba el área remota de Chipini a la que se llega exclusivamente por una polvorienta y larga pista llena de baches. El disperso grupo de diminutas aldeas de adobe y paja estaba rodeado por pequeños campos de maíz en los que, a menudo, los cultivos no se daban bien. En medio de estas aldeas había una clínica dirigida por unas monjas, las Misioneras Médicas de María, con las que habíamos trabajado para proporcionarles alimentos de emergencia durante la hambruna.

Parecía que estos dos sitios eran buenos lugares para empezar Mary's Meals. Gay conocía gente en Chilomoni por el trabajo que estaba haciendo para organizar la construcción de la cruz, y porque las chicas de Craig Lodge habían pasado algunas semanas allí, viviendo en la casa alquilada que ella les había encontrado. El tiempo que pasaron allí nos había permitido comprender mejor las dificultades por las que atravesaban los huérfanos de esa comunidad y habían elaborado una lista de los más necesitados. Gay empezó a hablar con la gente para entender su situación y presentarles la idea. Manifestaron un enorme interés por Mary's Meals y, junto con los líderes de la comunidad, empezó a planificar hacer una presentación en la pequeña escuela primaria junto a la iglesia parroquial. En poco tiempo, habían construido una cocina y una sencilla despensa.

Desde el principio estábamos convencidos de que Mary's Meals solo sería efectiva y duradera en el tiempo si la comunidad local tomaba «propiedad de ella». Considerábamos que cada comunidad escolar necesitaba creer en el proyecto e intentar apoyarlo, por lo menos, tanto como nosotros. Queríamos evitar a toda costa el error de imponer una idea a la gente; más bien deseábamos que la idea fuera más suya que nuestra. Se requería una colaboración real y respetuosa por la que la comunidad local daría lo que pudiera para permitir el suministro de una comida diaria a sus hijos, y nosotros los ayudaríamos proporcionando los alimentos y otra asistencia a la que no tenían acceso. Este concepto iba a depender de voluntarios locales, quienes debían comprometerse a organizar y llevar a cabo el trabajo diario de cocinar y servir los alimentos. Estábamos decididos a garantizar que este proyecto no se viera como uno más de emergencia alimentaria, sino como una intervención muy específica bajo el mando de la comunidad, y que iba dirigida a los escolares y siempre vinculada a su educación. En Chilomoni, la Asociación de Padres y Maestros (PTA en sus siglas en inglés, Parent Teachers Association) era el órgano local competente a través del cual organizarlo. Tras algunas reuniones con la comunidad, en las que se pudo observar el inmenso deseo y entusiasmo por el proyecto de Mary's Meals, la PTA aceptó la responsabilidad de organizar un turno con los padres y abuelos, que cederían una mañana de su tiempo para preparar las comidas.

Otro de los aspectos que considerábamos necesario era que, cuando fuera posible, los alimentos que proporcionábamos debían ser cultivados localmente en lugar de importados. Queríamos apoyar la economía del país y de los agricultores locales. En Malawi, había una papilla para los niños muy popular llamada *likuni phala*. *Likuni* es el nombre del lugar en el que el plato había sido cuidadosamente formulado para los niños en edad de crecimiento por unas monjas pioneras, varios años antes, mientras que *phala* significa, simplemente, «papilla». Se compone de maíz, soja y azúcar, y está enriquecida con vitaminas y minerales. Es el plato elegido para los niños de Malawi y sus familias. Gay conocía una compañía que fabricaba *likuni phala* y compraba la materia prima a los pequeños agricultores por todo Malawi, y la procesaba en una mezcla precocinada que solo requiere agua hirviendo antes de servir. La elección de este plato como alimento que podíamos comprar y servir fácilmente fue muy sencilla. Los ingredientes —aparte de algunas vitaminas añadidas que venían desde Sudáfrica— estaban cultivados en Malawi. Eran productos disponibles, fáciles de transportar y simples de cocinar. ¡Además, eran increíblemente baratos!

Durante enero de 2003, los primeros platos de Mary's Meals se cocinaron y sirvieron en Chilomoni. Simultáneamente esto mismo ocurría por primera vez en aquellas remotas aldeas de Chipini. Allí, las admirables hermanas de las Misioneras Médicas de María habían organizado el programa de alimentación escolar, basado en el mismo modelo de voluntarios locales cocinando *likuni phala* para siete pequeñas escuelas primarias. El número de niños desnutridos era muy alto allí, y muchos de ellos no asistían a la escuela por el hambre y la pobreza. Así fue como empezó Mary's Meals, en un entorno urbano y rural simultáneamente.

Mi primera visita a Chipini después del inicio de Mary's Meals fue, por desgracia, durante otro período de hambruna. La escasez de alimentos allí en 2003 fue más aguda que nunca. En la escuela primaria Chinyazi, un grupo de niños en los huesos hacían cola en silencio por su plato de Mary's Meals. Demasiado en silencio. Muchos pasaban junto a mí, el hombre blanco con la cámara, como si yo no estuviera allí: no se oían las habituales risas ni se veían los empujones para aparecer en la foto. Era mediodía y estaban más interesados en comer por primera vez desde que se habían despertado. Pequeños grupos se sentaban en el suelo y comían su papilla. Para la mayoría, esta sería su única comida del día. Cerca de la escuela, fuera de una choza de barro, vi una *gogo* (abuela) sentada con su nieto más pequeño. Me acerqué a hablarle. Me explicó que su hija, la madre de los niños, había muerto y que ella era la única que los cuidaba. Me dijo, en tono desesperado, que no podía permitirse comprar nada de maíz. Más tarde, sus otros dos nietos mayores, Allieta y Kondwande, regresaron del colegio con sus libretas mugrientas y sus tazas vacías (en las que les habían servido su ración de Mary's Meals). Tenían más energía ahora. Se rieron al verme en su casa y enseñaron con orgullo el trabajo escolar a su abuela. Explicaron que la papilla diaria les había permitido asistir a la escuela por primera vez. A los pocos meses de empezar a servir las comidas de Mary's Meals, algunas cosas se hicieron evidentes. En primer lugar, era fácil comprobar que no solo se trataba de una buena idea. Era algo que iba a funcionar. Los colegios empezaron a lograr que, después de proporcionar una comida diaria, aquellos niños que no habían asistido a clase a causa de la enfermedad y el hambre, ahora acudieran cada día. También apreciaron un significativo incremento de matrículas. Niños que nunca habían ido a la escuela venían por primera vez mandados por sus padres, quienes ahora se aseguraban de que sus hijos comieran todos los días y estaban, por tanto, dispuestos a renunciar a la ayuda que les proporcionaban en el campo y en casa.

También se hizo evidente que había una enorme y apremiante demanda de Mary's Meals. Tan pronto como otras aldeas y comunidades se enteraron de nuestros proyectos, solicitaron que las incluyéramos en el programa. Sin embargo, aprendimos muy pronto que el magnetismo de estas comidas era tan poderoso que podría ser un problema. Desde el principio, habíamos querido que las comidas diarias sirvieran para atraer a los niños a la escuela, pero no nos habíamos dado cuenta de que esto incitaría a otros chicos de las escuelas vecinas a inscribirse en aquellas en las que se servían las comidas, aunque esto significase una caminata diaria de varios kilómetros. No había sido nuestra intención esta migración de alumnos, por lo que las solicitudes de aquellas aldeas desde las que venían los niños andando eran las más difíciles de negar.

Nuestros esfuerzos para recaudar fondos y aumentar la concienciación se hicieron más intensos. Parecía que estábamos desarrollando un modelo que podría imitarse en otros lugares para salvar y cambiar vidas, y transformar el futuro de las comunidades más pobres del mundo. ¡Queríamos decírselo al mundo entero! Dado nuestro modelo para recaudar fondos, basado en las actividades de voluntarios y en una comunicación que se apoyaba sobre todo en el boca a boca, sabíamos que no podía realizarse de un día para otro, pero empezamos a comprobar que, presentando Mary's Meals a la gente, se estaba iniciando un apoyo sin precedentes. Disfrutaba mucho con la oportunidad de explicar a la gente el concepto y los resultados. Las caras se iluminaban cuando entendían que algo tan simple como una comida diaria en la escuela podía satisfacer la inmediata necesidad de un niño hambriento y, al mismo tiempo, hacer frente a la subyacente causa de la pobreza. La gente empezó a entusiasmarse por esta solución tan simple. Su entusiasmo creció todavía más al enterarse de que alimentar a un niño durante todo un año escolar solo costaba ¡cinco libras esterlinas! A algunos les costaba entender que este fuera, efectivamente, el coste real. Estábamos encantados de explicárselo. De hecho, se trata de un coste que es posible, principalmente, porque casi todo el trabajo está realizado por voluntarios no remunerados, y porque la comida que compramos a granel se cultiva a nivel local y es muy barata. A estas alturas, ya no me sentía intimidado al hablar en público, al menos si hablaba sobre Mary's Meals. De hecho, ningún auditorio me pareció nunca demasiado grande ni demasiado pequeño, simplemente me sentía agradecido por cualquier oportunidad que tuviera para explicar a la gente las buenas noticias. Me di cuenta de que la historia de Mary's Meals tendía a dibujar una sonrisa en las caras y no solo daba lugar a donaciones inmediatas, sino que, a menudo, dejaba en los demás un sentimiento que los llevaba a ser ellos mismos mensajeros de esta misión. En poco tiempo, sus amigos también se hacían benefactores, y así continuamos expandiéndonos. Nuestra base de datos empezó a crecer más rápido que nunca, así como nuestros ingresos.

Si bien no podíamos admitir de forma inmediata todas las solicitudes de Mary's Meals, estábamos entusiasmados de planificar nuestra expansión. Para combatir la migración de los niños de otras escuelas decidimos cubrir distritos enteros, trabajando desde las escuelas centrales hacia las vecinas. Si desde el principio nos hubiéramos dado cuenta de la necesidad de este enfoque, no habríamos empezado a servir comidas en dos zonas diferentes, aunque, en muchos aspectos, fue algo bueno haber empezado tanto en escuelas marginales de la mayor ciudad de Malawi como en aldeas remotas. Nos dio la posibilidad de aprender las diferencias entre esos entornos tan diferentes: urbanos y rurales. A medida que entrábamos en nuevas escuelas fuimos mejorando nuestros procesos y nuestro modelo. La primera parte del proyecto consistía en reunirnos en cada nueva escuela con la comunidad y los directores de los centros para asegurar su compromiso y responsabilidad en el trabajo diario. Entonces nos comprometíamos a construir la cocina y la despensa en un terreno cercano a la escuela que después donábamos a la comunidad para su uso. En ocasiones, cuando no estaban preparando la comida en la cocina, esa parte del edificio se convertía en un pequeño centro comunitario o, a veces, en las tardes de la estación de lluvias, en aula adicional. Conforme pasaba el tiempo, vimos una oportunidad para lograr que la comunidad aumentara su aportación en relación con el edificio. En muchas de las aldeas la gente fabricaba los ladrillos de arcilla, por lo que dejamos de comprarlos a proveedores y pedimos a la comunidad que los donara. También preguntamos a los hombres de las aldeas si querían trabajar al lado de los albañiles cualificados para reducir los costes y acelerar la construcción. Dado que la mayoría de los cocineros voluntarios eran madres y abuelas, esta resultó una buena forma de animar a más hombres a involucrarse también. Durante esta primera etapa de establecimiento, dependíamos de los consejos de un notable malauí llamado Peter Nkata. Era un hombre de negocios local que conocía a los Russell: a David, a través del Rotary Club, y a Gay, a través de la iglesia. Cuando me lo presentaron, en su tiempo libre Peter trabajaba en estrecha colaboración con la hermana Lilia, la monja filipina de la que habíamos aprendido tanto y que dirigía los centros para huérfanos de edades inferiores a los seis años en Blantyre. David me presentó a Peter cuando empezaba Mary's Meals porque sabía que estaba buscando fondos con urgencia para mantener esos centros abiertos. Cenando en casa de Gay, Peter me explicó que estaba creciendo el número de niños en edad preescolar con necesidades urgentes. La proporción de huérfanos también aumentaba, siendo muchos los que vivían ahora en familias lideradas por niños, sin supervisión adulta. Para estos, los centros de día suponían la diferencia entre la vida y la muerte, un lugar en el que tenían garantizada una comida diaria. Sabíamos que se encontraban en el momento crítico de su desarrollo y que cualquier atrofia causada por la desnutrición en esta etapa no podía revertirse más adelante. Recordaba muy bien haber visitado estos centros el año anterior, con la hermana Lilia, conmovido por la dulzura con la que los chicos se presentaban. Peter no tardó mucho en convencernos de que debíamos asumir la financiación de estos diecinueve centros. Así pues, desde los inicios de Mary's Meals, proporcionábamos comidas diarias en las guarderías y en las escuelas. Después de todo, el principio básico era el mismo —una comida diaria en su centro de educación—, solo que los niños eran más pequeños.

Peter, que tenía conocimientos sobre la zona y espíritu emprendedor, empezó a ayudarnos mucho con sus consejos, por lo que muy pronto le pedimos que fuese nuestro primer director de País. Nos quedamos encantados cuando aceptó e inmediatamente dispuso la organización que necesitábamos, reclutando a un equipo de personal, asegurando las oficinas y estableciendo procesos y acuerdos con varios proveedores. Los monitores pasaron a ser miembros cruciales del creciente equipo. Estaban encargados de visitar las escuelas de forma regular, por lo menos dos veces por semana. Tenían que comprobar el *stock* de alimentos, que estuvieran almacenados de forma higiénica y segura, y que se entregaba la cantidad correcta en los suministros mensuales. En un país donde había tanta hambre y la corrupción era endémica, la protección de los *stocks* de alimento era una prioridad máxima. Pronto aprendimos que, además de nuestra supervisión, la naturaleza y autocontrol local de este modelo era igual de importante. Muchos de los voluntarios eran madres que no se tomarían a la ligera que alguien intentara apropiarse indebidamente de la comida que pertenecía a sus hijos. Durante su visita a las escuelas, los monitores también recopilaban datos de matriculación, asistencia a clase y rendimiento académico, con objeto de empezar a elaborar un informe del impacto que tenían las comidas diarias en la escuela.

Su otro trabajo consistía en comprobar con los directores y la PTA que tenían suficientes voluntarios para asegurar que las comidas se preparaban con puntualidad. Por otro lado, estábamos decididos a no implicarnos demasiado en la gestión de estos voluntarios. En las dos o tres ocasiones en las que no encontramos un número suficiente de voluntarios, suspendimos el programa. En todos los casos y siempre antes de que hubieran transcurrido dos semanas, los dirigentes de la comunidad, que habían aceptado desde el principio que esta era su responsabilidad y no la nuestra, se presentaban en nuestra oficina para explicarnos que habían resuelto el problema —disputas locales, por lo general— y prometer que el programa continuaría con normalidad. Y así fue. Estos problemas eran muy raros. El espíritu de los voluntarios, a menudo hambrientos ellos mismos y luchando diariamente para sobrevivir, me conmovió. Se levantaban antes del amanecer para encender el fuego en el que cocinar el potaje y, mientras agitaban esas enormes ollas, se ponían a cantar. Teresa era una de ellas. Un día hablé con ella mientras removía una enorme olla.

—La situación es crítica en esta zona. El alimento que reciben estos niños ha cambiado su vida —me dijo.

—Sin embargo, debe de ser un gran sacrificio que hagas esto cada día. ¿Cómo lo consigues? —pregunté.

—Bueno, preparo *donuts* cada mañana antes de venir aquí y los envío para vender en el mercado. Así nos mantenemos mi hija, los hijos de mi hermana y yo. Así que, para mí, está bien venir aquí. ¡Lo disfruto! —respondió sonriendo, como si fuera la cosa más simple y más fácil del mundo hacer este trabajo no remunerado todos los días y, simultáneamente, luchar para mantener a su familia numerosa.

Unos años más tarde, para entender mejor qué los había motivado, se llevó a cabo una encuesta entre las decenas de miles de voluntarios, quienes para entonces cocinaban y servían las comidas de Mary's Meals.

—¿Por qué ofreces tu tiempo como voluntario? —era la pregunta directa que hacíamos.

—¡Porque lo llevamos en el corazón! —contestó una señora.

Su respuesta hizo que el resto de la encuesta quedara obsoleta, y se convirtió en portavoz de todos los que participamos en esta misión.

En 2005, las visitas a los colegios que se beneficiaban de Mary's Meals fueron emocionantes. En la escuela primaria de Goleka, el señor Sapuwa, el director, nos recibió con una gran sonrisa en su pequeña oficina. Su escuela había estado recibiendo las comidas de Mary's Meals durante el último año y estaba ansioso por explicarnos los resultados. Señaló los gráficos colgados en la pared.

—Hemos pasado de 1.790 alumnos inscritos a 1.926 —dijo—. ¡Y el gobierno nos ha dotado de tres profesores más! La media de asistencia está ahora en niveles muy altos, mucho mejores que antes. En todas las escuelas cercanas, en las que los niños no reciben las comidas de Mary's Meals, los niveles de absentismo son todavía espantosos.

Pero fue la siguiente estadística la que parecía alegrarle más.

—Basándose en el resultado de los exámenes, se han ofrecido plazas en la escuela secundaria, financiadas por el gobierno, a cuarenta y tres de nuestros alumnos —dijo sonriente—. Antes de que existiera Mary's Meals, nunca se había ofrecido ni una sola plaza de este tipo a mis alumnos.

Si bien en Malawi la enseñanza primaria es gratis y, teóricamente, universal, solo hay disponible una pequeñísima cantidad de plazas en la escuela secundaria. Si dejamos de lado el pequeño número de alumnos en las escuelas privadas que pagan la matrícula, aquellos que tienen esta oportunidad son los que obtienen plazas gratuitas gracias a sus sobresalientes resultados en el examen final de primaria. Resultaba difícil creer que un cambio tan espectacular en el rendimiento académico hubiera llegado a la escuela primaria de Goleka solo por la acción de Mary's Meals en un año. Sospechamos que tenía que haber algún otro factor en juego. Sin embargo, era evidente, tanto allí como en otras escuelas, que los niños que empezaban a asistir diariamente en lugar de hacerlo de vez en cuando y que eran capaces de concentrarse en vez de estar aguantando un día de clase sin haber comido iban a obtener mejores resultados académicos. De hecho, los resultados de los exámenes de las escuelas primarias que se habían beneficiado de las comidas de Mary's Meals, antes y después, mostraban un incremento medio de aprobados del nueve por ciento.

Fuera de la oficina del señor Sapuwa se produjo un estallido de alegría; salimos y vimos a cientos de niños riendo que hacían cola para recibir su comida matinal. Cada uno sostenía una taza de color. Para entonces, habíamos decidido entregar una taza a cada alumno para asegurar raciones justas para todos. Una fila de cocineras voluntarias servían a los niños de las enormes cazuelas. Una de ellas, Esther, me dijo que tenía cuatro hijos en la escuela y que estaba muy contenta de dedicar una mañana cada dos semanas a hacer su turno de cocina.

—Ahora solo pasan hambre, y de vez en cuando, durante el fin de semana —dijo mientras servía con el cucharón en el plato del siguiente chico—. ¡Por favor, nunca pares estas comidas de Mary's Meals!

Dos niños de la fila algo mayores recitaron con orgullo una pequeña nota que habían escrito para mí. La sostenían en alto con caras serias. Decía: «Gracias por darnos "paplilla"». Sonrieron ampliamente cuando les saqué una foto. Llegó entonces el jefe local para sumarse al agradecimiento. Dijo que Mary's Meals estaba ayudando a toda su comunidad.

Esta escena se repetía en muchas escuelas de Blantyre con el mismo resultado. En algunos casos, el aumento de niños escolarizados estaba resultando excesivo para los recursos de estos colegios, que ya estaban aprovechándose al máximo. En la escuela primaria de Namame, desde que Mary's Meals había empezado hacía unos meses, se

ARRIBA: Emma y sus hijos, entre ellos Edward, sentado detrás de su madre. Noviembre de 2002. © Chris Furlong.

DERECHA: Magnus, Fergus, Ruth, Ken y sus primos en una aparición con los videntes de Medjugorje, 1983.

ABAJO: Julie y Magnus consultan el mapa en su ruta por Bosnia-Herzegovina, 1993.

IZQUIERDA: Magnus visitando una escuela en Blantyre, Malawi. © Heathcliff O'Malley.

ARRIBA: Una niña de Cité Soleil, Haití, 2006. © Angela Caitlin.

DERECHA: Un contenedor de ayuda recibido por el padre Garry Jenkins en Liberia, 2000. © Colin Mearns.

ARRIBA: Niños disfrutando de las comidas de Mary's Meals en Cité Soleil, Haití, 2006. © Angela Caitlin.

DERECHA: Sirviendo comida para niños de preescolar en Blantyre.

ABAJO: En una escuela rural de Liberia, 2014. © Colin Mearns.

ARRIBA: El padre Garry Jenkins caminando con gente del pueblo gola, 2004. © Colin Mearns.

IZQUIERDA: El padre Tom Hagan en una de sus escuelas en Haití, 2006. © Angela Caitlin.

ABAJO: Voluntarias sirviendo comida en Malawi.

DERECHA: Gay Russell con la avioneta con la que vuela para una compañía azucarera.

ARRIBA: *Likuni phala* en una fábrica en Blantyre, Malawi. Todos los ingredientes se cultivan en el país.

DERECHA: Voluntarias cocinando *likuni phala,* Malawi.

ARRIBA: Gerard Butler y Magnus practicando el transporte de agua en Liberia, 2014. © Chris Watt.

ABAJO: Una niña de la India aprendiendo a leer.

ARRIBA: Magnus y Julie saludan al papa Francisco, 2013.

DERECHA: Un niño de Birmania disfrutando de la comida de Mary's Meals.

ABAJO: Alumnos en una escuela en Blantyre, Malawi.

IZQUIERDA: Niños de la escuela primaria de Dalmally ayudando a pintar el cobertizo en 2011.

ABAJO: Atila, uno de los primeros niños de nuestros hogares de Rumanía en fallecer.

había duplicado el número de inscritos, pasando de 2.000 a 4.000, una cantidad demasiado grande para que el colegio pudiera hacerle frente. De nuevo, parecía que muchos niños habían emigrado desde las escuelas que no recibían todavía las comidas de Mary's Meals. Ya teníamos en marcha planes para proveer de comidas a esos centros, para que los inscritos en la de Namame pudieran reducirse a un nivel sostenible. También vimos con el tiempo que algunas escuelas en las que Mary's Meals provocaba un gran incremento de las inscripciones, el gobierno les daba prioridad para construir nuevas aulas y las dotaba con más maestros.

Mary's Meals rápidamente se hizo muy conocida en Malawi. Había mucho ánimo y una emoción contagiosa. Cada semana recibíamos más solicitudes para llevar las comidas de Mary's Meals a nuevos centros. Estábamos preparados para expandirnos siempre que encontráramos fondos. Ruth y yo hablamos continuamente de encontrar la manera de extender el mensaje a todos aquellos que nos podrían ayudar en este trabajo si lo conocieran. Realmente, cada vez más gente lo conocía y nos daba su apoyo; las puertas se iban abriendo de forma extraordinaria. Estos nuevos contactos y oportunidades se originaban, muy a menudo, en la Casa de Oración Craig Lodge o a través de Medjugorje. Millones de personas de todo el mundo habían visitado ese pequeño pueblo en las montañas de Bosnia-Herzegovina y habían tenido experiencias que les cambiaron la vida. Se trataba de una enorme red global de seres que, si conocieran nuestra labor, a menudo se sentirían profundamente conmovidos por apoyarla, y que percibían como un fruto de Medjugorje y otra forma en la que podrían hacer obras de caridad en su vida.

Una visitante habitual de la Casa de Oración era Milona Habsburg. Se trataba de una archiduquesa de la familia real de los Habsburgo, quienes habían ocupado los tronos de Europa durante siglos, especialmente durante el Imperio austrohúngaro. Pero Milona no vive «como la realeza». Era otra de las personas a las que Medjugorje había cambiado profundamente. Había estado allí a principios de los 80 y se había hecho amiga de los videntes. La fluidez con la que hablaba siete lenguas europeas era un magnífico regalo para los videntes y los sacerdotes, ahora que estaban superados por la cantidad de peregrinos que llegaban desde todos los rincones del mundo. Milona empezó a trabajar como secretaria de un sacerdote llamado padre Slavko (quien llegó a ser muy conocido como ponente y autor de libros sobre el fenómeno de Medjugorje), y como traductora y amiga íntima de los videntes. Se quedó con ellos durante los días más negros de la guerra bosnia, y también empezó a viajar a muchas partes del mundo con ellos cuando los invitaban a hablar y a dirigir retiros. Para nuestra satisfacción, habían aceptado las invitaciones que les enviamos en muchas ocasiones para visitar la Casa de Oración Craig Lodge, reuniendo a una multitud en una carpa levantada para la ocasión en el jardín. Milona llegó a ser una persona amada y reconocida en Medjugorje. Era alguien que no solo hablaba de los mensajes de Nuestra Señora, sino que realmente los ponía en práctica en su vida. Pasó a ser una amiga querida de nuestra familia y, tras la muerte del padre Slavko en el año 2000, seguimos invitándola a la Casa de Oración Craig Lodge, más para dirigir retiros que para traducir las palabras de los sacerdotes, porque sentíamos que tenía una maravillosa manera de hablar de la presencia de Nuestra Señora en Medjugorje y de explicar sus mensajes.

En una ocasión, cuando Ruth y yo acabábamos de volver de Malawi, me pidieron que diera una pequeña charla en el retiro que Milona y un amigo estaban dirigiendo. Hablé sobre Malawi, del nacimiento de Mary's Meals, y les mostré una presentación en PowerPoint que había preparado. Se componía de fotografías de nuestro trabajo con citas de personas como la madre Teresa, Gandhi y Martin Luther King, acompañadas de una evocadora banda sonora de uno de mis violinistas escoceses favoritos. Más tarde, Milona vino a hablar conmigo. Me dijo que, mientras veía la presentación, había sentido una llamada tan fuerte como la primera que había recibido en Medjugorje para entregar su vida a ayudar a Mary's Meals. Me preguntó qué podría hacer. Yo me sentí impresionado de nuevo por la abundante providencia de Dios. Si Dios me hubiera pedido que eligiera a cualquier persona en el mundo para ayudarnos a difundir la buena obra de Mary's Meals, hubiera sido Milona. Enseguida empezó trabajar para Mary's Meals como embajadora. Daba conferencias y nos presentó a diversas personas maravillosas con corazones enormes. Conocía a muchas de ellas a través de Medjugorje; otras eran parientes de Milona, que pasaron a ser fantásticos partidarios de nuestro trabajo. Entre ellos destacaban en particular el príncipe y la princesa de Liechtenstein. Me invitaron a conocerlos en su castillo con Milona. La primera vez que conduje por la empinada y sinuosa carretera de los Alpes hacia el antiguo castillo, encaramado sobre una roca que domina la ciudad de Vaduz, y crucé el puente levadizo para entrar en un pequeño patio rodeado de enormes y gruesos muros de piedra, me sentí como un personaje de una película de James Bond. El príncipe y la princesa me recibieron con gran cordialidad, lo cual relajó mis nervios y pude disfrutar del tiempo que estuve con ellos, hablándoles de nuestro trabajo y respondiendo a sus sinceras y atentas preguntas. Pasaron a ser un apoyo fiel y extraordinario de nuestros proyectos. Han sabido dar a conocer nuestro mensaje y han sido anfitriones de algunos eventos espectaculares. La princesa me invitó, al año siguiente, a hablar de nuevo con la Cruz Roja de Liechtenstein, de la que ella era patrona, y que había recaudado fondos para nuestro proyecto. Le comenté que la fecha en la que quería que la visitara era nuestro aniversario de boda, por lo que, al instante, me pidió que llevara a Julie también. Y así, junto a Milona y su marido Charlie, quienes casualmente se habían casado el mismo día que nosotros, disfrutamos de un aniversario muy especial en un castillo de cuento de hadas en los Alpes.

En innumerables ocasiones, Milona y yo hemos viajado juntos para dar charlas o entrevistas con los medios de comunicación. Nunca me cansaba de oírla hablar sobre Mary's Meals y su propio camino.

—De alguna forma, es la consecuencia lógica de una larga búsqueda por la verdad, la belleza del hombre y su valor —contestó en una ocasión cuando le preguntaron el porqué de hacer este trabajo—. Cuando oí hablar a Magnus sobre su proyecto, el 26 de septiembre de 2004, me di cuenta de que estaba conociendo a los niños necesitados. No estaba viendo cómo funcionaba una organización con empleados y directores titulados, de alto rendimiento, triunfantes. Yo lo que vi fueron las caras de los niños, oí las palabras de amor, respeto y servicio a los más pequeños. Durante la presentación, esos niños salieron del anonimato y pasaron a ser los hermanos y hermanas a quienes dedicar el resto de mi vida. ¡Era simple y obvio! No puedo describir ese momento con otra palabra que no sea la de *llamada*.

En Mary's Meals nos hemos esforzado, hasta la fecha, en asegurar que nuestro personal asalariado tenga un sentimiento de vocación, un sentido de «llamada», independientemente de su fe personal o de sus creencias. Esa es una de las razones por las que nuestros sueldos nunca serán comparables con los de otras organizaciones benéficas de tamaño similar y, mucho menos, con los de otras organizaciones corporativas. La gente no viene a trabajar a Mary's Meals como una vía para enriquecerse o como una simple elección de carrera. Desde luego que, algunas veces, hay personas que dejan Mary's Meals para desarrollar buenas carreras en otros lugares. Esperamos que hayan aprendido algo bueno durante su tiempo con nosotros. Por otro lado, los que trabajamos para Mary's Meals también tenemos que vivir y alimentar a nuestras familias. Trabajar para Mary's Meals como asalariado requiere siempre, necesariamente, un sentido de vocación y un sentido de privilegio por recibir un salario a cambio de este trabajo, cuando tantísimos colaboradores nuestros toman parte de esta misión sin ninguna contraprestación económica.

La mayoría de nuestros seguidores no vivían en castillos. El doctor Christian Stelzer, un viejo amigo de Milona en Viena, había fundado una organización llamada Oase des Friedens para difundir el mensaje de Medjugorje. Cuando Christian oyó hablar de Mary's Meals empezó a escribir artículos en su revista mensual sobre nuestro trabajo. La respuesta fue asombrosa. Miles de personas empezaron a hacer generosos donativos en Austria, con lo que recaudamos cientos de miles de euros para Mary's Meals. Entonces, Christian me invitó a dar una conferencia en la noche de oración anual que tenía lugar en la inmensa catedral de San Esteban, en Viena. Llegué temprano, me quedé impresionado al encontrar la iglesia abarrotada y ver que seguía entrando gente. María, una de las videntes, también estaba allí. Fue estupendo ponernos al día después de tanto tiempo. Tuvo su aparición en los escalones del presbiterio, tras el cual el cardenal Schönborn celebró misa. Fue una noche muy especial. Di mi conferencia ayudado por la traducción de Milona y después muchos se acercaron para hablar de Mary's

Meals. Entre los nuevos amigos de Mary's Meals en Viena se encontraba el propio cardenal Schönborn, quien pasó a ser un excelente defensor de nuestro trabajo, que describiría años más tarde como fruto de Medjugorje. En diferentes ocasiones predicó sobre nuestra labor y escribió artículos sobre ella.

Desde entonces, el respaldo en Austria ha seguido creciendo. La forma en la que se desarrolló nuestro trabajo allí es algo difícil de explicar, especialmente desde el punto de vista de los métodos de recaudación de fondos establecidos. Durante los primeros años no tuvimos personal asalariado o voluntarios a tiempo completo en Austria (aunque Christian, cuando no ejercía durante horas como médico de cabecera, pasaba el tiempo, incluso las noches, escribiendo sobre nuestra labor y organizando eventos) y, sin embargo, la base de partidarios se multiplicó y proliferó mucho más allá de la red de contactos inicial de Medjugorje. Como nuestro trabajo ha crecido alrededor del mundo, me piden, en ocasiones, que imparta conferencias sobre recaudación de fondos. Normalmente no acepto porque nunca me he considerado un experto en recaudación de fondos ni pretendo entender todo lo que ha ocurrido con Mary's Meals. Quizá, aquellas cosas que yo creo que han sido las más importantes en nuestro crecimiento —la oración y la confianza en la providencia de Dios como puntos de partida— no sean bien recibidas como bases del conocimiento en las conferencias sobre la recaudación de fondos. Había, sin embargo, cosas que aprendimos sobre la marcha, ciertos enfoques y maneras de hacer las cosas que han sido de mucho valor para nosotros. Nuestra experiencia nos convenció de que era importante concentrarse en apoyar el crecimiento de movimientos populares. Miles de personas haciendo donaciones regulares parecía la manera más segura de sostener una intervención a largo plazo como la de Mary's Meals, en lugar de ser excesivamente dependientes de subvenciones que, quizá, duren solo tres años. Sentíamos que parte de nuestra misión era involucrar al mayor número posible de personas en este trabajo, y hacerles entender que todos pueden tener un papel, sin importar sus circunstancias, antecedentes, credo o raza. Algunos, como mi hermano Mark, cuya salud se había deteriorado hasta el punto de que no podía ayudarnos de otra manera, hizo de la oración para Mary's Meals un compromiso personal. Venía a verme a menudo para preguntarme si había alguna cosa en particular sobre la que debiera rezar. ¡Y normalmente era capaz de entregarle una larga lista! En aquella época vivía en la Casa de Oración de Craig Lodge el hermano Paul, un santo hermano marista de noventa y cinco años. Cada mañana rezaba por Mary's Meals (y cada día se arrodillaba en nuestra capilla antes de las seis de la mañana) y, durante el resto del día, era el más firme y alegre defensor de nuestro trabajo, explicándole a cuantos pasaban por allí las maravillas de Mary's Meals.

Un día, el hermano Paul mencionó que su sobrino-nieto era sir Terry Leahy, el director ejecutivo de Tesco y, aunque apenas le conocía, le había empezado escribir sobre Mary's Meals. Me enseñó una de esas cartas.

«Magnus es un hombre muy alto, pero en absoluto aterrador. ¿Quizá te gustaría conocerle?», había escrito. Me reí mucho por la elección de sus palabras, pero un par de semanas más tarde nos quedamos sorprendidos y encantados de recibir una carta de sir Terry pidiéndome que fuera a comer con él en sus oficinas de Londres. Después de una serie de reuniones con él, con otros miembros de su equipo y con miembros del consejo de administración, Tesco empezó a dar apoyo a Mary's Meals de forma muy generosa a través de su fundación. Así, las puertas continuaron abriéndose de todas las maneras posibles, inesperadas y ocurrentes.

Otro principio clave que se desarrolló a partir de la idea de que Mary's Meals era un «movimiento» fue que nunca debería existir una gran división entre donantes y receptores. Queríamos desarrollar un profundo entendimiento en el que todos colaborásemos en el mismo objetivo. Aquellos que vivían entre los más pobres de los pobres, y daban su tiempo para cocinar las comidas diarias, estaban unidos con aquellos que recolectaban latas, o hacían donaciones, en su deseo de ver que los niños hambrientos recibían esa comida diaria. Queríamos asegurar que todos aquellos involucrados en la ejecución de los programas, y que formaban parte del trabajo, nunca vieran la recaudación de fondos solo como un mal necesario, sino, más bien, como otra parte fundamental del proceso, con la misma belleza y capacidad para cambiar vidas.

Por razones similares, pensamos que teníamos que buscar financiación también en Malawi, aunque pareciera poco probable que fuera provechosa. A través de Gay y David conocimos a miembros de la pequeña comunidad de negocios y, antes de que pasara mucho tiempo, las grandes compañías azucareras, bancos y agencias inmobiliarias estaban apoyando nuestro trabajo. Además de su generosa financiación, otros nos dieron «regalos en especie». La empresa azucarera compartió su conocimiento en recursos humanos y nos hizo un precio muy reducido en el azúcar que necesitábamos para nuestro *likuni phala*; una empresa de combustible nos proporcionó diésel gratuito para transportar la comida. Organizábamos eventos de alto nivel para los ejecutivos de estas compañías en las ciudades de Blantyre, Lilongwe y Mzuzu, generándose de este modo una gran satisfacción y responsabilidad hacia Mary's Meals. En los primeros años de Mary's Meals, el diez por ciento del presupuesto que necesitábamos en Malawi se recaudaba allí.

También nos hicimos grandes amigos de algunos destacados miembros de la comunidad de negocios de Asia, tanto hindúes como musulmanes, quienes nos apoyaron a través de su organización de caridad llamada Gift of the Givers.[13] A menudo han financiado la construcción de pozos de agua en escuelas en las que queríamos empezar a cocinar, pero a las que no llegaba suministro de agua limpia. Con los años, disfrutamos juntos de magníficas cenas enmarcadas por fascinantes discusiones sobre nuestros diversos credos. Años más tarde nos asociamos con Gift of the Givers para hacer llegar comida, por barco y avión, desde Malawi a Somalia, durante la terrible hambruna de 2011. Aquel año, hice allí una breve visita, en la que vi sacos de *likuni phala* de Malawi con la etiqueta de Mary's Meals, que se distribuían a los miles de niños famélicos de Mogadiscio. Es el lugar más espantoso que jamás he visitado. En mi primera noche, mientras deshacía las maletas en el improvisado alojamiento, una fuerte explosión me hizo saltar. Uno de nuestros anfitriones somalíes, un hombre joven con buen inglés y tono amable, se dirigió a mí y, como si calmara a un niño pequeño, me dijo:

—No te preocupes. No te preocupes. No era más que una bomba.

Durante unos días estuve rodeado de compañeros de trabajo que oraban en dirección a la Meca con las primeras luces del día mientras yo me sentaba en la cama para rezar el rosario de la mañana y, a pesar de la estre-

13. Gift of the Givers («Regalo de los Dadores» o «Regalo de los que Regalan») es una ONG que inició su actividad en 1992 como respuesta a los desastres y que se ha expandido por todo el mundo en ayuda de los necesitados. [*Nota del traductor*.]

sante situación en la que todos nos encontrábamos, había algo interreligioso en esta misión que siempre guardaré como un tesoro: llevar alimento a aquellos que padecían hambre.

Entretanto, de vuelta en Malawi, seguíamos conociendo a niños que habían vuelto a nacer gracias a Mary's Meals. Un día, Ruth y yo visitamos la escuela Mzedi, a las afueras de Blantyre, con Peter Nkata. La escuela estaba escondida en una ladera rocosa, entre las pequeñas extensiones de tierra cultivada, listas para dar sus frutos esperando pacientemente la lluvia.

—¡Pequeño Peter! ¡Está vivo! —exclamó Peter Nkata al reconocer a un chico entre la multitud que nos rodeó en cuanto aparcamos en el patio del colegio.

—Estaba seguro de que este niño había muerto —dijo mientras bajábamos del vehículo.

Se acercó al pequeño, de unos cuatro años, y lo abrazó. Entonces lo sostuvo en alto, entre sus brazos, fascinado por su aspecto. Un chico algo mayor se quedó de pie a su lado, con unos ojos demasiado grandes para su gesto serio y unas piernas demasiado delgadas para aguantar su cuerpo.

—Tu hermano tiene buen aspecto, Lázaro —le dijo Peter.

El chico asintió con la cabeza y sonrió. Peter nos contó entonces su historia.

Algunos meses atrás, los maestros de Mzedi se habían dado cuenta de que Lázaro, que hasta entonces había sido un niño muy puntual, empezó a llegar tarde todas las mañanas sin dar ninguna explicación. Investigaron y descubrieron que la madre de la familia había muerto, dejando a Lázaro y al pequeño Peter solos en casa. Algunos familiares lejanos los visitaban a veces, pero les daban muy poco apoyo. Lázaro, que parecía tener ocho años pero que, de hecho, tenía doce, se convirtió en el cabeza de familia e intentó cuidar a su hermano pequeño. Pero no tenían bastante comida en casa. Lázaro dependía casi completamente de su comida diaria en la escuela. El pequeño Peter cayó enfermo. A medida que se volvía más débil, Lázaro tomó una decisión. Sabía que Mary's Meals proporcionaba alimento no solo en la escuela primaria, sino también en el parvulario para menores de seis años que se encontraba a casi un kilómetro de su hogar. Empezó a llevar a Peter allí todas las mañanas y, solo cuando se aseguró de que le alimentarían y cuidarían, él continuó su camino a la escuela adonde llegaba tarde y cansado. Unas semanas atrás, Peter Nkata se había enterado de que los cuidadores del parvulario habían llevado al pequeño Peter al hospital y no estaban muy esperanzados de que pudiera sobrevivir. Las jornadas sin comida le habían pasado factura. Pero ahora, delante de nosotros, se encontraba el pequeño Peter sonriendo con ojos brillantes, y su hermano, que lo salvó, a su lado.

Capítulo 8

Un accidentado camino hacia la paz

> La pobreza en el mundo es un escándalo. En un mundo donde hay tanta riqueza es incomprensible que haya tantos niños hambrientos, que haya tantos niños sin educación, tantas personas pobres. La pobreza es hoy un grito.
>
> PAPA FRANCISCO

—¿Qué has comido esta mañana antes de venir a la escuela? —le preguntamos a la siguiente niña en el banco de bambú.

—Nada —contestó ella, de la misma manera que todos los demás antes que ella.

—Y ayer, ¿qué comiste?

—Arroz nada más.

Las respuestas eran predecibles. Parecía que cada niño, vestido con harapos, comía «arroz nada más», o «solo yuca».

Pero entonces, un pequeño nos sorprendió.

—¿Qué has comido esta mañana?

—Nada.

—¿Y ayer?

—Nada.

Repetimos la pregunta pensando que había entendido mal. De nuevo contestó, en voz más baja, «nada». Volvió la cabeza, avergonzado, mientras empezaban a formarse lágrimas en sus ojos. No quería que los demás niños se dieran cuenta.

—Es verdad. Yo le vi ayer cerca de mi casa hurgando en busca de ñame silvestre —nos dijo su maestro en voz baja.

Rápidamente pasamos a preguntar al siguiente niño, pero las preguntas parecían inútiles. No necesitábamos completar esta encuesta para saber que los niños de Biffany, una aldea de Liberia, se beneficiarían de Mary's Meals. Antes de abandonar la clase eché una ojeada al pequeño que no había comido nada el día anterior, y vi cómo sus lágrimas seguían deslizándose por su cara en silencio. Me sentí inmensamente avergonzado.

Poco tiempo después de haber fundado Mary's Meals en Malawi, empezamos a considerar la idea de poner en marcha este proyecto, lo antes posible, en otros países. Veíamos que estaba transformando la vida de la gente joven de Malawi, por lo que, con valentía, ya estábamos declarando que nuestra visión era «que cada niño reciba una comida diaria en su centro educativo». Si nos queríamos tomar en serio esta visión global, y desde luego así era, necesitábamos probarnos a nosotros mismos —y a otros— que el proyecto funcionaría en otros países, culturas y situaciones en las que los niños no acudían a la escuela por causa de la pobreza.

Parecía obvio que Liberia debía ser la siguiente en nuestra lista. Habíamos estado trabajando allí durante muchos años y teníamos una relación muy cercana con la gente del condado de Bomi que sufría desde hacía mucho tiempo. Además, habría sido difícil encontrar otro país con mayor necesidad de Mary's Meals. La serie de guerras civiles por fin había terminado en 2003 y la ONU había desplegado la mayor fuerza de pacificación del mundo. Había una oportunidad real para construir una paz duradera, pero la gente estaba sufriendo de extrema pobreza y los niños tenían hambre. Liberia contaba con una de las tasas más bajas del mundo de matriculación en la escuela primaria. Si sus jóvenes no podían acceder a la educación y prepararse para jugar un papel en la construcción de una Liberia más próspera, entonces caerían en otras tentaciones. Hombres jóvenes (especialmente) desencantados, sin educación, empobrecidos, serían presa fácil para futuros señores de la guerra en busca de combatientes, ya que podían verse tentados por las promesas de poder, estatus y botín. Entretanto, en el condado de Bomi, los hijos de los gola estaban desnutridos y vestidos con harapos. Una vez más, las familias estaban dando los primeros pasos hacia la reconstrucción de sus vidas. Habían reanudado la batalla contra la selva tropical, cada vez más invasora, limpiando la tierra para plantar yuca y arroz. Aquí y allá, levantaban pequeñas chozas de barro y adobe. Pasarían meses antes de que sus cultivos estuvieran listos para la cosecha, una cosecha que solo podía ser exigua porque tenían pocas semillas y pocas herramientas. En 2003, *The Economist*, que predice anualmente cuál será el peor país del mundo para vivir durante el año siguiente, había elegido Liberia para ese triste honor. No era difícil entender por qué.

Entre los que estaban reconstruyendo sus vidas en el condado de Bomi se hallaba el padre Garry. Mientras me llevaba desde Monrovia hacia el condado de Bomi, compartiendo conmigo sus últimas noticias, me llamó la atención una escena deprimente. Hubo un tiempo en que una vía férrea, construida por las compañías mineras para transportar el mineral de hierro hasta el puerto, corría al lado de esta carretera hasta lugares tan distantes como Tubmanburg. Cuatro años atrás, yo había visto cómo algunos hombres destrozaban las líneas de ferrocarril y las cargaban en camiones, en la época en que el país era saqueado y despojado de cualquier cosa que pudiera venderse. En esta ocasión, a lo largo del mismo tramo, cientos de hombres, mujeres y niños estaban desenterrando las pequeñas piedras que habían formado el lecho de la vía férrea. Estaban lavando las piedras antes de amontonarlas en pequeñas pilas para venderlas a los lados de la carretera. Parecía que la calidad del botín había alcanzado un nuevo mínimo.

Poco tiempo después de que hubiéramos dejado atrás la carretera asfaltada, en las pistas de barro entre las aldeas, vimos otros espectáculos lamentables: mujeres en busca de frutos y bayas, hombres cazando animales salvajes y niños deambulando por las ciénagas con redes caseras tratando de atrapar peces. Muchos de los niños estaban desnudos y tenían el estómago hinchado. Los gola no eran ajenos a este sufrimiento. Habían tenido la mala suerte de vivir en una zona cerca de las minas de diamantes, oro y mineral de hierro, en la que las luchas armadas por estos recursos naturales habían destrozado repetidamente a sus pueblos y arruinado sus granjas. Para algunos, esta era la tercera vez que habían regresado a sus aldeas destrozadas, saqueadas y cubiertas por la maleza, para recoger sus pedazos.

Empezamos a visitar alguna de las aldeas para llevar a cabo nuestras encuestas y hablar con las comunidades sobre la idea de Mary's Meals. La gente nos conocía porque habíamos estado trabajando con ellos durante muchos años. Su bienvenida fue más calurosa que nunca. La clínica móvil que habíamos entregado todavía era la única en proveer cuidados sanitarios en todo el condado, de modo que resultaba vital para la gente que regresaba.

Cuando hablamos con los líderes de la comunidad, teníamos claro que Mary's Meals solo podía empezar si la gente local estaba dispuesta a cocinar cada día y servir la comida de forma voluntaria. Este sacrificio probablemente fuese mayor para los ocupados padres de este pueblo que para los que entregaban su tiempo para hacer lo mismo en Malawi. Nuestra propuesta se recibió de forma positiva y con emoción. Una vez más, la gente nos dijo que estaban preparados y dispuestos. Nuestra encuesta, por su parte, confirmó lo que ya sabíamos, que muchos de los niños estaban desnutridos y que el hambre y la pobreza los mantenían alejados del colegio. También reveló otros sufrimientos.

En una aldea llamada Jennah Brown, visitamos otra escuela para evaluar la necesidad de Mary's Meals. Allí, voluntarios locales estaban enseñando a los niños en lo que en alguna ocasión debió de ser una casa grande, con vistas a las chozas del pueblo de abajo. Había sido utilizada por una empresa estadounidense dedicada a la extracción de oro del río cercano hasta 1998. En su interior, en ausencia de bancos, los pequeños se sentaban en negras mangueras de goma que se habían utilizado en el proceso de minería y que habían quedado allí. En otra habitación, un grupo de niños mayores se acomodaban en una gran caja fuerte de metal en la que los mineros habían guardado su botín. La curiosidad pudo con nosotros y los niños nos ayudaron a abrir la inmensa tapa. En su interior no había más que unas tiras de papel y algunas hojas viejas. El botín se había trasladado al extranjero hacía mucho tiempo. Los hambrientos críos volvieron a subir a su sitio habitual, ajenos a la ironía y la injusticia.

Pero cuando hablamos con ellos, nos enteramos de que la mayoría de ellos lo sabían todo acerca de lo que es un botín. Cuando los combatientes armados tomaron la aldea, los niños fueron obligados, a punta de pistola, a llevarles cualquier cosa de valor, a menudo, de sus propios hogares. Todas las pertenencias del hogar, herramientas y alimentos las habían cogido de esta manera. Algunos fueron obligados a transportar armas y municiones y, frecuentemente, habían progresado hasta convertirse en niños soldados. No tenían otra opción, su aldea había sido vaciada y sus padres asesinados. Los niños que estaban con nosotros ahora eran los que no se habían convertido en combatientes, bien porque se habían escapado, bien porque los habían dejado marchar. Pasaron el resto de la guerra con sus familias, en campamentos de desplazados alrededor de Monrovia, o se refugiaron en Sierra Leona, antes de regresar a casa. Todos habían quedado traumatizados de diferentes maneras. En una clase, el padre Garry preguntó si alguno había visto cómo asesinaban a alguien durante la guerra. Todos los niños levantaron la mano.

Una de las aldeas que la clínica móvil visitaba regularmente era Massatin. De todas las que conocía y amaba, parecía que el padre Garry tenía un profundo afecto en particular por esta. Se trataba de una colonia de leprosos. Los que padecían la enfermedad habían sido descuidados durante muchos años, antes de que llegara el padre Garry y sus esfuerzos por ayudarlos. Nuestra clínica de salud había acudido cada semana para dispensar medicación para la lepra y otras muchas enfermedades. Debido al hambre que padecían en la aldea, también habíamos suministrado alimentos para los enfermos. Decidimos que este debía ser el primer lugar de Liberia en recibir las comidas de Mary's Meals. Habían construido recientemente un par de aulas de barro y adobe en las que maestros voluntarios, en ausencia de apoyo gubernamental, enseñaban a 162 niños.

Durante abril de 2004 llevamos a Massatin suficiente arroz, vegetales y «huesudos» (pequeños pescados secos) para las comidas de las dos primeras semanas. Estaban almacenados en un pequeño cuarto, en la parte de atrás de la escuela. Nos sentíamos frustrados porque no había posibilidad de comprar arroz cultivado localmente —es un país completamente dependiente de la importación de alimentos—, pero decidimos que, al menos por ahora, lo más importante era que los niños comieran en la escuela. Una vez más, la comunidad local había construido un cobertizo para prestar servicio como cocina en la que dos ancianas preparaban la comida tan esperada, en dos grandes ollas sobre un fuego abierto. Finalmente, los niños fueron invitados a formar una fila para la comida, que se servía en coloridos platos de plástico. En pocos minutos teníamos a 162 niños sentados en silencio bajo los árboles o a la sombra de los muros de la escuela, devorando sus deliciosas comidas. Sus padres se reunieron junto a la cocina para aplaudir y cantar de alegría.

Más tarde, vi a los chicos de regreso en sus clases con grandes sonrisas. A través de una puerta abierta pude leer una pregunta en la pizarra.

—¿Qué tenemos que ofrecer al Señor? —había preguntado el maestro esa mañana a la clase.

Debajo había escrito las respuestas de los niños:

«Tengo las manos.» «Tengo la vida.» «Tengo mi alma.» «Tengo mi corazón.» «Tengo mi canción.» «Tengo mi sueño.»

En poco tiempo, las comidas de Mary's Meals se servían en otras escuelas en el pueblo de Tubmanburg y en las aldeas de alrededor. De nuevo, el número de niños matriculados aumentó rápida y considerablemente.

Yousif Sheriff, el director de una escuela islámica situada al lado de la pequeña calle principal de Tubmanburg, nos mostró sus aulas abarrotadas. Explicó con alegría que, desde que habíamos empezado a proporcionar comidas de Mary's Meals, el número de alumnos matriculados había aumentado de 302 a 425. Esta misma historia se repetía en la escuela comunitaria justo al otro lado de la calle y, de igual forma, en las aldeas en las que los maestros nos comunicaban con satisfacción que el hambre y la busca de alimento ya no impedían que los niños fueran al colegio.

Para cuando comprobamos con satisfacción que en Liberia Mary's Meals produciría el mismo resultado positivo que habíamos visto en Malawi, empezamos a recibir muchas solicitudes de otras escuelas. Reflexionamos sobre las áreas que debían ser nuestra prioridad.

En el año 2005, Alex Keay, un amigo con el que me crie, que también había sido piscicultor, ofreció su colaboración durante un año para trabajar como voluntario en Liberia y apoyar nuestro programa allí. No mucho tiempo después de su llegada, el padre Garry sugirió que ayudáramos a las personas de la etnia bellah. Se trataba de una tribu, la más pequeña entre los dieciséis grupos étnicos de Liberia, que vivía en una selva virgen y remota. El padre Garry sentía un gran afecto por ellos. Cuando le secuestraron los niños soldados durante la guerra y le llevaron hasta Guinea en un viaje que duró tres semanas, había pasado por las aldeas de los bellah. La amabilidad que los miembros de esta tribu habían mostrado con él durante su corta estancia le conmovió profundamente. Se había prometido que, si sobrevivía, algún día regresaría para ayudarlos. El padre Garry utilizó sus poderes de persuasión sobre Alex, cuya naturaleza aventurera se vio alentada por la descripción del duro viaje hasta allí. Así pues, Alex y alguno de nuestros miembros más experimentados del equipo de Liberia condujeron durante cuarenta y ocho horas hasta el poblado de los bellah por lo que no podría describirse como una carretera. Para cuando llegué allí en mi siguiente visita, el trabajo preliminar ya se había hecho, se había organizado a los voluntarios y suministrado los primeros alimentos. Ahora se servían las comidas de Mary's Meals en las escuelas de tres aldeas del poblado de los bellah, por lo que decidí viajar hasta allí para verlo personalmente.

Durante las seis horas de viaje hasta allí no vimos ningún otro vehículo. Nuestra camioneta con tracción a las cuatro ruedas patinaba y se retorcía a través de un camino de tierra, más o menos excavado por una compañía maderera muchos años atrás. Habían construido puentes sobre arroyos y ríos usando enormes troncos. Mientras nuestro conductor avanzaba lentamente sobre los troncos, rezábamos para que las ruedas no patinaran y que los maderos no cedieran por la presión. A cada lado, se alzaba la selva hacia el cielo. Enormes ranas saltaban a los charcos y las ardillas se escabullían para ponerse a cubierto. De vez en cuando un «halcón gallinero» agitaba sus alas delante de nosotros para desaparecer después por encima de los árboles. En una ocasión, nos encontramos con un grupo de personas a las que habían pagado para despejar la maleza de este solitario camino. Estos antiguos combatientes y sus familias, armados con machetes, habían derribado a hachazos los árboles del borde de la carretera a lo largo de muchos kilómetros. Junto a su improvisado campamento, sobre un fuego abierto, estaban ahumando trozos de ciervo y mono que habían cazado. Alex —que parecía haber aprendido rápido la manera de hacer las cosas allí— se puso a regatear para comprarles carne.

—¿Por qué vosotros, blancos, no traer pan desde Monrovia? —nos preguntaba un sonriente hombre joven entregándonos algunos excelentes trozos de mono.

Un poco más adelante, en la cima de una empinada pendiente, pasamos junto a una camioneta calcinada. Dentro había un esqueleto de un soldado del gobierno. Le habían hecho una emboscada los rebeldes años atrás.

El camino por la selva parecía infinito y empecé a entender por qué ninguna otra organización de ayuda trabajaba en esta zona.

Cuando el sol empezaba a esconderse tras los árboles más altos, llegamos a Belleh Balama: un grupo de chozas de paja en un extenso claro. A nuestro alrededor pululaba una multitud de niños vestidos con ropa hecha jirones, gritando su bienvenida, riendo y saludando. Un grupo de ancianos de la aldea nos recibió y nos mostró la choza de barro y adobe en la que íbamos a dormir. Nos daba vergüenza que la familia de la casa tuviera que mudarse para que los visitantes dispusieran de una cama. Los ancianos nos dieron a cada uno un nuevo nombre. Durante mi estancia allí, pasé a ser el señor Tanjo, «el propietario de la tierra». Tras los discursos de bienvenida, de acuerdo con las costumbres locales, nos dieron nueces de cola para masticar, una gallina blanca y una moneda de plata (un viejo dólar de Liberia). Al poco tiempo nos pusimos a jugar al fútbol con un grupo de hombres, mientras que las mujeres jugaban al pichi[14] en un campo cercano. Más tarde, una mujer joven, alta y delgada, llamada Helen, que había sido asignada para cuidarnos durante nuestra estancia, comenzó a calentar agua en una fogata al aire libre para nuestro «baño» (que debíamos tomar en un pequeño cubículo de paneles de mimbre detrás de la casa); y después a cocinar el arroz y la carne de mono que habíamos comprado antes. Algunos de los lugareños se reunieron con nosotros y, juntos, bebimos «Dios al Hombre», un vino de palma sangrado directamente de la palmera que no necesita elaboración. Aquella noche, el sueño llegó pronto a esa hermosa, oscura y silenciosa aldea.

14. *Kickball*, en el original en inglés. Juego parecido al béisbol que se practica en los patios escolares. [*Nota del traductor*.]

Al día siguiente, las tres escuelas que recibían las comidas de Mary's Meals estaban cerradas para que todos los niños pudieran participar en un día de celebración y bienvenida en nuestro honor. Fuimos agasajados con hermosas canciones escritas especialmente para nosotros.

—¡Eres bienvenido, señor Tanjo! ¡Eres bienvenido! ¡Esperamos que traigas buenas noticias! —cantaba el joven coro.

Les hablé de Mary's Meals. Les expliqué que María era la madre de Jesús y que cuando Jesús era muy pequeño tuvieron que huir de los hombres que querían matarlo, y que ellos también habían conocido la pobreza, las dificultades y el hambre. Más tarde, después de varias obras de teatro y del intercambio de muchos discursos, llegó el momento de servir las comidas de Mary's Meals a los quinientos niños allí presentes. Mientras nos encaminábamos a un «comedor» de paja recién construido, fuimos sorprendidos por una tormenta muy violenta que nadie pareció adivinar. Un viento ensordecedor empezó a rasgar el techo de paja, el cielo se oscureció y los truenos retumbaron a nuestro alrededor. Corrimos para protegernos del aguacero y nos llevamos una gran sorpresa al toparnos con un grupo de soldados de las fuerzas de paz de la ONU, acompañados de dos civiles blancos, elegantemente vestidos, que habían aparecido de la nada y estaban buscando refugio. Cuando pasó nuestro asombro por ese encuentro tan inesperado, empezamos a conversar. Acababan de aterrizar con un helicóptero y formaban parte del equipo de evaluación de seguridad para el África Occidental. Habían venido a hacer una inspección, ya que, durante la guerra, allí hubo un gran depósito de armas. Mientras hablábamos, cesó la lluvia y pudimos servir las comidas de Mary's Meals. Los hombres de la ONU parecían aún más sorprendidos. Uno de ellos, el capitán Alec, originario de Kirguistán, nos felicitó sinceramente por lo que estábamos haciendo.

—Lo que estáis haciendo funcionará —dijo—. Intentamos impedir el retorno a la violencia quitándoles las armas. Pero si la gente quiere luchar, esconderá sus armas. ¿Y cómo vamos a encontrarlas en esta selva? Pero vosotros, si podéis alimentar a estos niños y hacer que regresen a la escuela, esto servirá para construir una paz duradera y real aquí.

Al día siguiente dimos un paseo de dos horas por la selva hasta la aldea vecina, llamada Kanata, a la que no se podía acceder por carretera. En algún momento de nuestro viaje tuvimos la necesidad de vadear algunos pantanos, y Helen, sin dejar de velar por sus visitantes, guiaba nuestro camino llevando un fardo en equilibrio sobre la cabeza. Contenía varios blocs de notas, bolígrafos y lápices, regalos para los alumnos de las escuelas de Kanata. Mientras caminábamos, nos habló un poco de su trágica historia en la guerra, de cómo la habían obligado, a punta de pistola, a cargar con el botín hasta Guinea. Me dio la impresión de que esto era solo una pequeña parte de lo que había sufrido. Los niños de Kanata nos miraban fijamente, de manera intensa, cuando nuestro pequeño y extraño grupo entró en su aldea. Alex me aclaró que, cuando realizó su primera visita hacía un par de semanas, le habían dicho que no habían visto a un hombre blanco en su aldea desde 1988. Los niños tomaron nuestras manos y acariciaron nuestros extraños brazos peludos.

Como siempre, siguiendo la costumbre, los ancianos de la aldea nos dieron la bienvenida formalmente y nos entregaron los regalos ceremoniales. Después nos llevaron a su choza *palava*, el lugar para las reuniones, y nos sirvieron platos de arroz y carne de animales salvajes. Me sentí un poco desconcertado por la multitud que se apretujaba alrededor nuestro, en silencio, para ver cómo comíamos. Cuando estaba a punto de ingerir mi comida con apetito, Alex me dio un codazo diciéndome en voz muy baja:

—Magnus, ¿a qué animal crees que pertenecían?

Bajé la vista hasta su plato para contemplar un par de testículos —los de un venado o un mono, creo— presentados sobre un lecho de arroz. Empezamos a reír sin control hasta que se nos saltaron las lágrimas, a pesar de nuestros arduos esfuerzos por evitarlo, mientras los ancianos continuaban mirándonos fijamente. Al fin, conseguimos comernos los testículos. Por suerte, no se había producido ninguna ofensa. A decir verdad, nunca he hecho nada particularmente heroico al servicio de Mary's Meals, pero esa comida fue lo más cercano a una heroicidad.

Más tarde acordamos con los ancianos un plan para empezar con Mary's Meals en su aldea. Convenimos en que una vez al mes los hombres de la tribu recorrerían el camino hasta Balama (el lugar más lejano al que un vehículo podía llegar) y cargarían de vuelta los alimentos que les entregasen allí. Estaban deseando empezar lo antes posible. Sus niños tenían hambre, nos dijeron.

A la mañana siguiente, de vuelta en Balama, abrí las persianas de mi dormitorio para ver a dos chiquillos llevando unas pequeñas sillas de madera —hechas en casa— a la escuela. Los seguían unas niñas más mayores portando en la cabeza cubos con el agua para las comidas de Mary's Meals. Una vez que empezaron las clases, visitamos la pequeña escuela marcada por las balas.

Pasé algún tiempo charlando con Nyango, quien se encontraba de pie con un animado grupo de amigas. Tenía trece años, pero hasta hacía muy poco, como la mayoría de las niñas de la aldea, no había asistido nunca al colegio. Todas las mañanas, mientras sus hermanos se dirigían a la escuela de adobe, bajo los enormes árboles de algodón a las afueras de la aldea, ella se quedaba en casa trabajando con sus padres, esforzándose por alimentar, vestir y dar refugio a su familia. Pasaba los días llevando agua del río, recogiendo leña, machacando nueces de palma para obtener su aceite y trabajando la tierra para cultivar arroz y vegetales. En los últimos años, junto con los aldeanos que optaron por no huir, se había visto obligada a punta de pistola a llevar municiones y armas a los soldados rebeldes que libraban la guerra en el régimen anterior de Liberia. Pero, tres semanas antes, el día en que se sirvió allí la primera comida de Mary's Meals, su vida cambió. Ese día, muchos padres, incluso los de Nyango, decidieron que ahora era posible enviar a sus hijos a la escuela. Mientras hablábamos, algunos de los compañeros de clase más jóvenes jugaban en el suelo, muy cerca. Casi todos tenían el estómago abombado y el cabello descolorido, resultado del hambre que habían padecido.

Después de que todos terminaran su comida, se reanudaron las clases. El profesor de Nyango señaló algunas cuentas en la pizarra y comenzó a hacer preguntas. Vi que estaba Helen, la joven que velara por nosotros durante nuestra visita, sentada en un escritorio entre los escolares más jóvenes. Acabábamos de ver a tres de sus hijos tomar la comida de Mary's Meals en el patio del colegio. Ella también era una alumna. La guerra podía haberle arrebatado la oportunidad de leer y escribir, pero ahora estaba sentada en una clase de primaria, sin vergüenza, con la feliz determinación de aprender. Cuando nos miramos, nos dedicó una amplia sonrisa a través de la puerta abierta; luego siguió escribiendo en su bloc de notas.

Antes de iniciar el largo viaje de regreso a Tubmanburg, los ancianos nos ofrecieron un sentido adiós.

—¡Recuerda que tu nombre es señor Tanjo! —me gritaron mientras subía a la camioneta.

Seguimos trabajando duro para llegar a más escuelas. Nuestro programa creció rápidamente y el personal también. Decidimos que había llegado el momento de dejar el alojamiento cedido generosamente por el padre Garry en su misión. Los dirigentes de la comunidad de Tubmanburg nos regalaron un buen trozo de tierra, a solo diez minutos andando, en el que construir una casa para Mary's Meals. Para entonces, Liesbeth Glas, una misionera laica de los Países Bajos, y que había vivido durante muchos años con los liberianos —sobre todo, en los campos de refugiados en Ghana—, se había convertido en nuestra primera directora de País allí. Tenía un profundo conocimiento y amor por la gente local, y por Mary's Meals. Fue ella quien organizó, en el terreno donado, la construcción de la primera oficina y hogar para el personal. Pero, incluso antes de que se completara, se acercó a nosotros con otra petición, algo muy cercano a su corazón.

A través del trabajo de la clínica o de las comidas de Mary's Meals en las escuelas, nos encontramos con muchos niños sordos en el condado de Bomi. Debido a la total ausencia de la más básica atención primaria, muchos sufrirían discapacidades para el resto de sus vidas, causadas por enfermedades que debían haber sido tratadas. El sufrimiento de los niños sordos era agudo. Incapaces de comunicarse con su familia o con la comunidad, a menudo eran rechazados y abandonados. Sin ninguna posibilidad de aprender a expresarse, se veían condenados a una vida de aislamiento y rechazo. Liesbeth había trabajado con niños sordos en los campos de Ghana, de donde había regresado recientemente con unos profesores liberianos formados, que conocían el lenguaje de los signos y cómo enseñarlo.

—¿Por qué no creamos una escuela adecuada para estos niños? Tenemos a los profesores. ¿Podríamos construirla en el terreno que nos han dado junto al alojamiento del personal? —me preguntó Liesbeth.

Justo cuando empezaba a quedarnos claro que debíamos concentrar todos nuestros esfuerzos en proporcionar alimentos en las escuelas, cuando más insistía yo en que debíamos estar muy centrados, acababan de sacudirme con otra propuesta que era imposible ignorar. Este sufrimiento en particular parecía demasiado grande, y nuestra capacidad para ayudar, demasiado real como para pasarla por alto.

Así, en mitad del pequeño recinto de Mary's Meals, junto a nuestra oficina, almacenes y alojamiento del personal, está la Escuela para Sordos Óscar Romero. Los empleados de Mary's Meals en Tubmanburg me sorprendieron al darle este nombre en honor al arzobispo de El Salvador, asesinado en 1980 mientras celebraba misa porque no quiso dejar de denunciar la injusticia y la opresión a los pobres. Julie acababa de colgar en nuestra nevera una copia de la oración de Romero que me había conmovido profundamente por sus palabras. En principio habíamos planeado que fuese un internado para cuarenta, pero, finalmente, pasó a ser un hogar para sesenta niños, la mayoría de los cuales dormían allí, aunque regresaban a las aldeas con sus familias con la mayor frecuencia posible. Pero no todos tenían familias con las que regresar.

Tres días después de que abriéramos la nueva escuela, llegaron al recinto algunos policías de Monrovia. Traían a un niño de unos nueve años, vestido con una camiseta destrozada y pantalones cortos. Explicaron que le habían encontrado vagando por las calles de la ciudad. Era sordo y no podía hablar, así que no sabían qué hacer con él y había pasado la noche en el calabozo. Entonces oyeron hablar de la nueva escuela para sordos —como era la primera de este tipo en Liberia, se recogía en los periódicos y la radio— y decidieron traerlo para vernos. Cuando nos pidieron que le acogiéramos, solo pudimos decir que sí. Los jóvenes que aprendían carpintería en la escuela para sordos estaban trabajando duro para fabricarnos más literas. Le encontraríamos un lugar en nuestra creciente familia. Por supuesto que el pequeño no podía decirnos su nombre o contarnos su historia, pero pronto empezó a participar con entusiasmo de las clases de lenguaje por señas con los otros niños. Le llamamos Joseph y aguardamos con impaciencia a que llegara el día en que pudiera decirnos su nombre real, de dónde venía y adónde quería ir.

Otra iniciativa nacida en Liberia, que se desarrollaba en paralelo al programa de Mary's Meals, era nuestro proyecto Mochila. En Malawi y Liberia habíamos empezado a darnos cuenta de que muchos de los niños que venían a la escuela por las comidas no tenían nada con lo que aprender, ni lápices, ni blocs de notas ni cualquier otro artículo básico. Un día, hablando de esto, alguien sugirió que adaptáramos nuestras «Cajas de Zapatos de Recaudación». Se trataba de unas campañas en las que los niños de Escocia habían estado llenando durante muchos años las cajas de zapatos con regalos para los niños pobres de la Europa del Este. Empezamos a pedir a las escuelas que invitaran a sus alumnos a llenar mochilas con artículos básicos de educación para que pudiéramos enviarlos a África. La respuesta de las escuelas fue abrumadora. Los maestros adoraban el proyecto porque les permitía introducir un elemento educativo muy potente acerca de los lugares y personas a quienes iban a enviar estos regalos, y también porque, llenando estas mochilas, se les enseñaba a los niños que podían hacer algo para ayudar a los que vivían en la pobreza. En Liberia y después en Malawi, la distribución de mochilas se convirtió en el más feliz de los eventos y en otro incentivo para que los niños fueran a la escuela.

—¿Sabes?, hay más objetos en una de estas mochilas que los que toda una familia pueda tener aquí —observó Joseph, nuestro director de operaciones en Liberia, mientras íbamos dando botes hacia la escuela de una aldea en otro camión con mochilas, que habían llegado recientemente en un contenedor desde Glasgow hasta el puerto de Monrovia.

De nuevo me quedé maravillado por la emoción y la alegría desenfrenada de los niños cuando vaciaban las mochilas en sus aulas, mostrándose unos a otros, con miradas de incredulidad, los cuadernos, lápices de colores, pelotas de tenis y camisetas que les acababa de dar alguien de una tierra lejana a quien no conocían. Más tarde, cuando visité algunos de sus hogares en la aldea, hice un pequeño ejercicio mental y concluí que la declaración de Joseph no era ninguna exageración. En los años siguientes, muchas personas —incluidos niños de primaria (y otros) de todo el Reino Unido, Irlanda, Alemania, Austria, Croacia e Italia— han participado en este proyecto, seleccionando artículos de una lista y empaquetándolos con amor en sus mochilas. La última vez que lo revisé, habíamos enviado más de 400.000 de estas bolsas a los niños de Liberia y Malawi.

Pero nuestra prioridad y atención seguía siendo la distribución de comidas escolares y, en esta etapa en la que estábamos, se nos planteó una pregunta: ¿debíamos seguir expandiéndonos en las zonas rurales o también podíamos intentar ayudar a las escuelas de las ciudades? La población de Monrovia se había duplicado desde antes de la guerra hasta alcanzar, aproximadamente, 1.300.000 habitantes. Muchos de los que habían huido del sangriento conflicto en el campo hacia la seguridad de los campamentos de desplazados alrededor de la ciudad nunca habían regresado a sus aldeas. Igual que millones de personas de los países en desarrollo, estaban persiguiendo el sueño urbano. Con vistas a tomar una decisión sensata, visitamos las bulliciosas calles de Westport, uno de los suburbios más antiguos en el que multitud de niños trabajaban en pequeños puestos del mercado vendiendo pescado y objetos de segunda mano. Otros portaban fardos en equilibrio sobre sus cabezas o empujaban carritos entre los puestos. Y, mientras hacían esto, estaban perdiendo la oportunidad de una educación, de escapar de la miseria más absoluta. En una de las escuelas de allí, el director, el señor George, compartió su lucha con nosotros. Estaba haciendo todo lo posible para llegar al mayor número de niños dirigiendo dos escuelas en el mismo edificio, una por la mañana y otra por la noche. Pero, con todo, muchos no estaban escolarizados porque tenían trabajo, y muchos otros iban, pero se hallaban demasiado hambrientos y demasiado débiles para aprender. Al menos allí, en la ciudad, se pagaba a los maestros, aunque su salario de sesenta dólares americanos era lo que costaba un saco grande de arroz.

—Estamos desesperados. Esta pobreza es una de las cosas que hace que se rompan las familias —nos dijo el señor George.

Tras la visita a la escuela y el intercambio de información, nos preguntó si podíamos empezar Mary's Meals en su escuela. Le dije que no podía darle una respuesta porque acabábamos de empezar a ver algunas posibilidades, y ni siquiera habíamos decidido si queríamos asentarnos en Monrovia.

—¿Sabes lo que es tener una hija a quien no puedes dar de comer? —me preguntó con voz irritada—. ¿Cómo les dices a tus hijas adolescentes que se comporten y se queden en casa cuando ni siquiera puedes darles de comer? ¿Cómo se las puede culpar si salen a las calles y no nos respetan? ¿Cómo se las puede culpar si van a su aire y se portan mal?

Yo no tenía la respuesta a esas preguntas. Nunca me he encontrado en la situación de no poder dar de comer a mis hijos. Desconozco cómo es sentirse atormentado por el temor de que mis hijas tengan que venderse por comida. Sabía que no podía entender lo que este padre, de pie enfrente de mí, estaba sufriendo. Se me hizo muy difícil mirarle a los ojos.

—Lo siento. No puedo darte una respuesta ahora. Tenemos que pensarlo. Haremos todo lo posible y te prometo que, cuando hayamos tomado una decisión, te lo haremos saber —le ofrecí mientras nos despedíamos.

Finalmente, tras haber sopesado las cosas, decidimos continuar nuestros esfuerzos en las zonas rurales en lugar de en la ciudad. Habíamos constatado que la mayoría de las labores de socorro estaban teniendo lugar en la ciudad, mientras que las aldeas quedaban olvidadas, y cada vez eran más pobres. Queríamos hacer todo lo posible para fomentar el retorno de la gente a las granjas en lugar de añadir razones para que se quedaran en la ciudad. No es que dudáramos por un segundo de que había una descomunal y apremiante necesidad de las comidas de Mary's Meals en lugares como Westport; se trataba, más bien, de reconocer que no podíamos llegar a todas partes al mismo tiempo.

Pero las preguntas del señor George me perseguían. Qué fácil era visitar a los pobres, hablar con ellos y tomar fotografías antes de subir de nuevo a nuestros coches. Y qué difícil era entender, ni siquiera por un momento, lo que de verdad se sentía siendo tan pobre. Como estaba convencido de haber aprendido mucho de los más pobres entre los pobres —especialmente en temas de fe—, algunas veces corría el peligro de idealizar la pobreza. Pero no había nada romántico, en absoluto, en el tipo de pobreza que estaba destrozando al señor George y a su familia. Era algo destructivo, diabólico, para lo que ningún ser humano está preparado. Pero, quizá, también era bueno que me encontrara en esa situación y que me sintiera impotente. Al admitir ante el señor George que yo no era capaz de ayudarle con su desesperada necesidad, también me estaba reconociendo a mí mismo que mis esfuerzos y capacidad para ayudar eran muy limitados. Y eso era bueno, al menos para mí.

Durante los años siguientes pudimos expandirnos en Grand Cape Mount, otro gran distrito forestal en el oeste de Liberia, en la frontera con Sierra Leona, cuya población de mayoría musulmana vivía en pequeñas aldeas comunicadas por pistas polvorientas sin asfaltar. Una a una, empezamos a servir a ochenta y dos escuelas de este condado, tras haber construido un almacén satélite donde podíamos conservar productos alimenticios a granel.

Estaba tremendamente impresionado por las cocinas de postes de bambú que las comunidades habían construido allí e incluso más por los huertos escolares que ahora se estaban convirtiendo en una parte fundamental de nuestro modelo en Liberia. Estas pequeñas granjas pertenecían a las escuelas de la comunidad y, a partir de entonces, decidimos que, si una escuela quería participar en el programa de Mary's Meals en Liberia, debía comprometerse a desarrollar este tipo de proyectos. Habían hecho gran cantidad de trabajo limpiando extensas áreas de arbustos junto a los colegios. Los directores nos enseñaban orgullosos hileras de yuca y otros «verdes», que añadían a las comidas que les suministrábamos. Y, también, piñas y otros productos valiosos, que podían vender para contribuir al apoyo tan necesario a las escuelas. Otro beneficio enorme de estos huertos era la oportunidad de enseñar habilidades de cultivo a una generación de alumnos que habían pasado la mayor parte de su infancia en campos de desplazados, lejos de sus granjas.

Un día de 2012, de camino a un colegio en Cape Mount, cruzamos un puente de hormigón perfectamente construido. Joseph explicó que, la primera vez que visitaron esta escuela tras recibir su solicitud para las comidas de Mary's Meals, se habían visto obligados a decir a la comunidad que no era posible incluirlos porque no se podía llegar hasta ellos con un vehículo de reparto. Algunas semanas después, los ancianos de la aldea volvieron a ver a Joseph para pedirle que enviara a uno de nuestros equipos para estudiar de nuevo la carretera. Esta vez descubrieron que había otro puente de hormigón, construido por la comunidad, sobre el río intransitable. El inmenso interés por Mary's Meals en estas comunidades estaba impulsando muchas obras buenas. En cada escuela nos encontrábamos colas de niños con cuencos de colores y mujeres cocinando en fuegos abiertos. Los profesores nos contaban cómo había crecido el número de niños que iban al colegio por primera vez. De media, la matrícula aumentaba un cuarenta por ciento en las escuelas de Cape Mount tras la introducción de Mary's Meals.

En nuestro viaje de regreso, tras visitar algunas de estas escuelas, nos reunimos con los líderes de la comunidad implicados en el suministro de las comidas de Mary's Meals en esa zona. Un imán que había trabajado incansablemente para movilizar a sus comunidades, y que había organizado la donación del terreno en el que habíamos construido nuestro almacén para atender al condado, se encontró con nosotros cuando iba en su motocicleta, con una enorme sonrisa, a pesar de que llegábamos una hora tarde. Nos llevó a la sala de fiestas de una aldea repleta de pacientes personas, quienes nos recibieron con calidez. El imán abrió la reunión con una oración, y antes de invitarlos a hablar con nosotros sobre su experiencia con Mary's Meals, les dijimos que nuestro plan era tratar de llegar a todas las escuelas de Cape Mount antes de final de año. Rompieron en un prolongado aplauso. Un anciano, con barba blanca y gorra de oración, habló emocionado:

—Estamos agradecidos por estas noticias. Es realmente triste comer cuando tu vecino carece de alimento. Cuando veía por aquí a los niños hambrientos, yo también me sentía hambriento. Ahora que veo cómo comen cada día, ya no tengo hambre.

Capítulo 9

En la ciudad de Tinsel

> Las tonterías nos proporcionan halagos tan burdos que no pueden ser ciertos, y la lisonja es un halago tan sutil que nos encanta.
>
> FULTON J. SHEEN

Empezaron a abrirse nuevas puertas por todo el mundo. Gente de una variedad desconcertante invitaba a Mary's Meals a hacer presentaciones. En las ornamentadas iglesias austríacas, en las históricas plazas romanas, alrededor de una piscina en Palm Beach, en un estadio de fútbol en Calabria o en el instituto para delincuentes juveniles de Glasgow, la gente se reunía para escuchar el mensaje de Mary's Meals. La diversidad de personas a las que hablaba era asombrosa, casi cómica, y me hizo descubrir muchas cosas inesperadas cuando me encontraba con ellos. En una sinagoga conté por qué nuestro trabajo llevaba el nombre de una madre judía; en una conferencia mundial sobre educación en Abu Dabi me pidieron que pronunciara la ponencia inmediatamente después de una presentación de misiles Exocet, dada por alguien que los fabricaba. En una fiesta en Los Ángeles conocí a una jugadora de vóley playa profesional y a un especialista de cine retirado, quienes parecían tan fascinados por mi trabajo como yo, desde luego, lo estaba por el suyo.

Por supuesto, no todas mis conferencias tenían lugar en lugares exóticos y lejanos. Daba charlas en cientos de escuelas y grupos de iglesia en Escocia, y era capaz de llegar a mucha gente a pocos metros de mi oficina, departiendo con los grupos de fe que continuaban viniendo a Craig Lodge de retiro. Cuando empecé a dar mis primeras conferencias, a regañadientes, las que me costaban más eran las que daba en los colegios. Pero luego pasaron a ser mis favoritas. Me encantaba especialmente la parte en la que me hacían preguntas porque por lo general eran muy sinceros y sentidos, aunque, algunas veces, maravillosamente sorprendentes.

—¿Alguna vez has visto una abeja asesina?

Es solo un ejemplo de las preguntas que me dejaron sin saber cómo responder con algo más que un «sí» o un «no».

Pero, por encima de todo, lo que más me gustaba de los escolares era su ingenuidad y el poco tiempo transcurrido entre la decisión de que querían hacer algo y ponerse a hacerlo. Para ellos, parecía obvio que ningún niño debía ir al colegio sin comida, y tenían claro que debían y podían hacer algo al respecto; las vacilaciones las dejaban para los adultos.

Mientras el apoyo de la gente de base continuaba aumentando en casa, el apoyo internacional crecía incluso más rápido. En 2006 se constituyó la filial de Alemania, la primera de las europeas y, en 2008, nació Mary's Meals en Estados Unidos a través de un grupo de gente maravillosa de Miami, ciudad a la que, últimamente, viajaba mucho de camino a Haití. Milona me dijo que tenía buenos amigos en Florida a quienes había conocido en Medjugorje, y que se ofrecían para que me quedara con ellos. Así fue como conocí a Lourdes Gutiérrez, a su hija Lourdes Fanjul y a su buena amiga Lourdes Diego. Como no había conocido nunca a nadie con un nombre tan bonito, me preguntaba cuál sería su plural, especialmente porque no solo nos hicimos buenos amigos, sino que pasaron a ser miembros del consejo fundacional de Mary's Meals en Estados Unidos, junto con otra pareja, Michelle y Albert Holder. Trabajamos duro juntos para empezar a dar a conocer Mary's Meals en Estados Unidos, sin saber que estaba a punto de ocurrir algo que haría la tarea mucho más fácil.

En la primavera de 2010, recibimos una llamada de la CNN de Nueva York en la que nos decían que me habían elegido como uno de los «héroes» de la CNN. Nos explicaron que esto implicaría que debían grabarme a mí y al trabajo de Mary's Meals en algunos cortometrajes, para luego retransmitirlos, y me preguntaron si podían enviar un equipo de grabación la semana siguiente. Tras rechazar la etiqueta de «héroe», lo reconsideramos y nos dimos cuenta de que era la oportunidad más increíble que se nos había brindado para dar a conocer nuestro trabajo, especialmente en América del Norte. Parte del camino ya estaba hecho: nuestros seguidores ya habían hablado de nosotros a la CNN como «héroes». Así pues, dijimos que sí y, al cabo de pocas semanas, la historia de Mary's Meals estaba siendo retransmitida a millones de hogares en todo el mundo. Un par de meses después recibí otra llamada de la CNN, esta vez para decirme que había sido seleccionado por un panel de reconocidos jueces como uno de sus «top 10 del año». ¡Me emocionó especialmente saber que Muhammad Ali era miembro de ese panel! Así que fuimos invitados a Los Ángeles para un evento muy glamuroso, lleno de estrellas, que sería televisado. Y así, otro equipo de filmación llegó a Escocia y luego viajó conmigo a Haití para hacer una breve película que sería difundida en la gala. Un par de semanas más tarde, Julie y yo estábamos aterrizando en Los Ángeles, bastante nerviosos y un poco emocionados.

En nuestro hotel nos presentaron a los otros nueve «héroes», con quienes nos habíamos familiarizado a través de la página web de la CNN. Nos parecía que algunos de ellos eran, realmente, héroes. Habíamos leído todo lo relativo a Evans Wdongo, un joven keniata que había diseñado una bombilla solar muy simple para que los niños pudieran leer y hacer los deberes en sus casas por la noche; Anuradha Koirala, que estaba trabajando para prevenir el tráfico de mujeres y niñas, y la explotación sexual en Nepal; y Dan Walrath, un tejano que estaba construyendo hogares para los veteranos de guerra heridos en Iraq y Afganistán. Era estupendo encontrarse con personas tan sobresalientes, la mayoría de las cuales parecían igualmente incómodas en el ambiente en el que, de repente, nos encontrábamos todos. A medida que se acercaba la gran ceremonia, le seguí recordando a Julie que debía señalarme a cualquier famoso con el que pudiéramos entrar en contacto; mi desconocimiento de los famosos había sido causa de bastantes risas entre mis colegas de Mary's Meals durante algún tiempo y estaba nervioso por miedo de que pudiera ofender a alguien con mi ignorancia. Durante el período previo al acto, nuestro equipo en Escocia había estado investigando; me explicaron que durante la ceremonia de entrega de premios, la CNN emparejaría a cada «héroe» con alguien famoso para presentarle y darle el premio. Habían descubierto que Gerard Butler, el actor escocés de Hollywood, era una de las celebridades y predijeron que yo estaría junto a mi compatriota esa noche.

La CNN nos llevó al lugar de la celebración, el famoso auditorio Shrine, en el que se televisaban las ceremonias de entrega de premios como los Óscar y los Grammy, para enseñárnoslo. Nos explicaron más sobre el acto y nos llevaron a ensayar. Nos informaron de que, además de los 3.000 famosos que asistirían al espectáculo la noche siguiente, se esperaba que otros dieciséis millones de personas lo siguieran por televisión en todo el mundo. También nos dijeron que teníamos exactamente cuarenta y cinco segundos para nuestro discurso de aceptación y que, si nos pasábamos del tiempo, simplemente lo cortarían. Entonces me explicaron que deseaban que yo saliera el primero. Dijeron que la película que habían hecho de Mary's Meals era espectacular, por lo que deseaban que yo fuera el primero en hacer mi discurso de aceptación. En ese momento me puse muy nervioso. Unas semanas atrás, tan pronto como entendí la magnitud de esta oportunidad, sentí que mi discurso de aceptación debía servir para dar gracias a Dios y a Nuestra Señora por este trabajo. Sospeché que los editores de la CNN quizá no dejarían que saliera, pero estaba convencido de que esto era lo que debía hacer.

Cuando a la noche siguiente llegué al teatro con Julie agarrada a mi brazo, ataviado con mi falda escocesa y la escarcela más impresionante de mi padre, me sentí un poco mejor. Y entonces tuve la primera experiencia curiosa, de entre muchas. Me llevaron detrás del escenario para «maquillaje y peinado». Esta era una nueva e incómoda experiencia para mí. Me recosté en el sillón mientras la amable señorita ponía gomina en el pelo. Me vinieron a la cabeza los ventosos días de antaño en la piscifactoría, la espuma del mar, los chubasqueros y los gorros de lana, y la sensación de no tener que hablar con otro ser humano durante todo el día. Y nos llevaron a la primera fila. Julie estaba más guapa que nunca. Me sentí más valiente. Unos asientos más allá, estaba Jon Bon Jovi, que había venido para actuar, y me sentí muy orgulloso de haber reconocido por lo menos a un famoso, y mucho más cuando habló conmigo de manera cálida y amable.

El espectáculo comenzó con Anderson Cooper presentando (¡también lo reconocí!) y después apareció Gerard Butler para presentarme. Nuestro equipo de Escocia había acertado. Era fantástico porque significaba que también sabía quién era. Esto iba bien. Leyó un pequeño discurso de presentación, muy halagador, y entonces pasaron la película sobre Mary's Meals que, efectivamente, era muy bonita e incluso más halagadora todavía. Entonces subí para recibir el premio, un trozo de madera grabado, bastante bonito. Tragué saliva para que me saliera algún sonido de la garganta, que tenía increíblemente seca, y le conté a la gente del auditorio y a los dieciséis millones de personas que nos veían en sus casas lo contento que estaba de recibir este premio en nombre de los miles que formaban parte de este proyecto. Expliqué que creía que era posible llevar a cabo nuestra visión —que todos los niños puedan recibir una comida diaria en su centro educativo— y di las gracias a Dios, también a María, la madre de Jesús, que también crio a un niño en la pobreza y supo lo que era estar exiliada, por su inspiración y su amor. ¡Debí de hacerlo en cuarenta y cinco segundos, porque lo retransmitieron íntegramente!

Tan pronto salimos por el fondo del escenario, Gerard me dio la mano con fuerza.

—¡Tengo que explicarte algo realmente gracioso! —dijo—. Ayer estuve ensayando para esto. Cuando iba por la mitad del guion sobre ti, me dije: «espera un minuto, ¡este es el tipo del que mi madre me habla sin parar!». Mi madre me llama todo el rato para decirme que tengo que conocerte. Ella te oyó hablar sobre Mary's Meals en algún acto en Glasgow, hace unos meses, ¡y no ha parado de contarlo desde entonces!

Su agente me dio la mano y, riendo, me dijo:

—Sí, ¡me meteré en un lío si no te hacemos una foto con Gerard para enviársela!

De este modo rompieron el hielo desde el principio. Mientras posábamos para unas fotos, descubrimos que ambos seguíamos al mismo club de fútbol —el Glasgow Celtic— y después volvimos corriendo a nuestros asientos para ver el resto del espectáculo.

Durante el intermedio fue todo incluso más divertido. Gerard se acercó para conocer a Julie y, por alguna razón, estaba con él Demi Moore. Desde hace años, Julie y mi hermano pequeño, Mark, se han burlado de mí sobre ella. Debí de decir algo sobre su belleza viendo alguna de sus películas con Mark, y este se lo había repetido, con picardía, a Julie. Nunca perdían una oportunidad de reírse de mí cuando Demi Moore aparecía en televisión o, incluso, si, simplemente, salía su nombre. Y ahora estaba allí, me la estaban presentando. Se le caían las lágrimas por la película de Mary's Meals que acababa de ver. Me besó en la mejilla y nos felicitó por nuestro trabajo. No puedo recordar lo que le dije, pero seguro que fue algo incoherente. Julie se rio con ganas cuando regresamos a nuestros asientos para continuar con el espectáculo. Al final de la noche, Anuradha fue declarada como ganadora absoluta. Estaba encantado porque su causa era muy importante y ella era una señora muy digna e impresionante.

Luego nos llevaron a una «fiesta» en la que cada uno de nosotros tenía su sitio para sentarse con amigos y donde la gente tenía la oportunidad de venir a vernos si quería. Los demás famosos se habían ido inmediatamente al final del acto, pero, para nuestra satisfacción, aparecieron Gerry y su agente. Se formó una pequeña cola para hablar conmigo. En realidad, muy pronto me di cuenta de que no es que quisieran hablar, es que querían hacerse una foto conmigo llevando mi falda escocesa. La cola no se terminaba, me hice foto tras foto con todo tipo de gente durante horas. Tuvimos un encuentro inesperado con un grupo de mineros de Chile, que, en ese momento, ya eran mundialmente famosos. Habían estado atrapados en las profundidades de una mina subterránea durante sesenta y nueve días mientras el mundo entero asistía al espectáculo y rezaba. Mis propios hijos habían estado rezando por ellos todas las noches durante semanas hasta su rescate. Fue estupendo, por inesperado, poder hablar con estos hombres cuyo sufrimiento y valor, e increíble rescate, habíamos presenciado en directo.

Esa noche tuve una pequeña muestra de lo que debe de ser la vida para una persona famosa. Fue divertido durante esas pocas horas, porque yo sabía que podía regresar a mi vida normal a la mañana siguiente. Me hizo pensar que la fama debe de ser una cosa muy peligrosa para vivirla todos los días. Incluso después de unas pocas horas empecé a sentirme un poco desorientado, como si de repente no estuviera seguro de quién era, porque todo el mundo a mi alrededor se comportaba como si yo fuera otra persona. Sin contar, claro, con Julie y nuestros buenos amigos de Florida, Iowa y Nueva York, que estaban con nosotros allí. Quizá esta sea la única manera en que la gente famosa puede mantenerse cuerda y feliz: teniendo una familia querida y buenos amigos a su alrededor para recordarles quién son en verdad. De hecho, quizá esto sea cierto, en parte, para todos nosotros, famosos o no. En cualquier caso, me sentí muy bien a la mañana siguiente cuando me volví a poner mis tejanos y me di una vuelta con Julie hasta la «Catedral de Los Ángeles». Nos habían sugerido que fuéramos a ver Hollywood, pero Julie sintió que ya habíamos tenido suficiente «polvo de estrellas» para un fin de semana. Así que, en su lugar, nos sentamos en silencio en la iglesia y dimos gracias a Dios por nuestro fin de semana tan inusual, mientras intentábamos digerirlo antes de regresar a casa para explicárselo todo a nuestros hijos.

Unas semanas más tarde, un poco antes de Navidad, Gerry me llamó inesperadamente. En Los Ángeles me había prometido que llevaría a su madre a vernos cuando estuviera de regreso en Escocia, pero yo no le había tomado en serio.

—Ya voy de camino, estaremos allí en un par de horas —me dijo, y colgó.

¡Nunca había visto a las chicas de nuestra oficina tan emocionadas! Y, efectivamente, en poco tiempo estaba posando para hacerse fotos con ellas y con todo el que quisiera. Desde entonces somos amigos y nos ha ayudado a aumentar la sensibilización hacia nuestro trabajo de muchas maneras.

Unos meses después del *show* de la CNN, una señora de Canadá que había visto el espectáculo me envió un correo. Me dijo que le había agradado que yo mencionara, en mi discurso de aceptación, a María, la madre de Jesús, y eso la había llevado a investigar nuestro trabajo algo más. Desde entonces había estado haciendo pulseras de rosario a mano, que vendía para recaudar fondos para nuestro proyecto. Cada venta proporcionaba el dinero necesario para las comidas de un año a un niño. También explicó que, recientemente, se había jubilado como maestra, cerca de Toronto, y se preguntaba si estábamos interesados en fundar Mary's Meals en Canadá como una organización para recaudar fondos. Tenía mucha confianza en que nuestro trabajo sería bien recibido y apoyado allí. Con el tiempo, Bridgid y su marido, Mike, se convirtieron en buenos amigos nuestros. La primera vez que viajé para conocerlos, me llamó la atención el don inusual de Bridgid, su profunda paz y alegría. Había invitado a muchos de sus amigos y a otros canadienses que habían estado dando apoyo a Mary's Meals a una barbacoa para que pudieran conocerme. Era una tarde soleada y su jardín estaba repleto de gente riendo. Cuando la velada tocaba a su fin, me quedaba claro que Bridgid, amada y respetada por aquellos que la conocían, era el líder perfecto para nuestro trabajo en Canadá.

Me sorprendió la capacidad que tenía para transformar una charla en acciones con sentido. Más tarde, cuando todos se habían ido y la casa estaba tranquila, me explicó que padecía un cáncer terminal.

—No sé cuánto tiempo me queda, pero ahora mismo me encuentro muy bien —me dijo sonriendo alegremente—. Quiero hacer esto por Mary's Meals durante el tiempo que Dios me dé, y yo sé que Mike desea que yo haga esto. Se ha jubilado antes de tiempo solo para estar conmigo y ayudarme.

Más tarde ese año, tuvimos una reunión en Escocia con los grupos de recaudación de fondos de todo el mundo. Vinieron a su primera visita a Dalmally. Como siempre, empezamos nuestra reunión con una breve oración y se hicieron las presentaciones. Bridgid se puso en pie y nos explicó una historia singular. Dijo que había decidido viajar a Escocia pasando por Londres primero para visitar a una tía suya, cuyo contacto había perdido hacía mucho tiempo. Telefoneó a su tía justo antes de embarcar en Toronto para decirle la hora de su llegada y mencionarle que estaría en Londres muy poco tiempo porque se dirigía a la reunión en Escocia. Tras colgar el teléfono, su tía entró en la página web de Mary's Meals. Su limpiacristales estaba con ella y lo llamó.

—¿Has oído hablar de Mary's Meals? ¡Parecen increíbles!

—¡Que si he oído hablar de ellos! —replicó el joven sorprendido—. ¡Que si he oído hablar de ellos! Yo no estaría aquí si no fuera por Mary's Meals. Soy de Malawi.

No hubiera ido al colegio si no me hubieran dado de comer allí. Y nunca habría acabado en una universidad aquí, en Londres. Por eso estoy aquí.

Las reuniones de nuestra dispersa familia Mary's Meals estaban frecuentemente marcadas por historias extraordinarias y conexiones que confirman el sentido de pertenencia y de llamada a este trabajo. Algunas veces habíamos mantenido este tipo de reuniones en Medjugorje. A medida que el trabajo crecía y que el número de grupos de Mary's Meals proliferaban, queríamos asegurar que, independientemente de nuestros distintos orígenes y creencias, todos tuviéramos la misma misión, visión y valores. El resultado final de nuestro trabajo no era lo único que nos importaba; la manera de hacerlo era igualmente importante y, por esa razón, queríamos reunirnos en el pueblo en el que este trabajo había nacido hacía muchos años, para aprender unos de otros. El pequeño almacén en el que Fergus y yo descargamos los primeros regalos de nuestro Land Rover, en 1992, todavía se mantenía en pie en la esquina de la calle, no muy lejos del salón en el que teníamos una de estas reuniones en el año 2009. Desde entonces, nos hemos vuelto una familia diversa y colorida.

Además de un gran equipo de personal, voluntarios y simpatizantes en Escocia, teníamos representantes de Malawi, Liberia, Croacia, Inglaterra, Gales, Irlanda, Filipinas, Uganda, Italia y Alemania. Entre los que daban conferencias acerca de su participación en Mary's Meals había empresarios, sacerdotes misioneros, una vidente, un gánster reformado y una archiduquesa. Animábamos a todos a compartir sus historias personales, no solo a charlar de su trabajo actual. Era algo muy rico y profundamente conmovedor.

John Pridmore nos habló como presidente de Mary's Meals Irlanda. Había llegado a ser un conocido gánster de Londres que había experimentado una profunda conversión religiosa justo después de estar a punto de matar a alguien en un *pub*. Había pasado un año con nosotros, en la comunidad de jóvenes de la Casa de Oración y, a partir de entonces, dedicó su vida a hablar a los jóvenes del amor de Dios. Durante ese tiempo había escrito algunos libros, incluyendo el *best seller From Gangland to Promised Land* (*De la tierra del delito a la tierra prometida*),[15] y se había convertido en un orador público internacionalmente reconocido. Él y la comunidad que fundó en Irlanda habían decidido embarcar a Mary's Meals en un proyecto especial. A pesar de que ellos sobrevivían gracias a la divina Providencia, principalmente en forma de colectas recogidas para ellos en las parroquias en las que daban sus charlas, decidieron pedir que esas colectas se dieran íntegramente a Mary's Meals, confiando en que Dios velaría por ellos de otras formas. Y desde luego que lo hizo, pero, entretanto, creció por toda Irlanda un increíble apoyo y sensibilización por Mary's Meals, a través de las palabras y del ejemplo dado por John y sus amigos.

Otra importante charla, profundamente conmovedora, la dio Željka Markić sobre Mary's Meals en Croacia. Željka era otra vieja y querida amiga, hija del doctor Marijo, el extraordinario hombre con quien habíamos trabajado en los primeros años del suministro de ayuda a los refugiados de Croacia. Željka solía decirnos, junto a sus amigos en Zagreb de aquella época, que, algún día, cuando las cosas fueran mejor en Croacia, ellos también trabajarían para ayudar a la gente necesitada en tierras lejanas. Habíamos perdido el contacto después de la guerra, pero al cabo de unos años nos visitó en Escocia con

15. Editado en español por Ediciones Rialp en 2014. [*Nota del traductor*.]

su familia. Željka era ahora una empresaria de éxito y, junto a su marido, Tihomir, médico, y sus cuatro hijos, quería saberlo todo de nuestro trabajo para entender cómo había evolucionado hasta convertirse en Mary's Meals. Quedaron prendados por la historia.

—Es el momento de cumplir esa promesa —dijo Željka—. Ahora las cosas están mejor en Croacia, hay mucha gente que podría ayudarnos en este trabajo para los niños hambrientos. Deberíamos fundar Mary's Meals en Croacia para que puedan ayudar.

Y eso es exactamente lo que hizo, junto a algunos amigos cercanos, en Zagreb. Con el tiempo, miles de croatas pasaron a ser benefactores de Mary's Meals. Y cuando escuché la presentación que nos hizo en nuestra pequeña reunión en Medjugorje me di cuenta de que tenía una perspectiva única sobre nuestro proyecto.

—Recuerdo cuando Julie y Magnus llegaron a Croacia con su pequeño camión. Los ayudábamos a organizar la distribución de las ropas para bebés y los pañales que habían traído. Muchos de mis amigos, y yo, nos beneficiamos de eso. Hoy somos nosotros los que dirigimos Mary's Meals en Croacia, para que otros con necesidad puedan recibir ayuda. Es realmente importante para nosotros saber cómo dar y recibir en este trabajo. Es importante que tratemos a los que reciben nuestra ayuda con el mismo respeto que nos tienen quienes hacen las donaciones.

En algunas sesiones, durante la larga semana de reuniones, algunos peregrinos que estaban en Medjugorje venían a unirse a nosotros. Uno de ellos era una señora de Iowa, Ellen Miller, que conoció a Julie tomando café en un descanso entre reuniones. Le explicó que estaba organizando, junto a una amiga, una conferencia titulada «Cristo, nuestra vida» en su ciudad, Des Moines. Se habían propuesto llenar un estadio de baloncesto con miles de personas y estaban buscando oradores.

—¿Crees que tu marido podría venir el año que viene? Le cuidaremos, ¡lo prometo! —dijo Ellen, que se había dado cuenta, rápidamente, de que la mejor manera de convencerme era pedir a Julie que me lo preguntara.

Así que, en septiembre de 2010, me encontré en el aeropuerto de Des Moines con el sonriente hijo de Ellen, Mike, a quien le habían encargado que velara por mí durante el fin de semana. A la mañana siguiente, llegué al estadio junto a 4.000 personas que se habían reunido para la conferencia. Me llamó la atención la cantidad de jóvenes que había y la atmósfera de oración. Por la tarde, tuve la oportunidad de hablarles sobre la historia de Mary's Meals y, después, cientos de personas se acercaron a nuestro estand para decirnos que querían colaborar. Yo me marché pronto, muy impresionado por la familia Miller y la buena gente que había conocido allí, pero sin entender realmente lo que acabábamos de iniciar. En los meses y años siguientes a esa conferencia, el movimiento más increíble de Mary's Meals se difundió por Iowa y más allá. Numerosas escuelas y parroquias empezaron a darnos su apoyo. Se unieron miles de personas a nuestra misión para ser donantes, oradores voluntarios o gente que rezaba por nuestro trabajo. Se iniciaron muchas campañas de recaudación de fondos espontáneas. Sus amigos diseñaron camisetas que los escolares vendían por miles y, con cada venta, alimentábamos a un niño durante un año. Hubo otros resultados sorprendentes de esa primera visita. Me gustó mucho charlar con Mike, el amable y alegre hijo de Ellen, mientras me llevaba y traía durante ese fin de semana. Me dijo que estaba a punto de terminar la carrera. Estaba estudiando finanzas y había planeado unirse a la cadena de supermercados en la que había trabajado su padre. Parecía entusiasmado con la idea. También me hizo un montón de buenas preguntas sobre Mary's Meals. Unas semanas después de mi visita me llamó. Me dijo que había estado rezando y pensando desde que nos conocimos, y me preguntó si podía necesitar ayuda de alguien con formación en finanzas. Me quedé sorprendido por su oferta. Hablé con él de nuestra necesidad de alguien con su perfil para trabajar con los equipos de Haití o Liberia. Me dijo que estaría encantado de trabajar como voluntario en cualquiera de esos dos lugares. Inicialmente hicimos planes para que fuese a Haití, pero entonces, debido a cambios en el personal de Liberia, le preguntamos si iría allí en su lugar. Dijo que sí inmediatamente y enseguida se estableció en Tubmanburg con una parte importante de nuestro equipo de allí. Con el tiempo, se convirtió en un miembro asalariado de nuestro personal y ha estado trabajando para Mary's Meals desde entonces.

Empezaba a darme cuenta de que, muy a menudo, eran los jóvenes los que encabezaban los esfuerzos de recaudación de fondos más asombrosos. Entre el público de Iowa se sentaba, sin yo saberlo, otra persona. Una niña de doce años llamada Allison Ockenfels, originaria de una pequeña comunidad agrícola en el norte del estado. Se enteró de que era posible recaudar fondos para proporcionar las comidas de Mary's Meals a una escuela específica en Malawi a través de nuestra campaña «Apadrina una escuela». Sin inmutarse por el objetivo de los 12.000 dólares requeridos para una escuela, se puso a recaudar fondos en su pueblo. ¡Para cuando oí hablar de Allison ya había alcanzado su propósito y estaba trabajando en la siguiente escuela! Preguntó si yo podría ir a visitar a su familia la próxima vez que estuviera en Iowa, una solicitud a la que estuve muy contento de responder que sí.

Los Ockenfels vivían en una granja polvorienta entre ondulados campos de maíz, lejos de cualquier pueblo. Me quedé con ellos una noche y me explicaron que Allison y sus dos hermanos estaban escolarizados en casa. Su padre vendía enormes cosechadoras de segunda mano —una larga fila estaba aparcada junto a su casa—. Disfruté de su comida casera y la cariñosa y sencilla vida que habían creado trabajando duro. Por la noche, me llevaron a una pequeña iglesia parroquial de madera, a pocos kilómetros de su casa. Estaba llena. Todas las personas que había allí —habían venido de todas partes— conocían Mary's Meals y habían estado dando apoyo a Allison en sus esfuerzos de recaudación de fondos. Esta comunidad agrícola, estos productores de alimentos, habían llevado el mensaje de Mary's Meals a sus corazones de una manera muy especial.

La siguiente noche tenía que dar una charla en el centro de Chicago, en el hogar de algunas personas que conocía allí. A pesar de que era un viaje de cinco horas en coche, mis nuevos amigos, los Ockenfels, insistieron en llevarme. Durante el trayecto, supe que Allison y sus hermanos nunca habían estado en la «Ciudad del Viento». Me sentí muy bien por participar de esta aventura con ellos. Mis anfitriones en Chicago habían sido de los primeros en recaudar fondos para Mary's Meals en Estados Unidos y, durante tres años, habían estado recaudando fondos, de manera constante, para una escuela en concreto de Malawi. Vivían en un apartamento a la última moda entre los famosos y deslumbrantes rascacielos de Chicago. Mi público no podía haber sido más diferente que el de la noche anterior. En vez de hablar a unos agricultores temerosos de Dios, expliqué el trabajo de Mary's Meals a un grupo de masajistas, cocineros vegetarianos, esteticistas y políticos. En lugar de una canasta para la colecta, el dinero se recaudó a través de una subasta de obras de arte, libros especiales, masajes y comidas en restaurantes que habían sido donados. Todas estas personas mostraron gran bondad y también garantizaron que otra escuela más recibiría las comidas de Mary's Meals.

Parecía que personas en cualquier situación imaginable encontraban formas de apoyarnos. Un hombre llamado David, interno en una prisión de Kansas, escribió a Patty a nuestra oficina de Nueva Jersey con un donativo de cinco dólares:

> Estimada Patty:
> Rezo para que el buen Dios la bendiga a usted y al programa de Mary's Meals. Para mí, dar lo poco que tengo me ha cambiado enormemente. Ahora, cuando me envían dinero a mi cuenta, yo me he impuesto la prioridad de enviar cinco dólares a Mary's Meals. Es gracioso que cuando yo estaba en el mundo exterior, ni por una vez pensé en hacer un donativo para los necesitados. De nuevo, una vez más, gracias por permitirme tener un impacto en la vida de otras personas. En realidad soy yo quien ha recibido el impacto de Mary's Meals. Los caminos del Señor son inescrutables.

David siguió haciendo donaciones continuas e incluso empezó a hacer colectas entre los prisioneros y nos las enviaba.

De regreso a mi cobertizo, cada día recibíamos llamadas con más invitaciones. Se hizo cada vez más difícil saber cuáles teníamos que aceptar. En ese momento, ya habíamos desarrollado una increíble red de oradores voluntarios que siempre estaban preparados para ir y hablar en nuestro nombre. Pero algunas veces, especialmente en las invitaciones al extranjero, se esperaba que fuera yo quien acudiera. Un día recibí una invitación para visitar Abu Dabi. Me quedé intrigado. Habíamos estado recibiendo donaciones muy importantes de una parroquia de allí y, dado que quería agradecérselo a quienquiera que fuera el responsable, decidí ir.

Me dirigí a un centro comercial en Dubái donde había acordado encontrarme con mi anfitrión. Llegué temprano y me senté en un café para hablar por teléfono. Nunca se me pasó por la cabeza que la dama que se sentaba en la mesa frente a mí era la persona que había organizado nuestro encuentro, hasta que me di cuenta de que una de las dos niñas pequeñas que estaban con ella llevaba puesta una camiseta de Mary's Meals. Al mismo tiempo, la dama oyó mi acento escocés y extendió la mano con una sonrisa.

—Soy Catherine. Pensaba que te reconocería por lo de la CNN —dijo—. Pero era en blanco y negro.

Mientras intentaba entender lo que estaba pasando, las emocionadas y dulces niñas me llevaron a dar una vuelta relámpago por el resto de las tiendas del centro comercial Ibn Battuta, durante la que aprendí mucho sobre el explorador que llevaba ese nombre, y me compraron un apetitoso yogur helado antes de conducir por el desierto hasta su casa en Abu Dabi. En el camino, me recordaron que la hermana Ligouri, una monja india que había hecho un retiro en la Casa de Oración de Craig Lodge mientras vivía en Inglaterra hacía algunos años, había llevado Mary's Meals a los Emiratos Árabes Unidos. Había conocido Mary's Meals cuando se alojó con nosotros y presentó el proyecto a la parroquia de San José en Abu Dabi cuando la trasladaron a trabajar allí.

—Deberíamos llegar a tiempo para asistir a la misa de la tarde. Tendrás la oportunidad de darle las gracias a la gente —dijo Catherine cuando entrábamos en Abu Dabi.

Estábamos a mitad de semana, por lo que me esperaba que solo hubiera algunos ancianos asiduos a la misa diaria. Me preguntaba si, quizá, entre el pequeño grupo, habría un benefactor acaudalado, responsable de las grandes sumas que habíamos estado recibiendo. Cuando llegamos a la iglesia, había una enorme multitud en el patio. Inicialmente supuse que tanta gente nada tenía que ver con nosotros, o con la misa vespertina, hasta que Catherine me explicó que esta era, de hecho, la congregación. Más de mil quinientas personas habían venido, muchas más de las que cabían dentro de la iglesia, por lo que esa noche la misa tendría lugar fuera y, mientras se cantaba con fervor el himno de apertura, de modo maravilloso se hizo eco la llamada a la oración de una mezquita local desde algún lugar cercano. Los que cantaban en el patio a mi alrededor eran casi todos inmigrantes de la India, Filipinas y África.

Al final de la misa tuve la oportunidad de dar las gracias a la congregación, quienes aplaudieron con fervor cuando les dije que, ahora, Mary's Meals estaba dando de comer a más de 500.000 niños al día. Más tarde, tuve ocasión de pasar algún tiempo con algunas de las personas, y me enteré de que las cuantiosas donaciones de Abu Dabi representaban, de hecho, miles de pequeños regalos de todos estos trabajadores, gente de salarios bajos que habían dejado sus países de origen para encontrar trabajo. También descubrí que la mayor parte de la recaudación de fondos había sido organizada por los niños de la parroquia, que habían liderado varias iniciativas, como recolectar monedas en botellas durante la Cuaresma. Nyapthala, la niña con gran corazón que me había comprado el yogur helado antes de nuestra calurosa travesía por el desierto, era la más destacada entre ellos, me explicaron.

Allison, Nyapthala y niños de todo el mundo estaban recaudando fondos para Mary's Meals de una forma extraordinaria. Milona regresó de un viaje a Italia donde había estado dando charlas a nuestro nuevo grupo de recaudación de fondos. Nos contó con mucha alegría que los niños de Módena estaban plantando semillas de calabaza en un campo cerca de su escuela para, una vez que hubieran crecido grandes y sabrosas, venderlas y recaudar los fondos que ayudarían a que un niño, de un lugar lejano, pudiera comer.

En Brighton, entretanto, un niño de siete años que se llamaba Charlie Doherty empezó a decirle a su madre que no quería regalos de cumpleaños y que, en su lugar, prefería que le diera el dinero. Entonces empezó a recaudar fondos de otras formas. Organizó un grupo de amigos para nadar la distancia de un maratón y, no contento con eso, convenció a su madre de que hiciera con él una gira ciclista, patrocinada, desde su casa en la costa sur de Inglaterra hasta Glasgow. Igual que Allison, de Iowa, decidió patrocinar una escuela en Malawi y, con el tiempo, obtuvo los fondos necesarios para proporcionar más de mil comidas diarias a un gran colegio de allí.

En el año 2012 tuvo lugar lo que podríamos considerar el ejemplo más espectacular de una iniciativa Mary's Meals encabezada por un menor, cuando una niña de nueve años llamada Martha Payne abrió un blog titulado *Never Seconds* con el propósito de escribir sobre las comidas en su colegio. Escribía su opinión de cada comida como si fuese una crítica a un restaurante, puntuando su calidad, calificación de salud, el número de pelos encontrados, y puntuando en una escala de 10 basada en un «Comidámetro».

Su blog empezó a ganar un gran número de seguidores. La primera vez que oí hablar de Martha fue cuando su abuelo, un voluntario muy comprometido y activo en Edimburgo, me preguntó si dejaría que Martha me entrevistara, explicando que ahora estaba usando su blog para recaudar dinero con objeto de patrocinar una escuela para Mary's Meals. Estuve de acuerdo, pero le expliqué que tendría que esperar hasta que regresara de un viaje que estaba a punto de hacer a América. Unos días más tarde los Concejos de Argyll y Bute, molestos por lo que entendían como críticas a sus comidas escolares, le prohibieron hacer fotos de las comidas que se servían en la escuela. Se produjo un gran alud de protestas y un gran interés mediático. La historia se volvió viral y, de la noche a la mañana, Martha se convirtió en una estrella mundial de internet. En todo el mundo, los periódicos y cadenas de televisión recogieron la noticia. No me podía creer lo que veían mis ojos cuando leí sobre esto en el *New York Times*. Antes de la prohibición del Concejo, Martha ya había recaudado alrededor de 2.000 libras para Mary's Meals. Pocos días después, el total ascendía a 130.000 libras, al ganar una nueva ola de benefactores de todo el mundo. La familia de Martha aprovechaba cualquier ocasión para apoyar a Mary's Meals, diciendo a los medios de comunicación que si querían una entrevista deberían publicar algo de nuestro trabajo. En los meses siguientes, profesionales de *marketing* de grandes organizaciones benéficas, llenos de admiración, nos pedían frecuentemente que les explicáramos el secreto de cómo habíamos ingeniado este espectacular evento de redes sociales. Tuvimos que reconocer que no tenía nada que ver con nosotros. ¡Ojalá fuéramos tan inteligentes! Unos meses después, fue increíble ver a una sonriente y joven Martha viajar a Malawi con su familia para visitar una de las escuelas en las que se estaban utilizando sus fondos para dar comidas, y el hecho de que la BBC viajara con ellos para filmar un documental ayudó a que ganáramos, incluso, más benefactores.

Los niños nos estaban mostrando cómo recaudar fondos de formas increíbles, pero el vertiginoso crecimiento significaba que también necesitábamos, con urgencia, otro tipo de ayuda. Yo carecía de la experiencia necesaria para dirigir una organización grande. El número de empleados estaba creciendo en proporción a la extensión de nuestro trabajo, pero nuestro empeño en mantener los gastos generales muy bajos y nuestra convicción de que nunca deberíamos pagar salarios altos significaban que no podríamos emplear a personas que tuvieran muchos años de experiencia en alta dirección, méritos de los que nosotros carecíamos. Oramos para que Dios nos enviara nuevos colaboradores.

Acabábamos de encontrar un nuevo consejero llamado David Clayton, un antiguo socio de PwC, que más tarde pasó a ser nuestro presidente. Le invité a asistir a una reunión internacional en Medjugorje para que conociera a las personas involucradas en Mary's Meals. Aceptó inmediatamente la invitación, aunque un poco nervioso por visitar este lugar «católico» de peregrinación (David es un presbiteriano escocés). Llamó a un viejo amigo para ver si le acompañaría. Ese antiguo amigo era Jim Kennedy, quien se unió a nosotros durante la semana en Medjugorje. Justo antes de que voláramos a casa, me dijo que quería hablar conmigo. Me explicó que, recientemente, se había retirado tras una larga carrera trabajando para Hewlett Packard y Compaq, en un puesto de alta dirección, y que su intención durante la jubilación era ceder su tiempo para ayudar a alguna organización benéfica. Ahora estaba considerando que, más que ayudar a un número de organizaciones, quería dedicar su tiempo a una sola, Mary's Meals. Había escuchado a los oradores durante la semana, respetaba nuestra misión, y sabía que necesitábamos su ayuda. Menos de una semana después de nuestro regreso de esa conferencia, Jim hizo su primera visita a mi «cobertizo». Nos pusimos en la pizarra de papel para empezar a discutir prioridades. Durante los primeros meses, Jim escuchaba la mayor parte del tiempo. Tenía un enorme respeto por la manera en que estábamos haciendo las cosas. Quería ser muy cuidadoso al introducir una metodología de negocios que pudiera entrar en conflicto con nuestros valores y sistemas actuales. Tenía una mente increíblemente aguda y empezó a ayudarnos mucho con el desarrollo de un equipo de alta dirección, planificación estratégica y prácticas de trabajo sólidas. Desafiaba con firmeza mis posiciones iniciales, pero con respeto, de un modo que encontraba extremadamente útil. Todos los que teníamos posiciones de responsabilidad aprendimos cosas de él sobre la importancia del rigor y la atención a los detalles. Jim trabajó durante los siguientes cinco años como voluntario no remunerado, y tan duro como cualquier otro miembro del personal. En ocasiones, su serio comportamiento, casi feroz, se disolvía de pronto en una carcajada, sin razón aparente, mientras permanecía en pie con su pluma preparada ante la pizarra de papel.

—Cuando trabajaba para Hewlett Packard solíamos usar una frase hecha si alguien se entusiasmaba un poco y se volvía excesivamente ambicioso en su planteamiento. Les decíamos: «¡Cálmate! ¡No estamos intentando acabar con el hambre en el mundo!». ¿Y qué estoy haciendo ahora? ¡En este cobertizo, con todos vosotros, frente a esta pizarra, estoy intentando, precisamente, hacer eso! —clamaba.

De la misma manera que las aportaciones de Ruth, Milona y tantos otros, las de Jim tuvieron repercusiones duraderas en la evolución de Mary's Meals y en la forma en la que trabajamos. Mientras que Ruth desarrolló la mayor parte de nuestra comunicación y la forma particular en que expresamos lo que hacemos y Milona nos enseñó cómo deberíamos enraizar este trabajo con amor, Jim nos mostró cómo ser administradores muy efectivos con los recursos que se nos confían. A veces, a los que estamos involucrados en este trabajo, a los que creemos en la divina Providencia, nos ponen a prueba y nos preocupamos por la introducción de más planes y procedimientos y de hablar de estrategias; pero la habilidad para poder hacer estas cosas bien también puede ser un regalo de Dios. Y también lo son las personas que toman decisiones radicales en sus vidas para formar parte de esta misión.

Capítulo 10
Llegar a los parias

> La educación no es llenar un cubo, sino encender un fuego.
>
> W. B. YEATS

Algunos niños aparecieron con los primeros rayos de la aurora que subía a través de los álamos y a lo largo de la calle adoquinada. Llegaron en grupos de tres o cuatro, vestidos con sus uniformes y cargando sus mochilas escolares. A medida que se abrían camino más allá de la pequeña plantación de caña de azúcar, antes de continuar hacia el pequeño patio del colegio, algunos saludaban a sus padres, que acababan de terminar el turno de noche. Una madre intentaba, a toda prisa, alisar el cabello de su hijo con agua a las afueras de su casa de adobe, mientras él buscaba frenéticamente algo en su mochila. Finalmente lo encontró y salió corriendo al camino para alcanzar a algunos amigos que pasaban. Mientras miraba, pensaba en Julie y en mis hijos y en la rutina, tan similar, que teníamos en casa. Pero entonces pasó un caballo trotando, tirando de un carro en el que un hombre de pie, con un turbante blanco, sostenía las riendas. La mañana había empezado a desarrollarse como cualquier otra en Kuwakhera, una remota y pequeña aldea en Uttar, al norte de la India. Sin embargo, para otros, la rutina diaria no era tan feliz.

Mientras sonaba la campana de la escuela y se formaban filas de alumnos en el patio, para la reunión de la mañana, Devand, de once años, y su hermana Gemina, de diez, estaban empezando su turno de doce horas en la plantación de caña de azúcar. Eran los miembros más jóvenes de una familia de seis que estaba empleada allí al completo. En una zona despejada detrás de las viejas y desvencijadas máquinas que reducían a pulpa las cañas de azúcar para extraer el dulce jugo, ambos hermanos empezaron a extender los restos despedazados para secarlos a pleno sol y, así, transformarlos en comida para los campesinos locales. A los adultos que trabajaban en esta plantación como jornaleros eventuales se les pagaban unos 0,55 peniques por cada turno de doce horas de trabajo, mientras que la familia de seis miembros, que estaba empleada de forma permanente, recibía una suma global entre todos ellos.

Fuimos a los campos de detrás de la escuela en los que se estaba cosechando la caña de azúcar. En ellos trabajaban más niños en lugar de estar recibiendo una educación que les diese la posibilidad de escapar de la pobreza. Un joven vestido con harapos, en cuclillas entre los rastrojos y la maraña de caña cortada, estaba recolectando los tallos en haces. Estaba mugriento y tenía la cara más triste que he visto jamás. Era reticente a hablar con nosotros. Tal vez nunca antes había visto a gente con la piel blanca o, quizá, no había hablado con nadie desde hacía mucho tiempo. Pero poco a poco, sin levantar los ojos del suelo, empezó a responder a las preguntas que le hacía mi amigo indio.

Nos dijo que su nombre era Kailu y que tenía catorce años. Procedía de una pequeña aldea en los bosques de Bihar.

—Teníamos elefantes y comíamos venados del bosque —nos susurró cuando le preguntamos sobre su aldea.

Poco a poco empezó a sentirse más confiado, incluso para alzar los ojos y mirarnos.

—Creo que llevo aquí unos seis meses. Un «contratista» fue a nuestra aldea y reclutó a doscientos niños. Nos metieron en un tren. Me trajeron a este pueblo donde un hacendado pagó al contratista quince libras por mí. Dijo que deduciría este importe de mi sueldo. No me ha pagado nada desde que estoy aquí.

Ahora ya parecía contento de responder a nuestras preguntas.

—Me levanto a las siete de la mañana y me acuesto a medianoche. No he tenido ningún día libre desde que llegué aquí. Una vez que he terminado en los campos, hago las tareas domésticas y limpio los establos de la vaca. Soy afortunado porque mi amo nunca me pega ni abusa de mí. Me dan dos comidas al día. No me permiten entrar en la cocina, así que me las como solo. No tengo nada más aparte de esta ropa que llevo.

Miré su vieja camiseta, sus tejanos rotos por las rodillas y sus pobres chancletas.

—¿Conoces a alguien más aquí?

—¿Saben tus padres cómo es tu vida aquí?

—¿Volverás a casa?

—No conozco a nadie.

Volvió a mirar hacia la escuela al borde de los campos donde podíamos escuchar la risa de los niños.

—No, no estoy en contacto con ellos. No sé escribir y ellos tampoco. Nuestra aldea es muy pobre, esa es la razón por la que me han enviado fuera para trabajar. Solo vi un teléfono en una ocasión, en la estación del ferrocarril, cuando bajé del tren. Algunas veces, cuando pienso en mis padres y en mi vida aquí, me siento y lloro.

Volvió a mirar al suelo de nuevo.

—Sí. Al cabo de un año, en la fiesta de Holi, recibiré mi sueldo de un año. Me iré a casa y nunca más regresaré aquí —contestó.

Ahora Kailu miraba ansiosamente a través de los campos hacia las casas, preocupado de que su amo viniera y le viera hablando con nosotros. Nos marchamos. Mientras caminábamos por el cañaveral le pregunté a mi compañero, el padre Joson, si creía que Kailu recibiría alguna vez algo de dinero por su trabajo y si sabría siquiera cómo regresar a casa si lo hiciera. Sacudió la cabeza con tristeza a ambas cuestiones. Me preguntaba si sus padres hubieran tomado las mismas decisiones de haber servido las comidas de Mary's Meals en una escuela de la aldea de Kailu.

Era el año 2004 y estaba haciendo mi primera visita a la India. Me habían presentado al padre Joson el año anterior, cuando él estaba trabajando durante algunos meses en una parroquia de Glasgow. Provenía de Kerala y había recibido formación como abogado y sacerdote. Me había hablado de su trabajo en la India con la Sociedad de Servicio Social Pragati, una organización que se había creado para servir a los pobres y marginados. Trabajaban principalmente con los parias, que constituyen más del quince por ciento de la población y se los considera «intocables» por el sistema de castas de la India.

Aunque ahora la discriminación por la casta era ilegal en la India, este sistema, que había evolucionado a lo largo de miles de años, todavía prevalecía en todos los aspectos de la vida en las zonas rurales. El tipo de trabajo que tenías, la gente con la que te relacionabas, tu acceso a la fuente de la aldea, todas estas cosas dependían de la casta en la que habías nacido. Los parias continuaban siendo oprimidos, esclavizados y humillados porque llevaban a cabo las tareas que nadie más en la sociedad quería hacer. Revolvían con las manos desnudas entre la basura, comían los desperdicios de los demás y trabajaban como «animales de carga», acarreando pesados fardos. Muy a menudo se convertían en trabajadores en régimen de servidumbre. («En régimen de servidumbre» se refiere a aquellos que han contraído deudas con un terrateniente, que se las descuenta del pago de sus salarios, y para quien están obligados a trabajar hasta que la deuda quede completamente saldada. Estos terratenientes normalmente cargan un interés extremadamente alto y, cuando el trabajador muere, la deuda pendiente pasa a sus hijos, que, por tanto, quedan unidos al propietario de la misma manera.)

El padre Joson me impresionó por su planteamiento tan serio, cuidadosamente pensado, sobre el desarrollo en la India y por su evidente amor a los afligidos parias. La Sociedad de Servicios Sociales Pragati (PSSS) concentraba la mayor parte de sus esfuerzos en la formación de grupos de autoayuda en las aldeas y barrios marginales con el objetivo principal de emancipar a mujeres y niñas en esas comunidades. Estos grupos de autoayuda ponían en marcha iniciativas para agrupar sus ahorros y otorgar préstamos con el fin de evitar que las personas cayeran en deudas inaceptables, entre otras cosas. También dirigían *balwadies* (guarderías) encaminadas a fomentar la educación de los niños. Fue en esos *balwadies* donde empezamos a trabajar con la PSSS (Pragati Social Services Society) en el año 2004 para servir las comidas de Mary's Meals a los chiquillos más pobres. También comenzamos, al poco tiempo, a dar comidas en las pequeñas escuelas «informales», puestas en marcha por la PSSS en barrios marginales y aldeas, de manera que los niños trabajadores pudieran, por primera vez, beneficiarse de una educación. Cinco años después, en noviembre de 2009, viajé de nuevo en tren al norte de la India con el padre Joson para volver a visitar esas escuelas informales y para ayudar a planificar el apoyo a otras nuevas.

En una aldea en Haryana visitamos un pequeño grupo de casas hechas de plástico y cartón en un lugar conocido como Barriada Sector 7. Es posible que las personas que vivían allí nunca le hubieran dado un nombre adecuado porque no tenían derechos legales y podían ser desahuciados en cualquier momento por los promotores. Esto ya les había pasado hacía cuatro años y, ahora, existían bonitas casas nuevas en el lugar en el que antes habían vivido en chozas. Entre sus ruinosas viviendas, en un pedazo de tierra baldía, se había suspendido una lona impermeable sobre cuatro postes bajo la que un maestro estaba enseñando a un pequeño grupo de niños el alfabeto hindi. A su alrededor, los curiosos padres miraban. Biba, de diez años, llegó tarde con su hermanita. Había estado trabajando toda la mañana en una de las «casas de la gente rica», nos explicó. Regresaría allí esa tarde para continuar sus tareas, pero mientras su madre seguía trabajando, ella cuidaba de su hermana pequeña. Me fijé en una mujer joven, de pie cerca de nosotros, paralizada por la visión de su hijo aprendiendo a leer y escribir. Le pregunté si nunca había pensado en enviar a su hija a la escuela. Me miró como si yo estuviera loco y, finalmente, contestó:

—¿Por qué debería haberlo hecho? Somos pobres.

El maestro estaba haciendo un trabajo admirable para mantener el orden bajo la lona impermeable, dado que para estos niños estarse quietos recitando el alfabeto durante horas era una experiencia nueva. De repente, sin embargo, los niños dieron un brinco, gritaron de entusiasmo y, a pesar de las protestas del maestro, salieron corriendo por el camino que conduce a la carretera principal. Finalmente, me di cuenta de que habían «volado» al encuentro de su almuerzo, que llegaba en unas ollas metálicas transportadas en un *rickshaw* a pedales (la comida se cocinaba en un orfanato cercano). Tan pronto como les sirvieron el arroz, la salsa de verduras y los *chapattis*,[16] regresaron y se sentaron en filas ordenadas. Me fijé en que, antes incluso de que nuestra amiga Biba empezara a comer, arrancaba pedacitos de su *chapatti* para dar a su balbuceante hermanita. Se hizo un gran silencio mientras muchas manos pequeñas recogían hasta el último bocado de la comida que les habían servido. Antes de que las clases se reanudaran advertí, por el rabillo del ojo, que uno de los padres que había estado mirando antes se había sentado con su hijo y estaba copiando laboriosamente en su libro de texto las letras del alfabeto: sus primeros intentos de escribir al amparo de la orgullosa mirada de su joven hijo.

Cuando llegamos a otro centro en Ghaziabad, cerca de Delhi, una dama hindú de casta alta y una monja católica estaban intentando enseñar el alfabeto a una treintena de niños musulmanes, hacinados en una pequeña habitación oscura. Tres religiones del mundo se habían unido, en una nación marcada por amargas divisiones sectarias, en su deseo de ver a los niños famélicos alimentados y alfabetizados. Habíamos abierto recientemente este centro al que los niños acudían directamente desde sus trabajos como traperos, algunas veces con enormes sacos de basura putrefacta sobre sus hombros, atraídos por la comida caliente que ofrecíamos. Algunos de los chiquillos de la pequeña clase eran artistas callejeros y encantadores de monos y, durante un rato, nos mostraron sus trucos. Saroja, de diez años, llegó con una amplia sonrisa y explicó que había estado trabajando en la basura «desde antes de que el sol saliera esta mañana». Su amiga Moni nos dijo que cuidaba las cabras de su familia y explicó cómo un hombre en una motocicleta le había robado una el día anterior.

16. *Chapatti* es un pan de forma achatada, sin levadura. [*Nota del traductor*.]

—Grité, pero nadie vino a ayudarme —dijo con indignación.

Desde allí viajamos hasta el campo de Uttar Pradesh. Conforme avanzábamos, pasábamos junto a más niños trabajando entre las cañas de azúcar. Nos dieron la bienvenida en una pequeña aldea de chozas de barro que había sido el hogar de una comunidad de refugiados de Bangladesh durante cuarenta años. La aldea se inundaba cada año. Toda la comunidad había tenido que vivir durante un mes, el año anterior, en el dique de un canal cercano hasta que bajaron las aguas. Les pregunté si alguna vez habían pensado en trasladarse y, como respuesta, me replicaron:

—¿Adónde podríamos ir?

No tenían electricidad y una bomba de mano daba servicio a toda la aldea. Nuestro pequeño centro estaba operando bajo el techo de paja de un cobertizo adosado a la casa de alguien. Los niños se sentaban en un círculo en el patio del pueblo. Comenzó a llover suavemente mientras les servían la comida. Chitaranjan Khan, uno de los ancianos, quien todavía recordaba la vida en Bangladesh antes de su huida, me dijo orgullosamente que sus tres hijas «se habían ganado sus alas» en nuestro pequeño centro y que ahora habían pasado a escuelas normales próximas.

En la cercana Vagra, se enseñaba a los niños bajo un inmenso y viejo árbol en el centro de la aldea. Dos búfalos de agua contemplaban la escena con interés y, mientras yo charlaba con el maestro, uno de sus alumnos levantó la mano educadamente para informarnos de que una cabra se estaba comiendo el alfabeto detrás de nosotros. Las condiciones no eran ideales para la enseñanza, pero el maestro estaba encantado con el progreso de sus treinta y un alumnos hindúes.

La luz se estaba desvaneciendo rápidamente cuando el padre Joson y yo llegamos a la colonia Kear, un suburbio pequeño a las afueras de Karnal, dos horas al norte de Delhi. Allí vivían diecinueve familias en tiendas provisionales de lona y plástico levantadas entre enormes montones de basura. Fuera de las tiendas, la gente cocinaba la cena sobre fuegos de estiércol de vaca, mientras unos chicos jugaban al *cricket* en un espacio entre ellas. A la sombra de una prominente pared de ladrillo dos ancianas examinaban cuidadosamente pedazos de papel, botellas de plástico y una variedad infinita de otros residuos, amontonando pacientemente los objetos que podían vender. Todo el mundo de esta comunidad desempeñaba un papel en este proceso de reciclaje del que dependía su subsistencia. Mientras observaba, dos hombres llegaron con sus *rickshaws* (carritos de tres ruedas con pedales) en los que cargaban enormes sacos de basura sin clasificar. La habían recogido de las calles y de los contenedores alrededor de Karnal y la incorporaban a las pilas que debían ser clasificadas.

Una familia nos invitó a sentarnos con ellos cerca de una de sus tiendas para compartir su *chai* (té dulce y lechoso) y escuchar su historia. Cerca de veinte años atrás habían dejado sus hogares en Chattishaghar, un estado situado a 1.120 kilómetros al sureste, cuando la sequía y la falta de trabajo remunerado los había obligado a trasladarse para sobrevivir. Los hombres dedicaban todo el día a recoger basura en un *rickshaw*, no obstante me explicaron que ninguno de ellos había podido ahorrar lo suficiente para comprar el suyo propio (cuesta alrededor de sesenta libras); en lugar de eso, tenían que alquilarlos diariamente. En un día malo el valor de la basura que recogían no cubría ni siquiera el coste del alquiler, y, además, también tenían que pagar al propietario del terreno por el derecho a plantar sus tiendas allí. Cada día era una lucha desesperada por la supervivencia. Ninguno de los cincuenta y cinco niños de la colonia había ido jamás al colegio. Hablamos de montar allí una escuela al aire libre y proporcionar las comidas de Mary's Meals para que sus hijos pudieran asistir a clase. Había mucho alborozo por la idea. Ya había caído la noche y nos rellenaron las tazas. Un joven sostenía una pequeña lámpara casera de queroseno cerca de mí para que pudiera tomar notas y, juntos, elaborar un plan, mientras el inmenso sol naranja empezaba a ponerse detrás de las montañas de basura en las que las dos mujeres seguían trabajando.

Finalmente visitamos Somalaka, donde habíamos abierto una de esas primeras escuelas «informales» hacía cinco años. La mayoría de los niños eran sijs, pertenecían a una casta que fabricaba y arreglaba llaves. Ninguno había pensado jamás en la posibilidad de ir a la escuela antes de que abriera el centro. Los niños, con sus turbantes, se sentaban pacíficamente en fila; la diferencia en su comportamiento respecto de los ruidosos chiquillos de los nuevos centros que acabábamos de visitar era impresionante. El almuerzo se retrasó un poco y, mientras esperábamos al padre Joson, les preguntamos si se disgustarían si la comida no llegara. Un niño pequeño lo pensó por un instante antes de decir solemnemente:

—No, disgustados no. Pero nos quedaremos con hambre.

Antes de marcharnos, la maestra nos dio unas noticias asombrosas. Explicó que, de las cuarenta niñas que habían estado estudiando allí durante cinco años, veinticinco habían avanzado a la educación formal. Cinco de esas niñas, ahora adolescentes, habían regresado hoy al centro; después de ayudar a servir la comida a los más pequeños, nos cantaron una canción, ofreciéndonos una «calurosa bienvenida», y nos dijeron que en sus corazones habían «sentido amor como una montaña y paz como un río».

Más que nunca, el sorprendente poder de una comida diaria servida en el centro educativo se hizo evidente en estas comunidades oprimidas de la India, en las que la gente jamás pensaría que sus hijos pudieran ir a la escuela.

Y así seguimos, conociendo todo tipo de comunidades en todo tipo de países, analizando la posibilidad de que ellos sirvieran las comidas de Mary's Meals a sus niños empobrecidos. Empezamos a trabajar con el pueblo seminómada turkana, en las tierras desérticas del norte de Kenia, en un paisaje que me abrumaba por su aterradora escala y la belleza remota, entre un pueblo cuyas vidas dependían de sus rebaños de vacas, cabras, burros y camellos. La desnutrición endémica era propia de la vida de los turkana. Una encuesta del gobierno, justo antes de mi primera visita, reveló que de cada mil bebés nacidos en Turkana, 159 morían casi inmediatamente. Los chiquillos empezaron a tomar sus comidas diarias, servidas por mujeres cuyos cuellos estaban estirados con cuentas de colores, en las pequeñas guarderías con techo de paja. El cambio climático estaba haciendo insostenible su tradicional forma de vida y muchos turkana necesitaban encontrar otro modo de subsistencia y de mantenimiento de sus familias. La educación de sus hijos, empezando por los más jóvenes, era más importante que nunca.

Entretanto, a unos 650 kilómetros más al sur, aún en Kenia, empezamos a servir comidas en los barrios marginales urbanos alrededor de Nairobi y Eldoret, donde muchos niños que antes vivían en las calles e inhalaban pegamento para evitar las punzadas del hambre comenzaron a venir a la escuela atraídos por la promesa de una buena comida.

En la vecina Uganda también nos encontramos con críos que soportaban un sufrimiento muy acusado y específico. Allí suministrábamos comidas para los niños que habían sido forzados a huir de las atrocidades del infame Ejército de Resistencia del Señor (LRA)[17] de Joseph Kony. Una tarde de 2005, en un lugar llamado Layibi, visité algunos de los que se habían convertido en «caminantes nocturnos», en las afueras de Gulu. Llegamos por la noche y nuestros faros se reflejaron en las puertas del recinto de la iglesia, que se abrieron cuando nos acercamos. Dentro de un minúsculo patio estaban acurrucados, en apretadas filas, cientos de niños pequeños y algunos adultos. Nos miraron fijamente en un extraño silencio. Estaban envueltos en mantas alrededor de sus hombros. Algunos de los más pequeños ya se habían dormido, hechos un ovillo entre sus hermanos y hermanas mayores. Tuvimos algunas conversaciones en voz baja y luego, un poco más tarde, antes de que entraran en la iglesia que les proporcionaba seguridad para la noche, rezaron juntos y cantaron una canción a Nuestra Señora. Su ritmo tranquilo se elevó a través de la silenciosa noche como el susurro del viento a través de los árboles. Entonces, los niños mayores zarandearon a sus hermanos pequeños para despertarlos y los ayudaron a caminar con sus mantas y esteras enrolladas hacia el templo. Una vez dentro, se acostaron en filas junto a los bancos que habían sido apilados a un lado. Formaban parte de los 40.000 caminantes nocturnos, que, cada noche, dejaban sus hogares para buscar la seguridad en el centro de pueblos como Gulu. Quedarse en casa habría significado correr el riesgo, muy real, de que el Ejército de Resistencia del Señor los secuestrara. Cerca de un millón y medio de personas habían sido forzadas a abandonar sus hogares y estaban viviendo en inmensos campos de desplazados en terribles condiciones. Muchas de esas

17. En inglés, Lord's Resistance Army. [*Nota del traductor.*]

personas se dirigían ahora hacia el sur, a Kampala, para empezar una nueva vida lejos del terror, en un lugar en el que sus hijos pudieran ir a la escuela, y en algunas de esas escuelas estábamos suministrando las comidas de Mary's Meals.

Al día siguiente, en Kampala, visité un lugar llamado Kireka, a las afueras de la capital. Allí, hombres, mujeres y niños pasaban sus días excavando en canteras de grava para sobrevivir. Un humo negro ascendía de una hendidura en la roca de la escarpada ladera. Los hombres machacaban con sus martillos grandes trozos de piedra quemada y se los llevaban a cientos de mujeres y niños sentados en la colina, más abajo, en bidones de plástico adaptados. Con unos pequeños martillos caseros —pedazos de plomo unidos a un áspero palo— pasaban sus días rompiendo los pedazos de roca en trozos más pequeños. Por toda la colina llegaba el sonido del plomo resquebrajando la roca mientras flotaba sobre nosotros el sonido de un coro que practicaba sus himnos en una pequeña iglesia aferrada a la cima del risco más alto. Me acerqué a un grupo de madres jóvenes con sus hijos, sentadas martillando entre montones de rocas polvorientas. Cuando las saludé me invitaron a que intentase romper una roca. Empecé a golpear mientras hablaba con ellas sintiendo las afiladas esquirlas en mi rostro, y me preguntaba cómo podían hacer esto durante todo el día sin perder la vista. Me dijeron que casi todos eran acholi del norte, aunque algunos eran refugiados sudaneses. Les pagaban tres peniques por cada bidón pequeño de gravilla, y producían cerca de ochenta por semana. La mayoría de sus hijos acudían a la escuela primaria cercana en la que acabábamos de empezar a suministrar las comidas de Mary's Meals, y así, por lo menos, recibían una buena comida diaria. Allí había menos niños trabajando ahora, aunque todavía eran demasiados, como los tres huérfanos que me señalaron que estaban trabajando allí cerca, junto a su anciana abuela, a la sombra de una sobresaliente pared de piedra. Una de las mujeres, llamada Stella, me dijo que había estado a punto de morir recientemente. Había quedado atrapada bajo un desprendimiento de rocas; estuvo gritando hasta que otros trabajadores corrieron para sacarla. Segundos después de liberarla, una roca «del tamaño de un autobús» cayó del acantilado aterrizando exactamente en el lugar en que ella había estado. Aun así, todos estaban de acuerdo en que incluso esto era mejor que la vida en los campamentos. Entonces se echaron a reír al advertir una gotita de sangre en mi dedo y, bromeando sobre mis suaves manos blancas, me quitaron el martillo antes de que me hiciera más daño.

—La vida aquí es muy dura —dijo Stella poniéndose seria de nuevo—. Pero ahora, por lo menos, podemos autoabastecernos en lugar de sobrevivir de las limosnas de los campamentos.

Ese era uno de los errores más comunes, o prejuicios, que encontraba cuando recaudábamos fondos: que África no estaba progresando porque había una cultura de limosna, por lo que la gente prefería no hacer nada y esperar la ayuda. Según mi experiencia personal, rara vez este era el caso. No he conocido en ningún sitio gente tan trabajadora como algunos agricultores con los que he estado un tiempo en Liberia, o aquellos que estaban ocupados todo el día en Delhi por una mísera paga para alimentar a sus familias, o gente como Stella, que trabajaba en esa cantera para sobrevivir. Y la mayoría de ellos tenían un ardiente deseo de ser libres, de abandonar su dependencia de la ayuda. Esa es la razón por la que aquellos padres que me encontraba viviendo en la pobreza anhelaban de manera constante que sus hijos recibieran una educación, porque sabían, en última instancia, que esta era la forma por la que sus hijos podrían llegar a ser independientes y estaban dispuestos a hacer extraordinarios sacrificios para que fuera posible.

Quién sabe si alguno de nosotros, por muy trabajador que sea, pueda llegar a necesitar alguna ayuda. Sin duda alguna, eran muchos los que, viviendo en la costa sur de la India, Sri Lanka e Indonesia, nunca habían necesitado ayuda hasta que, durante unos momentos terribles del Día de San Esteban en el año 2005, sus vidas se arruinaron. En las primeras horas de la mañana, frente a la costa oeste de Sumatra, bajo el lecho del océano, la placa india se deslizó bajo la placa de Birmania provocando el tercer mayor terremoto jamás registrado. La serie de olas tsunami que se produjo mató a cerca de 230.000 personas en catorce países alrededor del océano Índico. Fue uno de los peores desastres naturales que jamás se haya conocido. Incluso antes de que la magnitud de la tragedia pudiera ser entendida, el mundo ya se había despertado brutalmente impactado por la noticia en esa mañana de San Esteban. Ese mismo día, horas más tarde, el padre Joson me llamó para explicarme que el litoral de Tamil Nadu, al sudeste de la India, había sido devastado, y que él y sus colaboradores estaban intentando suministrar ayuda de emergencia inmediata; de hecho, algunos de sus colegas que vivían cerca de las áreas afectadas ya habían empezado a ayudar. Pedía encarecidamente que Mary's Meals recaudara fondos y que yo viajara a reunirme con él para ayudarle a preparar un plan de intervención. Mis primeras reacciones fueron egoístas. Estaba aguardando con impaciencia la llegada de mis vacaciones de Navidad en familia porque había estado viajando mucho. En un primer momento le dije a Julie que no me parecía justo tener que irme. Ella estaba convencida de lo contrario. Me dijo que debía estar con nuestros amigos en la India, y que debía hacerles una rápida visita inmediatamente para que pudiéramos poner en marcha un llamamiento público en busca de ayuda, con un plan de acción concreto que pudieran apoyar. Desde que Julie y yo habíamos llevado la ayuda de emergencia a Bosnia-Herzegovina durante la guerra, habíamos sido cautelosos para no apresurarnos a involucrarnos en todas las emergencias que aparecían en las noticias. Ya comprobamos que en esas circunstancias, y otros también, algunas organizaciones de caridad utilizaban este tipo de desastres para enarbolar su pabellón y recaudar mucho dinero, sin que necesariamente esas zonas fueran los mejores lugares o estuvieran bien equipados para satisfacer las necesidades específicas. Por tanto, habíamos creado una política por la que solo responderíamos e iniciaríamos llamamientos de emergencia si ya estábamos trabajando en el país en el que había ocurrido el desastre y creíamos que teníamos la capacidad para prestar una respuesta bien diseñada y precisa. En caso contrario, sugeriríamos que hicieran sus donativos a otras organizaciones mejor preparadas. En esta ocasión, debido a que nuestro socio en la India, la PSSS, ya estaba en la zona y tenía años de experiencia trabajando con esas comunidades, estábamos convencidos de que debíamos actuar.

Así fue como, unos días después de que la ola mortal hubiera golpeado, me encontré de nuevo viajando con el padre Joson, esta vez hacia el sur, desde Chennai, en dirección a algunas aldeas del litoral Tamil Nadu. La pequeña aldea pesquera de Arriyanattu, a las afueras de Nagapattinam, seguro que había sido alguna vez como una postal. Con sus cabañas de paja entre palmeras, al borde de una playa de arena salpicada de coloridas embarcaciones pesqueras, tenía todos los ingredientes. En el plazo de unas pocas horas terribles, esa imagen idílica había sido machacada y devastada por una enorme ola que emergió del reluciente mar sin previo aviso. Cuando llegamos, nada era como debía haber sido, o nada estaba donde debía haber estado. En la parte superior de la playa, en el lecho arenoso donde había estado la estación del ferrocarril, un gran barco pesquero de madera yacía junto a las vías. La fila de casas más cercanas al mar había sido reemplazada por una maraña pulverizada de barcos destrozados, ladrillos, vasos de plástico, motores fueraborda, redes de pesca, mochilas escolares, libros, tocones de árboles y restos humanos. El hedor que había empezado a invadir nuestras pituitarias se percibía incluso algunos kilómetros tierra adentro. Ahora, mientras nos acercábamos a la aldea, se estaba haciendo insoportable. En medio de estos escombros había un joven sentado llorando sobre lo que había sido su casa. Empezamos a hablar con él. Su nombre era Kennedy Raj y nos dijo que había perdido a su padre y que todavía no habían encontrado su cuerpo.

Detrás de él, un equipo de voluntarios, con máscara sobre sus bocas y narices, estaba trabajando para limpiar el desastre y recuperar los cuerpos. Estaban usando sus JCB[18] con cautela. Durante la mañana habían encontrado cien cuerpos. Mientras sacaban los restos de una mujer joven de debajo de una casa reventada, su hermano Thennarson y su mujer Malathi se sentaron cerca de allí llorando en silencio. Para ellos, sin embargo, el horror no había hecho más que empezar. En la siguiente hora se encontraron los cuerpos de sus hijos. Los voluntarios cubrieron sus restos con polvo blanco desinfectante y se los llevaron en una camilla. Malathi se puso histérica. Le gritó al mar y al cielo. Empezó a golpearse a sí misma hasta quedar tendida en la playa llorando. Se le unieron otras madres, sosteniéndose las unas a las otras y, por turnos, arañaban la arena y gritaban cuando depositaban a sus

18. Excavadoras de marca JCB, fabricadas por la empresa de origen inglés J. C. Bamford Excavators Ltd. [*Nota del traductor.*]

seres queridos al lado de un enorme agujero que la JCB había excavado en la playa, para convertirlo en su lugar de descanso final. Aquí y allá, en medio de la carnicería, la gente se sentaba en los lugares donde habían estado sus hogares, y se quedaban mirando fijamente al océano. Tres chicos jóvenes estaban encaramados en un árbol caído, apretando sus bocas y narices con pañuelos y viendo con resignación y horror como la JCB se abría camino a través de los restos de su aldea.

Encontramos a la mayoría de los supervivientes de Ariyanattu a unos cuantos kilómetros, en un templo hindú llamado Nilathachi Amman. Cuando salieron huyendo de su aldea corrieron hasta allí y, desde entonces, habían dormido en el patio cerrado por las paredes del templo. Se había colgado un tendedero entre los redondos pilares antiguos, ricamente decorados, a los que miraban a hurtadillas unos sonrientes niños pequeños, aparentemente ajenos al horror por el que acababan de pasar. A medida que el resplandeciente sol de la tarde se escondía detrás de las paredes, unos cuantos chicos jugaban al *cricket* en una polvorienta esquina mientras que tres mujeres estaban sentadas acurrucadas juntas en unos escalones de piedra. Eran tres generaciones de una familia en la que las dos más jóvenes habían perdido hijos en el tsunami. Empezaron a hablarme de sus condiciones de vida allí, en el templo, explicando que necesitaban desesperadamente leche en polvo para alguno de los bebés. De pronto, la abuela gritó y empezó a llorar. Las otras dos la abrazaron estrechamente y, juntas, se balancearon hacia delante y atrás sollozando.

—¡Si el gobierno nos hubiera advertido, esto no habría ocurrido! —dijo una mujer tras ellos. Señaló a la pared de treinta pies de altura del templo—. La ola era de esa altura.

Un grupo de niños se reunió alrededor nuestro y empezaron a contarnos sus historias de fuga. Algunos se habían subido a las tambaleantes palmeras hasta que descendió el agua. Una niña pequeña me dijo que estaba viendo la televisión cuando oyó el extraño ruido y vio el agua aparecer. Corrió todo lo que pudo y consiguió escapar por poco.

—Pero he perdido a mi hermano —dijo.

—Sí, le hemos estado buscando por todas partes —me dijo su amiga.

Junto a ellos había un joven ciego con un bebé muy pequeño. Nos explicaron que había perdido a su mujer y a sus otros dos hijos. El bebé había sido encontrado indemne por los vecinos, flotando milagrosamente entre los escombros. Me pregunté quién ayudaría a este ciego a cuidar de su hijo.

Pregunté a sus madres cuándo pensaban que debían regresar a Ariyanattu (sin explicarles los horrores de los que habíamos sido testigos allí esa mañana).

—Aquí recibimos algo de alimento y cuidados médicos. ¿Qué sacaríamos con volver allí? ¡Solo barro! —contestó una mujer del grupo.

—Sin embargo, nos sentimos desamparados —dijo otra voz.

—No podemos quedarnos aquí durmiendo a la intemperie de esta manera, pero no tenemos nada... No nos ha quedado nada. Todo lo que conocemos es la pesca, pero... —se le fue la voz y se sintió avergonzada—. Ahora nos da miedo ir cerca del mar.

Al día siguiente, de vuelta en Chennai, analizamos con nuestros amigos de la PSSS cómo podríamos ayudar de la mejor manera.

Decidimos concentrar nuestros esfuerzos en la ciudad de Ariyanattu, empezando por las necesidades inmediatas de aquellos que habían perdido sus hogares, sus medios de vida y sus seres queridos, mientras evaluábamos cómo ayudarlos a recuperarse. Suministramos los fondos para dos enfermeras que tenían relación con la PSSS, para que vivieran entre las personas sin hogar de Naggapattinam durante algunas semanas. Ellas podrían ayudar a la gente en sus necesidades diarias y llevar a cabo una evaluación de cómo podríamos contribuir a dar los primeros pasos hacia la recuperación.

Nuestra reunión de planificación terminó pasadas las diez de la noche. El padre Amil, un sacerdote local que había estado trabajando sin descanso desde que la ola golpeó, anunció que salía para cargar otro camión de arroz para un pueblo costero. Le pregunté dónde estaban comprando el cereal y me explicó que no lo estaban comprando. Había salido a las calles con un altavoz pidiendo arroz a la gente. Cientos de personas estaban respondiendo aportando toneladas de este alimento, incluso los niños en edad escolar aparecían con pequeñas tazas de arroz. La gente de la India necesitaba desesperadamente ayuda de otras personas en otros países, habida cuenta del desastre sin precedentes, pero, ciertamente, no estaban esperando a que llegara la ayuda de Occidente. La generosidad era un atisbo de esperanza a la que me aferraba en medio de los horrores de esos días; así como lo era el apoyo que empezó a llegar de todo el mundo en respuesta a nuestro último llamamiento. Esto nos permitió, durante el año siguiente, proporcionar servicios sanitarios y refugios temporales y reemplazar las barcas de pesca para que esta gente pudiera, de nuevo, salir a la mar para ganarse la vida.

Ser testigo del horror de Ariyanattu fue traumático. Aunque habíamos venido para ayudar, y así lo hicimos durante los siguientes meses, me sentí como un intruso en su inimaginable tristeza. Al igual que otras personas que habían venido a colaborar, tomé fotografías. Pero más tarde, cuando las miraba, me sentía avergonzado de que, mientras la gente gritaba por sus seres queridos, yo había estado allí haciendo fotos. Decidí entonces que, a veces, aunque sabía que las imágenes eran esenciales en la recaudación de los fondos necesarios, era mejor dejar la cámara en el bolsillo.

Tras ese día infernal en la aldea, después de ver más de un centenar de cuerpos enterrados en el agujero abierto en la playa sin que nadie pudiera identificarlos ni siquiera contarlos, nos dirigimos hacia el sur. Llegamos agotados a un insólito lugar llamado Velankanni, un amplio santuario con iglesias y enormes basílicas. Era como una versión india de Lourdes. No me lo podía creer. El padre Joson explicó que allí había una tradición por la que, en algún momento del siglo XVI, Nuestra Señora con su hijo pequeño se le había aparecido a un niño hindú de casta inferior que llevaba leche a la casa de un cliente. Ella le pidió un poco de leche para su hijo y él se la dio. Al llegar a la casa del cliente, el muchacho, preocupado, se disculpó por su tardanza y trató de explicar la reducida cantidad de leche contando el incidente que le había ocurrido en su camino. Tan pronto como lo hizo, la vasija de leche se llenó y comenzó a rebosar. El hombre, otro hindú, se dio cuenta de que algo milagroso había ocurrido y acompañó al niño de vuelta por el camino, donde él también vio a Nuestra Señora. Otros muchos milagros empezaron a ocurrir allí en los años siguientes, el más famoso fue el salvamento de unos marineros portugueses cuyo barco se estaba hundiendo en una violenta tormenta en esa costa y que, después de rezar a la Virgen, encallaron sin peligro en ese mismo lugar. Tan convencidos estaban de que un milagro los había librado de ahogarse que construyeron una capilla en honor a la Virgen María. Esa es la razón por la que allí, cristianos e hindúes por igual, veneran a Arokia Matha, la madre de la buena salud. Cada año se reúnen más de un millón de peregrinos en Velankanni para celebrar su fiesta y cada año se comunican cientos de curaciones milagrosas.

El sueño tardaba en llegar esa noche, a pesar del cansancio. Recé a la Virgen para que intercediera por aquellos que estaban sufriendo por una tormenta mucho peor que la que había afligido a esos portugueses y que, de la misma manera en que había usado el pequeño ofrecimiento de leche, pudiera, también, usar nuestros pequeños actos de bondad para hacer con ellos algo bonito.

Capítulo 11
Amigos en las alturas

> No es lo que damos, sino lo que compartimos, pues el don sin el donante está vacío.
>
> JAMES RUSSELL LOWELL

Lucy MacDonald, que fue mi asistente personal durante varios años, tenía una habilidad maravillosa para darme mensajes de formas muy divertidas. Su mesa estaba en el «nuevo cobertizo» al lado del mío. Normalmente podía transferir las llamadas entrantes directamente a mi teléfono; pero, a veces, si surgía algo urgente cuando yo estaba comunicando, encontraba otras formas de hacérmelo saber. Un día, en 2010, cuando estaba enfrascado en una conversación telefónica, eché un vistazo por la ventana encima de mi escritorio y vi a Lucy, allí de pie con una gran sonrisa, sosteniendo un pedazo de cartón en el que había escrito con un rotulador grueso: «el papa quiere conocerte; la reina también estará allí».

El papa Benedicto estaba a punto de hacer una visita de estado histórica al Reino Unido; la reina iba a recibirle al inicio de su viaje en el palacio de Holyrood, en Edimburgo. Estaba contentísimo de ser uno de los invitados a la histórica reunión. También resultó un día muy especial para Mary's Meals porque la Iglesia católica de Escocia nos había invitado a estar presentes en las calles de Edimburgo, entre la multitud, con el fin de dar a conocer nuestro trabajo y recoger donaciones. Llegaron muchos voluntarios de todas partes de Escocia, Irlanda e Inglaterra para ayudarnos ese día. En una brillante y soleada mañana, con los ojos del mundo mirando cómo el papamóvil hacía su camino por Princes Street, las camisetas azules de Mary's Meals eran visibles por todas partes entre la multitud.

Yo había conocido a la reina Isabel anteriormente. Alrededor de un año antes, alguien del palacio de Buckingham me había llamado para decirme que la reina deseaba invitarme a comer. No estaba seguro de si alguno de mis amigos me estaba gastando una broma hasta que recibí una invitación por escrito algunos días más tarde. Unas semanas después, aparecí en la puerta principal del palacio de Buckingham y me acerqué a uno de los guardias, con su uniforme rojo y enorme sombrero de piel de oso, mostrándole mi carta de invitación. Me hizo pasar junto a otros diez invitados y, al poco rato, me presentaron a la reina y al duque de Edimburgo. La reina me sorprendió por estar tan bien informada sobre nuestro trabajo. Mostraba un entrañable y sincero interés por Liberia y nuestra misión allí, y compartió algunos recuerdos vivos y divertidos de una visita que había hecho algunos años atrás. Durante el almuerzo estuve sentado al lado de la famosa actriz Joana Lumley. Fue increíblemente cortés y amable conmigo al darse cuenta de que tenía algunas dificultades con el orden correcto de los múltiples cubiertos que había frente a mí. De vez en cuando, me daba un discreto codazo y una pequeña indicación. Todavía no sé por qué me invitaron. Miré a los otros nueve comensales sentados a la mesa y no pude encontrar nada que tuviéramos en común. Después le pregunté a uno de los ayudantes cuál había sido el propósito del almuerzo, y dijo:

—No hay ninguna razón en absoluto, aparte del hecho de que a la reina y al duque de Edimburgo les gusta, de vez en cuando, invitar a comer con ellos a la gente.

Más tarde, mi madre y Julie estaban ansiosas por saber en qué había consistido el almuerzo, pero no podía recordar un solo plato del menú. No tengo dudas de que estuviera delicioso, pero debía de estar tan nervioso que fue un completo desperdicio. Desde entonces, siempre que he sido invitado a hacer algo en un entorno social que me pone muy nervioso, me recuerdo a mí mismo aquel almuerzo y me digo que ahora ya debería ser capaz de tomarme las cosas con calma.

Continuábamos recibiendo todo tipo de invitaciones maravillosas para reunirnos y hablar con grupos de personas interesadas por todo el mundo. Empezó a ser muy complicado saber cómo habían llegado esas invitaciones, por lo que, en ocasiones, acudía un poco confuso sobre el motivo de mi presencia allí y qué era lo que se esperaba exactamente de mí. En una noche de invierno, aterricé en Chicago en un avión que llevaba retraso y tomé un taxi que me trasladó entre la profunda nieve a la dirección apuntada en mi agenda. Una multitud de gente me esperaba en un cálido y espacioso apartamento con vasos de vino en la mano, acomodados en sofás y mesas. Apenas tuve tiempo de dejar mi maleta y quitarme la chaqueta cuando mi anfitriona (a quien ahora recordaba haber conocido en un evento previo en esa ciudad) me presentó a la concurrencia y me pidió que hablara sobre Mary's Meals. Después, cuando charlaba con algunos de los invitados que ya se estaban marchando (les había hecho quedar hasta tarde debido al retraso de mi vuelo), mi amable anfitriona me dio una dirección en una hoja de papel y me dijo que ella había desalojado su apartamento para que yo pudiera quedarme allí esa noche. Una vez más, me sentí humilde y avergonzado por un acto de generosidad sorprendente y, al poco rato, mi taxi me dejaba a las afueras de uno de los rascacielos de Chicago. Recuerdo despertar en medio de la noche y descubrir por la ventana una impresionante vista de miles de luces parpadeantes contra un cielo negro como la tinta y, por unos minutos, preguntarme en qué parte del mundo me encontraba.

Se estaba haciendo muy difícil decidir qué invitaciones aceptar y cuáles declinar. Era imposible saber quién podría estar en una de esas reuniones o lo receptivos que estarían sus corazones.

En el año 2010, tras decir que sí a una cálida invitación del amigo de un amigo, viajé para encontrarme con otro grupo de personas a quienes no conocía —esta vez en Nueva York—, sin tener ni idea de que estaba a punto de encontrarme con personajes que tendrían un papel muy especial en la historia de Mary's Meals. La conexión se había hecho a través de nuestros amigos de Miami, quienes habían fundado Mary's Meals USA. Me dijeron que a sus amigos, la familia Laffont, les encantaría que fuera a conocerlos la próxima vez que estuviera en Nueva York, por lo que organicé una cita. Normalmente, si tenía reuniones en el área de Nueva York, me alojaba en un antiguo y laberíntico convento en Newark, Nueva Jersey, hogar de los Frailes Franciscanos de la Renovación. El hermano Francis, uno de los frailes, era un viejo amigo. De joven había vivido en la comunidad de Craig Lodge, justo en el momento en que yo empezaba a recoger ayuda para Bosnia-Herzegovina. Me había acompañado muy a menudo mientras recorría Escocia con mi camión para recoger las donaciones. Era el colaborador perfecto en esta tarea, una de las personas más altas y fuertes que nunca he conocido. Era como tener una grúa humana en la parte trasera del camión. Desde hacía algunos años era franciscano, y fue una bendición especial para mí alojarme en su comunidad, donde podía disfrutar de algún tiempo de oración en paz, durante las madrugadas y las noches, antes de salir hacia Nueva York para mis reuniones. En este viaje en particular me acompañaba Milona, y el hermano Francis se ofreció amablemente a conducirnos hasta Manhattan, lugar que no conocíamos ninguno, hasta el hogar de los Laffont.

Vivían en una maravillosa casa en el Upper East Side y nos dieron una cálida bienvenida a su casa, que estaba llena de amigos. Probablemente éramos un grupo curioso: el hermano Francis, con sus dos metros y ocho centímetros de altura y su hábito franciscano, siempre llamaba la atención. Ana Laffont estaba asomada a las escaleras con un niño pequeño que reflejaba la emoción que produce estar despierto a altas horas de la noche, y su padre, Philippe, nos pidió que le contáramos la historia de Mary's Meals. Así que lo hicimos, se produjo una avalancha de preguntas y charlamos con un buen número de invitados que querían involucrarse. Philippe tenía que irse, pero, antes de hacerlo, anunció a la concurrencia que igualaría cualquier donación que decidieran hacer a Mary's Meals. Empecé a darme cuenta de que estábamos reunidos con personas insólitas, que tenían enormes recursos a su disposición y corazones que satisfacer.

Ese fue el comienzo de una maravillosa amistad con los Laffont. Durante los siguientes meses y años, Ana dedicó cada vez más tiempo a nuestro trabajo, llegando a ser finalmente la presidenta de Mary's Meals USA. Se lanzó a aprenderlo todo sobre Mary's Meals, incluyendo viajes a África, Dalmally y Medjugorje. Y esta profunda comprensión de todo lo que implicaba les permitió, a ella y a Philippe, ayudarnos de una forma muy particular y considerada. Comprendieron que Mary's Meals era, antes que nada, un movimiento de la gente corriente, que esta era una parte intrínseca de nuestra misión y que todos los que nos apoyaban tenían el mismo valor, sin importar la forma o tamaño de su donativo. Les encantaba este enfoque y querían contribuir a protegerlo y ayudar al movimiento a crecer permitiéndonos explicar la historia de nuevas maneras y a audiencias mayores. Adicionalmente, dado que ellos mismos tenían una gran experiencia dirigiendo organizaciones en rápido crecimiento, vieron que este piscicultor de Argyll y sus colaboradores también podían aprovecharse de un poquito de ayuda en esa área.

Comencé hablando con Ana sobre la oportunidad que teníamos de realizar una extraordinaria película sobre Mary's Meals. Desde hacía algún tiempo había sido fan de una compañía cinematográfica de Brooklyn llamada Grassroots. Ruth y yo habíamos visto una de sus películas un par de años atrás y estábamos de acuerdo en que serían las personas adecuadas para producir, algún día, una película sobre Mary's Meals. Casi me había olvidado de ellos hasta que Patty, de nuestra oficina de Nueva Jersey, me preguntó un día, al final de una conferencia, si podía salir un poco antes de trabajar para ir a hacer una entrevista con una organización llamada Grassroots, que estaba realizando una película sobre un tema muy diferente.

—¡Por supuesto! —dije—. ¡Siempre y cuando hables de Mary's Meals con ellos!

Siempre he querido que ellos hicieran una película sobre nuestro trabajo.

Para mi asombro, Patty volvió diciendo que Grassroots ya conocía nuestro trabajo y que les encantaría filmar un documental sobre Mary's Meals. Hablé con ellos y me di cuenta de que se lo habían tomado realmente en serio, pero también me enteré de que hacer este tipo de películas no era barato, y no era algo que el enfoque de bajo coste de Mary's Meals pudiera soportar. Cuando se lo dije a Ana y a Philippe, inmediatamente vieron que este era un magnífico camino para ayudarnos a contar la historia de Mary's Meals a una audiencia mucho mayor, y se ofrecieron a financiar la película.

Así, unas semanas después de las charlas iniciales, me encontré con el equipo de filmación en un viaje relámpago a Malawi, Kenia y la India. En cada uno de esos lugares dedicamos algo de tiempo a niños a los que Mary's Meals les había cambiado la vida. Queríamos que sus historias fueran la base de la película. Hicimos un montón de trabajo duro para planificarlo todo, encontrar los lugares de filmación y las personas a las que ver; pero, al final, las partes más sorprendentes de la película fueron cosas que nunca podríamos haber creado.

En Eldoret, Kenia, habíamos organizado filmar en un basurero donde muchos niños pasaban sus días rebuscando cosas para vender a los recicladores e inhalando pegamento para evitar las punzadas del hambre. Estábamos suministrando comidas en Eldoret y podíamos ver que esto ayudaba a muchos niños a dejar las calles y acudir a las escuelas por primera vez. Llegamos a las cinco de la mañana al vertedero y empezamos a filmar. Además de los niños, había muchos adultos, algunos visiblemente colocados por el pegamento, y otros tenían heridas en la cara y extremidades. Era un lugar aterrador. Mientras filmaban, una multitud los rodeó, algunos amistosamente, otros no. En un momento determinado, Cliff, uno del equipo, me llamó.

—Magnus, hay un niño aquí a quien deberías conocer.

Me llevó hasta un pequeño llamado Muski, de unos

ocho años, quien estaba diciendo una y otra vez: «Quiero ir a la escuela. Quiero ir a la escuela...».

Hablé con nuestros colegas keniatas y pedí su consejo sobre qué era lo mejor que podíamos hacer.

—Bueno, podemos llevarlo a una escuela de aquí para que reciba las comidas de Mary's Meals —dijo Abel con la mano en el hombro del chico—, pero, en realidad, necesitamos encontrar algún lugar para que pueda vivir.

—Hay un hogar para niños al otro lado de la ciudad —dijo Charles—. ¿Quién sabe? Quizá puedan admitirlo.

Al poco rato estábamos cruzando la ciudad con Muski y encontramos el hogar, que tenía una pulcra zona de juegos de brillantes colores afuera. Entramos y nos presentamos. Cuando la gente que dirigía el hogar supo que éramos de Mary's Meals se pusieron muy contentos.

—¡Ay, sois de Mary's Meals! Siempre hemos querido conocer a alguien de Mary's Meals. Habéis empezado a suministrar alimentos en la escuela que está al otro lado de la calle. Todos los niños que viven con nosotros van allí. Ahora comen cada día en la escuela, ¡Gracias a Dios! ¡Queremos agradecéroslo desde el fondo de nuestro corazón!

Me pareció que era un buen momento para hablarles del pequeño que teníamos en el coche afuera.

—Sí, tenemos sitio. Podemos hacernos cargo de él. ¡Será un placer!

Así fue como la vida de Muski se transformó ante nuestros ojos. No me lo podía creer cuando eché una mirada a mi reloj y me di cuenta de que solo eran las diez de la mañana. Después de que Abel y Charles hubieran hecho los trámites necesarios en el hogar y asegurado que podíamos confiar en su bienestar, invitamos a Muski a pasar el resto del día con nosotros mientras seguíamos filmando en las escuelas de la zona. Al final de la mañana, él se puso detrás de la cámara. Incluso le vi reírse por primera vez. Al mediodía, nos dimos cuenta de que habíamos estado trabajando durante ocho horas sin comer, por lo que entramos en un restaurante junto a la carretera. Resultó ser un sitio bastante formal, con manteles blancos y camareros bien arreglados que nos miraron con aire de suficiencia al ver que entrábamos con un niño pequeño vestido con harapos, que no olía nada bien. Le llevamos al cuarto de baño para restregarle lo mejor que pudimos antes de sentarle frente a un plato de pollo con patatas fritas. En algún momento, uno de nosotros le preguntó cuándo era su cumpleaños. Por supuesto que no lo sabía.

—¡Bien, pues hoy es tu cumpleaños! —dijimos todos a la vez.

La película que Grassroots produjo, *Child 31*,[19] es una magnífica y conmovedora imagen de Mary's Meals.

Se ha convertido en la herramienta más efectiva que jamás he tenido para ayudarnos a contar la historia y explicar qué es realmente Mary's Meals. Animamos a nuestros simpatizantes de todo el mundo a que organicen proyecciones de *Child 31*. La respuesta ha sido increíble. Más de 1.300 personas se acercaron al «estreno» en la jornada de puertas abiertas en Glasgow. El antiguo primer ministro Gordon Brown, quien había sido nombrado enviado especial para la Educación Global de las Naciones Unidas, acudió a este evento y presentó la película. He llegado a conocerle un poco, me admira la verdadera pasión que desde hace mucho tiempo tiene para ayudar a erradicar la pobreza extrema. Mientras conver-

19. El título de la película, *El niño 31*, hace referencia a su mensaje: explica que 18.000 niños mueren al día por enfermedades relacionadas con el hambre; en el minuto 2.56 nos informa de que han muerto 31 niños desde que se empieza a ver la película. [*Nota del traductor*.]

sábamos antes de salir al escenario en Glasgow, me pidió que le contara más cosas sobre el trabajo de Mary's Meals. Después, hizo un vehemente discurso para terminar diciendo:

—Asegurar que todos los niños tengan la oportunidad de ir a la escuela ha sido una de mis pasiones durante mucho tiempo. La educación rompe el ciclo de la pobreza y abre mejores perspectivas de salud y trabajo. Cuando viaje por todo el mundo con esta misión, como enviado para la Educación Global de las Naciones Unidas, no necesitaré una tarjeta de visita. Simplemente dejaré una copia de *Child 31* para mostrar qué es lo que se puede hacer para fomentar la educación de los niños.

Organizamos más de seiscientos pases de la película, la cual habíamos subtitulado en siete idiomas, en muchos países diferentes. La gente se reunía para verla en diversos países europeos, así como en Estados Unidos, Canadá, Emiratos Árabes Unidos, Australia, Liberia, Malawi y la India, en todo tipo de lugares: cines, palacios, salas de estar, escuelas y universidades. En varios países la película se retransmitió por televisión. Esperaba que esta difusión me permitiera reducir mis viajes para dar charlas, pero fue muy ingenuo por mi parte; los pases iniciales nos dieron la oportunidad para hablar a muchos públicos nuevos. Habida cuenta de las veces que he visto la película en lugares lejos de casa, el hecho de que tres de mis hijos —Bethany, Toby y Anna— aparezcan fugazmente en ella es un pequeño regalo muy especial para mí. Grassroots había filmado un evento de recaudación de fondos en nuestra escuela primaria local en Dalmally y, debido a que solo hay unos cuarenta niños, no es sorprendente que mis hijos y sus amigos aparecieran en la película. A menudo, en la parte en la que Anna, junto a una multitud de compañeros de clase, sonríe y saluda a la cámara, yo sorprendía a la persona que tuviera a mi lado dándole un codazo y diciéndole orgulloso:

—¡Por cierto, esa es mi hija!

Cuando la película fue retransmitida en una cadena nacional de televisión en Croacia, su página web se colapsó como nunca por la cantidad de gente que deseaba hacer donativos y, durante los meses siguientes, Mary's Meals dobló sus ingresos en ese país. Nuestro trabajo creció como nunca en todas partes debido a *Child 31* y, todavía hoy, continúa animando a miles de personas a ayudar. Varios famosos, entre ellos Celine Dion, nos hicieron llegar su sincera adhesión al vídeo después de ver la película. Annie Lennox dijo:

—Si hay algo que debería atronar en nuestra mente tras ver *Child 31* ha de ser que el coste medio de una comida en Estados Unidos da para alimentar a un niño en un país del tercer mundo durante un año entero. Mary's Meals alimenta a más de medio millón de niños todos los días, alentándolos a que vayan a la escuela para recibir, al mismo tiempo, una educación esencial. Esto no es física cuántica, y realmente funciona.

Me gustó en especial su última frase. Algunos expertos en desarrollo critican a Mary's Meals (y aconsejan a los gobiernos y a los donantes institucionales con los que trabajan que no nos financien) sugiriendo que hacemos que suene demasiado simple y que este enfoque de dar de comer a los niños no puede ser sostenible. No cabe ninguna duda de que el entorno en el que trabajamos, los retos que tenemos que superar para asegurar que las escuelas tengan comida todos los días y los problemas a los que se enfrenta la gente pobre no son algo simple. Pero nuestro planteamiento principal lo es. Annie Lennox, igual que cualquiera que nos haya conocido y haya visitado algún proyecto de Mary's Meals, sabe que no somos ingenieros aeroespaciales, pero incluso ella no tiene ninguna duda de que no hace falta que lo seamos. Las decenas de miles de personas que nos apoyan con sus pequeños donativos por todo el mundo y los que cocinan para los niños en sus comunidades no son científicos aeroespaciales ni, tampoco, «expertos en desarrollo», pero ven inmediatamente que este enfoque es necesario y te puede cambiar la vida.

La pregunta acerca de la sostenibilidad siempre me desconcierta porque no estoy seguro de qué puede ser más esencial, en la creación de soluciones sostenibles a largo plazo, que asegurar que los niños reciban la nutrición que necesitan y una educación. La misma palabra *sostenibilidad* puede ser controvertida porque me doy cuenta de que la gente tiende a usarla de maneras muy diversas y, a menudo, muy imprecisas. En una ocasión, en una sala repleta de estudiantes de Administración y Dirección de Empresas, que habían planteado el tema de la sostenibilidad, les pedí que me definieran esa palabra; la amplitud de respuestas fue llamativa. En realidad, «desarrollo sostenible» fue definido en 1987 por la Comisión Brundtland, constituida por la ONU para hacer justamente eso, como «el desarrollo que satisface las necesidades actuales sin poner en peligro las necesidades de las generaciones futuras». No puedo ver de qué manera Mary's Meals jamás podría ser acusada de incumplir esa definición, solo puedo suponer que la cuestión tiene mucho más que ver con los plazos. Este tipo de patrocinadores esperan, normalmente, una «estrategia de salida» después de cinco años de financiación. Parece que la sabiduría que se percibe en círculos de desarrollo se basa en que, si un proyecto no se completa tras un tiempo determinado, entonces es defectuoso. Decidimos adoptar una visión diferente sobre cuánto tiempo se tarda en construir algo que perdure y que cambie las cosas a mejor, y puedo tomar esa decisión porque nuestro trabajo se apoya en un movimiento mundial de personas que están de acuerdo. Decidimos crear un enfoque de sostenibilidad basado en su generosidad.

Pero hay discusiones relacionadas que son más difíciles de reconciliar y más inquietantes que una mera diferencia de opinión sobre los plazos. En una ocasión conocí a gente de una organización que llevaba una escuela en Haití, y se dieron cuenta de que muchos de los niños que acudían a ella padecían desnutrición crónica. Nos preguntaron sobre nuestro modelo y les mostramos nuestro interés en expandir nuestro proyecto a sus escuelas para que los críos se alimentasen. Pero no quisieron asociarse con nosotros porque no creían que nuestro enfoque fuera «sostenible». Les pedí que sugirieran cómo querrían hacer esto de una «manera sostenible», y dijeron que querían trabajar en aspectos relativos a los microcréditos. Esto fue hace algunos años y, que yo sepa, los chicos que acuden a sus escuelas nunca han recibido alimentación allí. Yo prefiero abordar esto a la inversa. El primer imperativo es el niño hambriento frente a nosotros. Necesita comida ahora, no de aquí a diez años.

Me entristece cuando las personas que trabajan en temas de desarrollo hablan como si los niños fueran el «problema», en lugar de ser los constructores de un nuevo y brillante futuro. Los niños de hoy nunca deberían ser sacrificados al dios Moloch de un futuro que ninguno de nosotros puede conocer. El futuro pertenece a esos críos, por lo menos tanto como nos pertenece a cualquiera de nosotros que nos creemos expertos en desarrollo.

Pero la búsqueda de apoyos de famosos para *Child 31* también produjo algunas risas. Un día, uno de nuestros equipos se reunió para intercambiar ideas y escribir una lista de gente famosa. Uno de los nombres en el que todos estábamos de acuerdo era el de Pamela Stephenson (la comediante, escritora y esposa de Billy Connolly). Cuando alguien pasó a limpio la lista, accidentalmente escribió Pamela Anderson (y no fui yo, lo confieso). Alguien del equipo se puso en contacto con el agente de Pamela Anderson (la estrella de la serie *Los vigilantes de la playa*) para preguntar si daría su apoyo a *Child 31*. No fue hasta después de que contestara que le encantaría hacerlo cuando nos dimos cuenta de la equivocación. Una vez más, nos sentimos más tranquilos por el atractivo universal de Mary's Meals.

Entretanto, además de *Child 31*, los Laffont sugirieron otro regalo precioso para Mary's Meals; aunque en esta ocasión necesité que me convencieran un poco. Me hablaron del Grupo Bridgespan, una firma de consultoría especializada en ayudar a desarrollar las estrategias de expansión para replicar el éxito de las organizaciones de beneficencia. Bridgespan tenía su origen en Bain, la prestigiosa firma internacional de consultoría de gestión que había asesorado a muchas de las empresas más grandes del mundo y a algunos gobiernos.

Ana y Philippe creían que Bridgespan, que solo había trabajado con aquellas organizaciones que consideraban que tenían el potencial para replicar su éxito a gran escala, estaría interesada en colaborar con nosotros para ayudarnos a planificar el futuro y, si así era, estarían encantados de financiar también este regalo. Todo esto era muy nuevo para mí, incluido el lenguaje. Términos como *escalable*, *puntos de inflexión* y *aumentar la eficacia* me sonaban a chino y me daban un poco de miedo. Aunque reconocía la necesidad de prepararnos para un mayor crecimiento, fortaleciendo nuestra organización de manera que pudiéramos continuar alimentando a un número creciente de niños, estaba preocupado por hacer algo que pudiera socavar nuestros valores. Me parecía difícil creer que estos consultores tan enérgicos, tremendamente respetados por hombres de negocios de mucho éxito en Estados Unidos, fueran capaces de tomar en serio aspectos relacionados entre sí como nuestra aversión a establecer objetivos monetarios o nuestro deseo de reconocer que, en última instancia, no somos nosotros los que estamos al cargo. Supongo que también estaba un poco intimidado por la idea de trabajar con estas personas altamente cualificadas y con mucha preparación académica. La idea de que ellos se sentaran en mi cobertizo para discutir la estrategia con nosotros me avergonzaba un poco. Pero por aquel entonces ya conocía y confiaba lo suficiente en los Laffont como para aceptar reunirme con Bridgespan, quienes dijeron que desde luego estarían encantados de trabajar con Mary's Meals; estaban convencidos de que podían ayudarnos en esta etapa de desarrollo.

En nuestra segunda reunión expliqué con detalle mis preocupaciones y especifiqué las cosas en relación con nuestros valores que quedaban fuera de toda discusión. La manera respetuosa con la que me escucharon y respondieron me convenció, al final de la reunión, de que se trataba de algo que debíamos hacer. La generosidad de los Laffont nos dio la oportunidad de trabajar con Bridgespan durante seis meses, tiempo en el que nos ayudaron a formar un sólido «plan de crecimiento». Durante ese período tuvimos algunas conversaciones magníficas para encontrar la forma de reconciliar el «enfoque de la divina Providencia» con la necesidad de planificar a fondo y con cuidado. A través de este trabajo me convertí en buen amigo de todos los miembros del equipo de Bridgespan que colaboraba conmigo, y dos de ellos todavía hoy siguen comprometidos con Mary's Meals como consejeros. Unos meses después de que este trabajo con ellos hubiera terminado, visité Boston por primera vez para hacer una entrevista en televisión. Cuando Bridgespan supo que iba a estar en su ciudad natal me invitaron a sus oficinas para charlar con el personal. Al llegar, me sorprendió ver a todo el equipo en una sala esperándome, y todo su personal de Nueva York y California conectado por vídeo. Me invitaron a hablar sobre mi experiencia en la dirección de Mary's Meals y sobre cómo me había sentido trabajando con ellos. Tras comentar esos aspectos de forma bastante breve, nos pasamos el resto de la hora con una fascinante charla sobre la conciliación entre planificación y divina Providencia. Al final de esa conversación me quedó muy claro que muchos de ellos también estaban motivados por sus propias creencias, profundamente arraigadas, y que todos eran genuinamente respetuosos con el enfoque de Mary's Meals. Esto significó mucho para mí. Ya había entendido para entonces que este trabajo con Bridgespan no debilitaba ni amenazaba ninguno de nuestros queridos valores. Al contrario, los fortalecía y nos daba una mayor confianza para compartirlos, protegerlos y vivir en ellos. Uno de los enfoques que exploramos y articulamos mejor que antes era nuestra convicción de que la familia de Mary's Meals debía estar guiada por los principios de «solidaridad» y «subsidiariedad». Una nueva organización central, Mary's Meals Internacional, debía trabajar para asegurar que todas las ramas de Mary's Meals estuvieran obligadas por nuestra misión, visión y valores (solidaridad); aunque solo llevarían a cabo las tareas que no se pudieran realizar de modo más eficiente a nivel local. Esto permitiría a Mary's Meals cobrar vida de la forma más adecuada en las diversas situaciones, culturas y oportunidades en las que trabajamos. También abordamos una de las preocupaciones que yo había tenido durante mucho tiempo, el hecho de que aquellos que estábamos «a cargo» de Mary's Meals podíamos ser un factor limitativo; respaldé la idea de que, idealmente, Mary's Meals debía ser más un «movimiento» que una organización muy centralizada.

El trabajo con Bridgespan fue otro regalo y otra pieza del aprendizaje que nos permitió trabajar más duro que nunca para obtener más apoyos y seguir teniendo la convicción de que íbamos a convertir nuevos actos de bondad en muchas más comidas para los niños hambrientos.

Entonces, inesperadamente, surgió otra oportunidad para dar a conocer nuestro trabajo. Seguía en contacto con Gerard Butler tras conocerlo en la ceremonia de los Héroes de la CNN de 2010. A principios de 2013 se puso en contacto conmigo para decirme que quería seguir adelante con su promesa de viajar a África para ver de primera mano el trabajo de Mary's Meals. Estudiamos cuál sería el mejor lugar y, finalmente, escogimos Liberia. Nos parecía que recibía muy poca atención de los medios de comunicación, tenía necesidades perentorias y era un lugar en el que estábamos decididos a llegar a más niños lo antes posible. Sabíamos que la publicidad que generaría una visita de Gerry nos ayudaría precisamente a eso.

Establecimos el centro de operaciones en nuestro recinto en Tubmanburg, donde nuestro director de País nos cedió, amablemente, su pequeña casa de dos dormitorios. Las cosas eran muy básicas allí: el suministro eléctrico solo funcionaba unas horas al día gracias a un pequeño generador, no había aire acondicionado en un clima extremadamente cálido y húmedo, y no había ningún sitio para comer fuera por allí cerca. Pero Gerry parecía disfrutar cada momento de la visita; nunca se quejó de nada. Ni siquiera de mi cocina espantosa. Trabajó de sol a sol todos los días de nuestra estancia, viajó a aldeas remotas, pasó el tiempo suficiente en cada una para conocer a la gente e hizo que todo el mundo, yo incluido, nos desternilláramos de risa todo el día. También fue magnífico que pudiera ocultarme un poco detrás de él y relajarme. Las bienvenidas que recibíamos en las aldeas eran más cálidas que nunca y, mientras Gerry hacía disfrutar a nuestros anfitriones bailando de manera exuberante con cada uno de los bailarines de la aldea —incluso con los que no bailaban—, yo podía estar en segundo plano. ¡Bailar y ser el centro de atención nunca ha sido algo que me guste! Por las noches echamos unas buenas risas hablando de lo distintos que éramos; el más extrovertido junto al más introvertido. Estaba fascinado por sus maravillosos regalos. A los pocos segundos de llegar a una aldea, todo el mundo estaba sonriendo y riendo con él, a pesar de la barrera del idioma. Los niños se le aferraban y él quería saberlo todo sobre sus vidas. Me di cuenta de que era capaz de recordar el nombre de todas y cada una de las personas que conocíamos en una aldea. Se lo dije y empezó a alardear, volviendo hacia cada una de las personas a las que nos habían presentado y repitiendo su nombre. Pero, mientras tanto, estaba meditando profundamente sobre lo que estaba viendo y experimentando. En nuestra última noche, antes de empezar el último y largo día de filmación, preparó abundantes notas que había estado tomando sobre la belleza y la importancia de Mary's Meals y la mejor manera de expresarlas. Quería escoger cada palabra con esmerado cuidado. Su meticulosa preparación me sorprendió, al igual que su duro trabajo. Cuando iniciamos esta aventura tenía la esperanza de que regresaríamos con algunos titulares de Gerry; en lugar de eso, nos había regalado muchas horas de increíbles imágenes.

—Una de las cosas que me ha llamado la atención durante esta visita es la fuerza de la dignidad de estas personas, y lo que me encanta de Mary's Meals es que trata, precisamente, de mantenerla. No trabajan en un sistema gratuito en el que la gente, simplemente, recibe; en su lugar, se trata de respetar y promover la vida de las personas, su cultura y todo lo que son capaces de hacer —dijo

Gerry a la cámara en nuestro último día—. Veo comunidades que rebosan resiliencia, integridad, calidez, amor y esperanza. Todo eso ya está aquí, pero Mary's Meals es como un interruptor que ayuda a encenderlo. Magnus cree que esto es una obra de Dios, y yo también.

Eran muchos los que estaban de acuerdo con esa visión de a quién pertenece esta obra, reunidos detrás de la iglesia de Medjugorje en un asfixiante y caluroso día de verano de 2014. Miré desde el escenario hacia donde antes hubo campos y viñedos, a una multitud de más de 50.000 jóvenes, muchos de los cuales ondeaban sus banderas nacionales. Me habían invitado de nuevo para hablar a la juventud que se había reunido para el festival anual de jóvenes. La primera vez que visitamos Medjugorje en 1983, como adolescentes, estábamos entre un puñado de peregrinos de otros países. Hoy era asombroso ver esa enorme y feliz marea de humanidad formada por personas venidas desde todos los rincones del globo para reunirse en este lugar oscuro y de difícil acceso. En un momento del año en el que gran parte de los miembros de su generación se dirigía a las playas y a los festivales de música, esos jóvenes habían preferido acudir allí. La mayoría llevaba auriculares y escuchaba la traducción de nuestras charlas en radios de onda corta. Lidija, en pie a mi lado, traducía mis palabras al croata y, en hileras de cubículos en el edificio amarillo en el que algunas veces habíamos mantenido las conferencias de Mary's Meals, varias personas se sentaban en escritorios para traducir el croata a otras diecinueve lenguas: italiano, alemán, francés, español, polaco, libanés, árabe, coreano y muchas más. Estaba acostumbrado a que mis charlas se tradujeran, pero aquel día era un poco desconcertante percibir que mis palabras se estaban traduciendo dos veces y que la gente joven delante de mí me escuchaba en sus radios. Un enorme grupo de simpatizantes que llevaba la camiseta de Mary's Meals había subido al escenario conmigo y me sentí arropado por su presencia. Después de mi pequeña charla, la muchedumbre vio *Child 31* en las grandes pantallas. El resto de esa semana de festival lo pasé en nuestro pequeño punto de información, con Milona, hablando con alegres jóvenes de China, México, Líbano y otros muchos países que querían saber más sobre Mary's Meals. Algunos ya eran simpatizantes y otros oían hablar de nuestra misión por primera vez. Un grupo de adolescentes suizos conversaron con nosotros durante largo rato preguntando qué era lo mejor que podían hacer para recaudar fondos. Cuando estaban a punto de irse, uno de ellos se dio la vuelta y me dijo:

—¿Sabes? ¡Por primera vez en la vida entiendo realmente que ser cristiano significa que tienes que hacer algo!

Otra de las conversaciones memorables que tuve fue con uno de los sacerdotes locales. Le mencioné que había quien creía que la historia de las apariciones era una broma cuidadosamente creada por la parroquia local.

—¿Has visto a todos esos jóvenes de rodillas rezando? ¿Haciendo cola para confesarse? ¿Has visto que no caben en la iglesia? ¿Has visto su alegría? ¿Has escuchado sus historias y las ponencias, como la que tú diste, describiendo algunos de los frutos de este lugar? —me preguntó—. ¡Si nos hemos inventado todo esto durante los últimos treinta años, si realmente sabemos cómo hacerlo, deberíamos ponerlo en marcha como un plan pastoral para cada parroquia, cada diócesis alrededor del mundo! —rio con alegría.

Tal vez debería haberle sugerido eso al papa Francisco cuando caminó, con los brazos extendidos, para recibirnos a Julie y a mí en la plaza de San Pedro, en un día abrasador del verano de 2013; pero estoy convencido de que él sabe más que yo sobre planes pastorales. Unas semanas antes del encuentro con él sonó el teléfono en casa mientras mi hijo Gabriel, de dos años, lloraba a gritos en mis brazos. Me pareció entender que la persona al otro lado de la línea llamaba desde el Vaticano y preguntaba si me gustaría ir a conocer al papa Francisco. Tras dejar apresuradamente a Gabriel en brazos de Marta, su hermana mayor, le pedí al hombre que repitiera lo que había dicho. Había oído correctamente la primera vez. Lo primero que hizo Julie cuando un radiante papa Francisco se acercó a nosotros y estrechó sus manos fue darle las postales que nuestros hijos habían hecho para él, dentro de un sobre que ponía: «¡Papa Francisco!», con rotulador rojo. Sonrió y nos preguntó cuántos hijos teníamos, antes de empezar a hablar un poco de Mary's Meals y de entregarle un tazón azul de Mary's Meals y una copia de *Child 31*. Se los dio a uno de sus ayudantes y continuó estrechando nuestras manos. Entonces colocó mi mano sobre la de Julie y, con la suya todavía sobre las nuestras, bendijo nuestro matrimonio con una sonrisa cada vez mayor y más bella. Nadie me ha sonreído nunca así —con tanto amor—, y nunca lo olvidaré. De todos los encuentros inesperados y obsequios inmerecidos que he recibido haciendo este trabajo, este ha sido el más increíble. A los pocos meses de ser nombrado papa, ya era mi héroe —también de Julie— y, para ambos, haber sido bendecidos por él de esa manera es más de lo que nunca jamás podíamos haber esperado. Como siempre, era dolorosamente consciente de que había muchas personas en todo el mundo involucradas en Mary's Meals que deberían haber estado a la cabeza de la larga fila que esperaba para conocer a este hombre notable.

El papa Francisco ha señalado repetidamente, desde su elección, el «escándalo de la pobreza». Poco antes de conocerle dijo que, para abordar esto, «todos tenemos que pensar si podemos ser un poco más pobres, todos tenemos que hacerlo».

Sé que la bendición que recibimos ese día fue para todos los que han hecho precisamente eso mientras han compartido con Mary's Meals y los niños hambrientos el pan que pertenece a todos.

Capítulo 12

Amigos en los bajos fondos

> No desespero por tiempos mejores, teniendo en cuenta que al timón del universo está Quien vence la tormenta, no por la habilidad humana, sino por su omnipotencia.
>
> San Juan Crisóstomo

Nuestro trabajo en Haití también tuvo su inicio en Medjugorje. En una cálida y soleada mañana de mayo de 2006, yo formaba parte de una multitud que escuchaba a Jakov, el vidente más joven, de unos treinta y tantos años, hablando de los mensajes de Nuestra Señora a la entrada de su casa. Como siempre, terminaba su sencilla y emotiva charla con una oración y luego, al darme la vuelta para irme, alguien me tocó el hombro.

—¡He estado buscándote por todas partes! —dijo con entusiasmo una sonriente señora de mediana edad, frente a mí—. Soy Anka, ¿recuerdas que nos conocimos en el festival de la juventud del año pasado?

Por supuesto que la recordaba. Había sido la traductora de la charla que me habían pedido que diera en esa ocasión. Tuve un vívido recuerdo de cómo había embellecido todo lo que dije, haciendo que la muchedumbre de jóvenes se riera de una forma que encontraba un poco desconcertante. Por un rato me sentí como un cómico, aunque no entendía ninguno de mis propios chistes.

—Acabo de estar en Haití haciendo trabajos de ayuda humanitaria. ¡Tengo que hablar contigo sobre eso! —dijo—. Es terrible lo que está ocurriendo allí. Dondequiera que fuera pensaba: «lo que estos niños necesitan es Mary's Meals».

Caminamos hasta el Centro Mary's Meals, nuestra pequeña cafetería en el corazón del pueblo, donde servíamos té y café a los peregrinos y les hablábamos de nuestro trabajo. Esta era la sede de Milona, el lugar en el que gente de todos los rincones del globo conocía a Mary's Meals y, muy a menudo, eran estas las personas que regresaban a sus casas para empezar las organizaciones de recaudación de fondos de Mary's Meals. Como de costumbre, al llegar nos encontramos con un hervidero de actividad en el que varias conversaciones en diferentes idiomas tenían lugar simultáneamente. Una vez más, me maravillé por la capacidad de Milona de saltar de un idioma a otro y prestarle toda su atención a cualquier visitante que se acercara. Frente a una taza de café, Anka me preguntó si estaría interesado en establecer Mary's Meals en Haití. Me enseñó fotos y me recordó que ahora era el país más pobre del hemisferio occidental. Le expliqué que nos encantaría ayudar a los niños que sufren allí, pero que los fondos de que disponíamos ya estaban comprometidos para otros proyectos.

—Vamos a rezar por todo esto, a pensarlo y a ver qué ocurre —sugerí mientras me despedía antes de ir al aeropuerto.

Lo dije con sinceridad porque ya conocía un poco la extrema pobreza en esa isla del Caribe y, sin duda, me sentí conmovido por las gráficas descripciones de Anka de los niños que sufrían allí, pero viajaba de vuelta a casa sin tener muchas esperanzas de que pudiéramos hacer algo en Haití pronto. Casi cada semana recibíamos nuevas solicitudes de ayuda, más de lo que jamás podríamos llegar a atender.

Cuando llegué a casa pasé por mi cobertizo para comprobar mis correos. En la bandeja de entrada había un mensaje de una señora que se llamaba Cecilia, del norte de Inglaterra, que acababa de llegar de sus vacaciones en las islas Caimán en el Caribe. Hasta ese momento no había conocido a Cecilia, pero había oído hablar de ella, ¡porque era una de esas incansables voluntarias que parecían pasar la vida hablando a cualquiera que conociera sobre Mary's Meals! Con frecuencia contactaban con nosotros nuevos simpatizantes del norte de Inglaterra diciendo que Cecilia les había mostrado nuestro trabajo. En su correo me explicaba que, mientras estaba en el Caribe, ella y su marido estuvieron conversando con alguien en un restaurante y que, por supuesto, le informó sobre Mary's Meals. Quedó muy conmovido y explicó que era consejero de una fundación que se dedicaba a conceder subvenciones y que, en esos momentos, estaban buscando la mejor manera para ayudar a los niños más pobres de Haití. Comprendí que, mientras ellos mantenían ese encuentro en las islas Caimán, yo debía de estar en el café escuchando la solicitud de Anka de poner en marcha Mary's Meals en Haití. El correo terminaba con un número de teléfono y una solicitud para que yo llamara a este hombre. Cuando lo hice, confirmó la historia de Cecilia y me hizo preguntas en detalle sobre la forma de trabajar de Mary's Meals. Me dijo que si yo le enviaba una propuesta de financiación para poner en marcha Mary's Meals en Haití, la presentaría al consejo de su fundación, donde estarían predispuestos a considerarla favorablemente. Ahora ya no tenía ninguna duda de que estábamos destinados a hacer esto, y empezamos una investigación profunda sobre las necesidades en Haití: tasas de desnutrición infantil, datos de escolarización, proveedores actuales de las comidas escolares, etcétera. Estaba claro que había una apremiante necesidad de las comidas de Mary's Meals en el país. Empezamos a estudiar varias organizaciones que trabajaban en Haití, particularmente las que se dedicaban a la educación, que pudieran ser nuestros socios, e iniciamos contactos con algunos de ellos.

En septiembre hice mi primera visita a Haití, acompañado por Maria Byars, una brillante joven de nuestro creciente equipo que había trabajado con nosotros en Malawi y Liberia durante gran parte de los dos años anteriores. Conocía a Maria desde niña, primero porque acostumbraba venir con sus padres a Craig Lodge, de retiro, y, más tarde, cuando se unió a la pequeña comunidad de jóvenes de allí. Desarrolló una gran pasión por el trabajo de Mary's Meals y, tras terminar su máster en la London School of Economics, regresó para unirse a nuestro pequeño y creciente equipo, algo que me entusiasmó, dado que ella era una de las personas más reflexivas e inteligentes que conocía. Había empezado a escribir sobre nuestro modelo a medida que se iba desarrollando, articulando cosas como compromiso con la comunidad y nuestro enfoque hacia la sostenibilidad a largo plazo, así como liderando nuestros primeros esfuerzos para registrar y evaluar nuestros proyectos de una forma que tuviera sentido. También era profundamente espiritual y reservada y, tras unos cuantos años trabajando muy cerca de mí, me dejó sin habla el día que me anunció que había decidido convertirse en monja. Hoy es una hermana franciscana de la renovación y está trabajando con los pobres en Nueva York.

En primer lugar, viajamos a la meseta central, ascendiendo con dificultad por carreteras llenas de baches sobre dos cadenas montañosas, hasta un pueblo llamado Hinche. Mucho de lo que veíamos nos recordaba a África Occidental, pero también había muchas diferencias. Los burros eran la forma habitual de transporte, y las pequeñas casas junto a la carretera estaban pintadas en bonitos azules y verdes. Las arrugadas montañas eran de una belleza extraordinaria, aunque totalmente desprovistas de árboles. En algunos lugares, la erosión era tan severa que parecía como si estuvieran a punto de derrumbarse y desintegrarse por completo ante nuestros ojos. La pobreza también era evidente. Los hombres tiraban de rudimentarios carros de madera cargados hasta arriba con pesados fardos. Bajo un puesto de venta de madera, en la carretera, vi a un niño terriblemente flaco sentado en cuclillas en el polvo, y me di cuenta de que estaba recogiendo, cuidadosamente, diminutos fragmentos de carbón vegetal que metía en una pequeña bolsa de plástico.

Antes de mi visita había estado leyendo la atroz historia de Haití, trágica e injusta. Los colonos franceses habían impuesto, en el pasado, un régimen esclavista particularmente severo. Un tercio de los esclavos, importados en grandes cantidades de África Occidental para trabajar en las lucrativas plantaciones de azúcar, morían a los pocos años de su llegada. En 1791 los esclavos se rebelaron y, en 1804, obtuvieron una victoria contra la Francia de Napoleón que sacudió al mundo. En 1835, los franceses, ayudados por Estados Unidos, Gran Bretaña y Canadá, exigieron pagos de reparación por sus «propiedades perdidas» tales como esclavos, tierras y equipos. Para alcanzar reconocimiento internacional y escapar del aislamiento político y económico, Haití se vio obligado a pagar 150 millones en francos de oro. Esto equivaldría, en la actualidad, a unos 12.700 millones de dólares estadounidenses y, aunque esa cantidad se redujo más tarde, Haití fue incapaz de terminar de pagar su deuda hasta 1947. Después de esa fecha, Haití sufrió en manos de una serie de notorios dictadores tales como Papa Doc y su hijo Baby Doc. También leí otros hechos deprimentes de la actualidad de Haití y la herencia legada por su horrorosa historia. Alrededor del ochenta por ciento de la población vivía entonces con menos de dos dólares americanos al día, el cincuenta por ciento de los niños menores de cinco años estaban desnutridos, y ochenta de cada mil bebés que nacían no sobrevivían para celebrar su primer cumpleaños. Y más de dos tercios de los niños no llegaban siquiera a matricularse en la escuela.

Nuestro primer día en Hinche, el 5 de septiembre de 2006, fue un día feliz. Cuatro meses después de aquella conversación con Anka fuimos testigos de la primera comida que Mary's Meals servía en Haití. En un pequeño orfanato llamado Maison Fortune (Casa Fortuna), niños sonrientes con sorprendentes uniformes escolares de color rosa hacían cola bajo unos altos árboles verdes para recoger sus platos de arroz y verduras. Más tarde, ese mismo día, conocimos a algunas misioneras de la caridad (las monjas de la madre Teresa), que nos recordaron que era el aniversario de la muerte de la santa de Calcuta. Estaba encantado de que hubiéramos empezado a trabajar en Haití en ese día porque tenía una profunda devoción por la madre Teresa, cuyas palabras y enfoque para servir a los pobres tenían una influencia enorme en la manera en que trabajábamos. Sus hermanas, con sus llamativos hábitos azul y blanco, me invitaron a su casa, donde nos presentaron a los niños desnutridos a los que cuidaban; eran muy flacos, y tan empequeñecidos que apenas se aferraban a la vida. Parecían tan diminutos y frágiles que al principio tenía miedo de sostenerlos. Pero cuando finalmente lo hice, era difícil dejarlos marchar y, para cuando coloqué al último de vuelta en su cama, sentía envidia de esas monjas que pasaban sus días cuidando a esos hermosos, preciosos, pequeños seres humanos. También pasamos algo de tiempo con otra organización local, Caritas Hinche, analizando la urgente necesidad de alimentos en las escuelas que ellos llevaban en la meseta central, y estuvimos de acuerdo en asociarnos con ellos también. Con el tiempo, se convirtieron en nuestro mayor socio en Haití, llegando a muchas escuelas rurales de la meseta central —algunas de ellas muy remotas y solo accesibles a pie o en burro—, en las que los voluntarios empezaron a cocinar arroz y frijoles todos los días escolares para sus hijos.

De Hinche bajamos hasta Puerto Príncipe para encontrarnos con el padre Tom Hagan y, con él, visitar un suburbio por desgracia famoso, llamado Cité Soleil. Desde nuestra llegada a Haití, cada vez que habíamos mencionado la intención de visitar ese lugar provocábamos carcajadas, y entonces, tras entender que lo decíamos en serio, manifestaban con contundencia que eso no era posible. La situación que allí se vivía aparecía cada día en las noticias. Se había desplegado una fuerza de paz de la ONU alrededor del acceso a Cité Soleil sometiendo a sus 400.000 habitantes, de manera eficaz, a una especie de sitio, mientras seguían produciéndose las escaramuzas con los 12.000 pandilleros armados que controlaban el suburbio. Estas bandas habían secuestrado recientemente a varias personas en las carreteras y se las habían llevado a su territorio. La mayoría de la gente de Puerto Príncipe viajaba con mucha cautela, incluso en las zonas colindantes a la ciudad, evitando pasar por Cité Soleil. Nuestro «salvoconducto» a Cité Soleil y nuestra razón para querer visitarla era el padre Tom Hagan, un sacerdote estadounidense que había estado trabajando allí durante muchos años. Yo había estado en contacto frecuente con él meses después de conocer su trabajo en Cité

Soleil a través de su organización, Hands Together.[20] En particular, me interesaban las escuelas que había construido y la necesidad desesperada de comidas escolares que tenían los niños.

Llegamos a su casa en Puerto Príncipe y, muy pronto, el diminuto y astuto hombre de Filadelfia hizo que nos pusiéramos a reír. Con una bebida fría en la mano empezó a explicarnos su historia y la tesitura en la que estaba trabajando, pero cada vez que empezaba a explicar una situación grave, preocupante y a menudo macabra a la que se estaba enfrentando, hacía un repentino giro para convertirlo en una anécdota graciosa. Teniendo en cuenta la cantidad de violencia y muerte que había a su alrededor, me preguntaba si esa era la forma que tenía para hacer frente —o para ayudarnos a hacer frente— a la realidad de su vida. Él era humilde y encantadoramente inseguro, y se preguntaba a menudo si había hecho algún bien a alguien durante el tiempo que llevaba en Haití.

El padre Tom nos explicó que después de acudir con un grupo de estudiantes del colegio Lafayette a Haití en 1986, se sintió llamado a dejar su posición de capellán en la Universidad de Princeton para, finalmente, trasladarse a Puerto Príncipe en 1997, donde fundó Hands Together. Pusieron en marcha proyectos de educación, agricultura y salud en una zona llamada Govaines, pero su mayor centro de atención pasó a ser Cité Soleil, donde construyeron ocho grandes campus escolares para proporcionar educación gratuita por primera vez allí. También nos describió la situación actual, extremadamente tensa, en Cité Soleil. Conocía bien a los diferentes líderes de las pandillas y estaba tratando de encontrar una manera de

20. *Hands Together* significa «manos unidas», pero no debe confundirse con la ONG española Manos Unidas, que trabaja exclusivamente en España. [*Nota del traductor.*]

negociar la paz. De nuevo, mientras relataba algunas atrocidades recientes que habían tenido lugar, dio un cambio de rumbo a la charla para contar una anécdota graciosa sobre las misioneras indias de la caridad que vivían allí cerca, y para las que celebraba misa cada mañana.

—Muchos días, cuando voy a decir misa para ellas, tienen escritas en una pequeña pizarra, en su capilla, las intenciones que quieren que yo anuncie. Muy a menudo son por el cumpleaños de una hermana o algún aniversario. Esta mañana he llegado allí y en la pizarra ponía: «¡El cumpleaños de la hermana Horshit!». Me preparé e hice los mayores esfuerzos para pronunciarlo de la forma más correcta. «Recemos por la hermana Horseeeet en el día de su cumpleaños» dije, pero todas me corrigieron inmediatamente.

—¡No, no, Padre! Es la hermana Horshit...[21]

Para entonces ya nos estábamos partiendo de risa. Y, volviendo a su historia, habló del líder de una banda que recientemente había decapitado a un rival. Respondió a nuestras preguntas y nos tranquilizó asegurando que estaríamos seguros viajando con él a visitar las escuelas en Cité Soleil al día siguiente.

De modo que, a la mañana siguiente, después de la misa con las misioneras de la caridad, aliviado de que nadie me hubiera presentado a la hermana Horshit, nos dirigimos a Cité Soleil. La autopista principal que lleva hasta allí desde el aeropuerto internacional de Haití estaba vacía. Al cabo de un rato, un colorido autobús rugió detrás de nosotros circulando por el carril central, haciendo sonar la bocina, que vociferaba el incesante mensaje de que ese aterrorizado conductor no iba a parar por nadie.

21. *Horshit* se pronuncia de forma muy similar a una palabrota, *horseshit*, literalmente, «mierda de caballo», y se utiliza vulgarmente como «gilipolleces». [*Nota del traductor.*]

Igual que todos los demás de Puerto Príncipe, seguramente estaba al tanto de los secuestros que habían tenido lugar en ese tramo de carretera en las últimas semanas. Cuando tomamos la salida de la autopista a una carretera secundaria que conduce a Cité Soleil, pasamos junto a un montón de carros de combate blancos de la ONU. Los soldados asomaban sus cabezas apuntando sus armas directamente hacia nosotros. Pensé en la reacción de incredulidad que habíamos provocado desde nuestra llegada a Haití cada vez que le habíamos mencionado a alguien que planeábamos visitar Cité Soleil.

Le eché un vistazo a Maria para ver si estaba bien; parecía mucho más tranquila y menos preocupada que yo. De hecho, me había empezado a preguntar si había sido buena idea poner nuestras vidas en las manos de ese excéntrico sacerdote que acabábamos de conocer la noche anterior. Entretanto, el padre Tom nos iba contando cosas. Explicó que, desde 2004, cuando el presidente electo Jean Bertrand Aristide había sido derrocado tras un golpe de Estado, la presencia de las fuerzas de la ONU había sido controvertida. Aparentemente estaban allí para mantener la paz, aunque muchos haitianos veían a los 6.000 soldados de la ONU como agentes de las potencias internacionales y, además, creían que habían apoyado el derrocamiento de Aristide. Muchas de las pandillas en Cité Soleil permanecían leales al antiguo presidente y acusaban a la ONU de brutalidades contra ellos, así como de empobrecer a la gente de Cité Soleil. En julio de 2006, la ONU fracasó en un intento de invadir Cité Soleil, dando muerte a ochenta civiles en el asalto. Desde entonces, se habían atrincherado alrededor del perímetro desde donde lanzaban ataques esporádicos. Los habitantes locales los acusaban de convertir Cité Soleil en un campo de concentración. En un reciente artículo publicado por *Lancet* se afirmaba que en Haití, durante los veintidós meses del despliegue de las fuerzas de la ONU, 8.000 personas habían sido asesinadas y 35.000 mujeres habían sido víctimas de abusos sexuales. En ese momento ya estaba claro que habíamos entrado en lo que era, de hecho, una zona de guerra. Los edificios bombardeados y los muros plagados de agujeros de bala no eran escenarios diferentes de aquellos con los que me había familiarizado en Bosnia-Herzegovina y Liberia.

—Esa es la casa de las Hijas de la Caridad —dijo el padre Tom señalando otro edificio marcado por la guerra—. Tuvieron que mudarse la semana pasada cuando empezaron a dispararles, lo que resulta muy triste porque esas monjas están haciendo una gran labor aquí. Hirieron a una en el brazo, pero, gracias a Dios, se está recuperando completamente.

Aparte de la Cruz Roja y Médicos Sin Fronteras, parecía que Hands Together era la única organización humanitaria que todavía funcionaba en Cité Soleil. Ahora estábamos pasando por edificios quemados en los que se sentaban filas de hombres jóvenes que nos miraban abatidos. Pude leer lo que quedaba de un cartel frente a un edificio vacío marcado por las balas, y me di cuenta de que estaba mirando a lo que quedaba de una comisaría de policía. Entonces sí que me quedó claro que este lugar estaba gobernado por las bandas. No había ninguna otra autoridad allí, en ese pequeño estado autónomo.

¿Realmente tenía el padre Tom un «pase seguro» en este lugar o quizá estaba completamente loco?, me pregunté de nuevo. Me tranquilicé cuando finalmente llegamos a las afueras de uno de los siete campus de las escuelas y pasamos por una verja abierta en los altos muros de seguridad. Dentro había un pequeño oasis de paz. Algunos hombres estaban fabricando sillitas de madera en una clase, como parte de los preparativos para el nuevo curso escolar, mientras un helicóptero de la ONU zumbaba de modo atronador sobre nuestras cabezas. El padre Tom señaló un agujero de bala en la pizarra limpia y explicó que los niños estaban en clase cuando aquella pasó silbando sobre sus cabezas.

Caminamos hacia los pequeños callejones e, inmediatamente, nos rodearon niños esqueléticos y desnudos. El olor de las aguas residuales y de la basura putrefacta era muy intenso. Por todas partes había montones de basura en descomposición y charcos de agua negra por los que caminaban los críos descalzos. Diminutas y endebles casas hechas con láminas de estaño oxidadas se alineaban junto a los canales de cemento con aguas residuales sin tratar. Los pequeños señalaban sus bocas y estómagos distendidos pidiéndonos algo para comer. Muchas veces los niños me han pedido dinero, pero nunca comida de esta manera. Enormes cerdos negros hozaban en la basura mientras caminábamos hacia los viejos muelles; aquí y allá había niños en cuclillas, en medio de la miseria, haciendo sus necesidades. El hedor y la suciedad y la falta de dignidad eran aplastantes. No me podía creer lo que estaba viendo. Un bebé estaba gateando boca abajo en la pútrida mugre, tratando de llegar a su choza de lata. Jamás había presenciado, en ningún lugar, semejante infierno viviente. Cada cierto tiempo, mientras caminábamos, hombres jóvenes se acercaban al padre Tom para hablar con él. Tan pronto como nos detuvimos, una multitud de hombres empezaron a rodearnos, muchos de ellos con miradas enojadas.

—Es hora de seguir adelante —decía el padre Tom, y continuábamos andando.

¿Cómo puede alguien vivir allí, de esa manera, y seguir siendo humano? Alrededor del antiguo embarcadero, hombres sentados remendaban sus redes de pesca, mientras que en el puerto, viejos guardacostas y esquifes de pesca se mecían con sus enormes velas, enmarcados por el océano esmeralda. El repentino destello de la belleza me desconcertó. Detrás de ellos estaban amarrados descomunales buques de carga en el muelle. Me percaté de que, allí cerca, un niño pequeño estaba de pie al borde del agua que lamía suavemente montones de detritus de plástico. Estaba haciendo volar una cometa casera, fabricada con varillas delgadas y bolsas de plástico. La miraba fijamente, paralizado, mientras planeaba en el cielo azul celeste, ajeno al asqueroso fango, desechos en descomposición y, en particular, al enorme cerdo que hocicaba a su lado. De hecho, parecía sereno, maravillado por la bonita máquina voladora que controlaba sobre su cabeza. Tras observarle durante algunos minutos, regresamos por unos callejones diferentes y pasamos junto a un hombre que cantaba acompañado por una guitarra casera, mientras su mujer le daba el pecho a un bebé. Ella nos ofreció una gran sonrisa. Sí, por supuesto que era posible vivir allí y conservar incluso tu humanidad.

Después, surgió otra sorpresa inesperada, cuando el padre Tom nos dirigió a una pequeña casa, fuertemente guardada, en cuyo interior había una estación de radio plenamente operativa. Nos explicó que un grupo de hombres jóvenes le habían venido con la idea; él los había ayudado a conseguirla y a ponerla en funcionamiento. Nos encontramos mirando a través de la pared de cristal del estudio mientras un entusiasta y joven *DJ* ponía otro tema. El padre Hagan susurró algo en su oído y el *DJ* interrumpió la canción para anunciar a sus oyentes que quería dar la bienvenida a unas visitas inesperadas de Inglaterra. (Más tarde regañamos al padre Tom y le recordamos que éramos escoceses, no ingleses y, un par de años más tarde, mucho tiempo después de que yo hubiera olvidado ese incidente, el padre Tom me llevó a visitar de nuevo la estación de radio. Esta vez, el *DJ* anunció espectacularmente a sus visitantes de ESCOCIA y puso a sus perplejos oyentes una grabación completa de *O Flower of Scotland* con gaitas.[22]

Salimos para continuar nuestro recorrido y, en poco tiempo, nos tropezamos con alguno de los líderes de las pandillas, entre los que se encontraba el más poderoso de todas las bandas, con su pelo al estilo rastafari y sus gafas de sol, que habló seriamente con el padre Tom en criollo. Finalmente, el padre Tom le dijo algo que le hizo reír con ganas y todos los jóvenes a su alrededor siguieron su ejemplo. A medida que andábamos, el padre Tom nos explicó que estaba intentando persuadir a los líderes de las bandas para que entregasen sus armas y negociar un acuerdo con el gobierno y la ONU. Estaba exasperado porque, la semana anterior, el presidente Preval había tenido una reunión secreta con ellos, después de la cual algunos de los pandilleros más ingenuos habían hablado con la prensa afirmando que el presidente estaba siendo forzado a doblegarse a sus puntos de vista. El resultado fueron unos titulares avergonzando al presidente. El padre Tom estaba diciendo a estos pandilleros que tenían que hacer algún gesto para reparar el daño. Temía que pudiera ser demasiado tarde y le preocupaba que la ONU estuviera preparando una invasión que diera lugar a una enorme pérdida de vidas. La relación entre estos líderes de pandillas y el padre Tom era muy interesante. Durante los pocos días que estuvimos con él, le llamaban por teléfono constantemente pidiendo consejo. El respeto que sentían por él era muy evidente; era el hombre que, casi en solitario, estaba alimentando y educando a los niños famélicos de su territorio. Por su parte, el padre Tom sabía que su relación con ellos era vital para que le permitieran trabajar allí; y que era igualmente importan-

22. *O Flower of Scotland*, que en español sería «Oh, flor de Escocia», es uno de los himnos oficiales de Escocia. [*Nota del traductor*.]

te no acercarse demasiado a su red. Estaba caminando por la cuerda floja moral: tratar de mantener su permiso para trabajar allí y, al mismo tiempo, no defender sus métodos de liderazgo. Nos explicó en voz baja que, hacía unas semanas, un hombre había metido una pistola por la ventana de su coche mientras aparcaba en Cité Soleil exigiendo que sacara las llaves del contacto y que se las diera. Se las arregló para escapar porque el hombre se giró por un momento, sin darse cuenta de que el padre tenía otro juego de llaves en el bolsillo que insertó en el contacto para salir a toda velocidad. Para horror del padre Tom, supo más tarde que la gente de allí se había enfadado tanto cuando oyeron lo que le había pasado que mataron al hombre en cuestión.

El jefe de la banda que controlaba la zona del puerto se ofreció a darnos una vuelta por su territorio. Esta era una parte importante de Cité Soleil por el hecho de que Haití es un punto de tránsito para las drogas que salen de contrabando desde América del Sur a Estados Unidos por barco. Las pandillas, probablemente, están muy implicadas en este tráfico. Tendría unos treinta años, era pequeño e iba con una camiseta desgastada. No parecía amenazador, y me preguntaba cómo había llegado a alcanzar la posición de jefe de la banda. Caminaba con nosotros alrededor de las chozas levantadas entre los montones de basura señalando con lástima a los niños más demacrados que nos rodeaban. Le pregunté qué podría hacer que las cosas mejoraran allí. Señaló al padre Tom y dijo:

—Comida y escuela para nuestros hijos.

El padre Tom se dio cuenta de que estaba grabando ese pequeño elogio y, posando hacia la cámara, hizo ver que le daba un puñetazo en la mejilla a cámara lenta.

Ahora ya sabía que el padre Tom era cualquier cosa menos un loco. Excéntrico, gracioso, valiente, temerario quizá, pero, sin dudarlo, loco no.

Cuando regresábamos, el padre Tom señaló a dos hombres trabajando en una azotea plana y me animó a que subiera para presenciar lo que estaban haciendo. Me alegro de haberlo hecho, porque, si no, nunca me lo hubiera creído. Estaban exponiendo al sol abrasador pequeños pasteles hechos de barro en ordenadas filas. Con el barro habían mezclado un poco de margarina y sal. En lengua criolla estos pasteles de barro son conocidos como *terre* y, tradicionalmente, se los dan a comer a las mujeres haitianas embarazadas en la creencia de que los minerales que contienen son buenos para sus hijos nonatos. Ahora, sin embargo, no eran solo las mujeres embarazadas quienes comían estos pasteles. Los productores de *terre* eran parte, quizá, de la única industria creciente en Cité Soleil, puesto que la gente tomaba medidas desesperadas para llenar sus estómagos vacíos. La gente de Cité Soleil se había rebajado a comer barro.

Más tarde esa noche rezamos un rosario juntos, en el tejado de la casa del padre Tom desde el que podíamos ver Cité Soleil a unos tres kilómetros de distancia. Mientras rezábamos podíamos ver los cohetes y escuchar las sordas explosiones de las tropas de la ONU que, una vez más, estaban atacando a las pandillas. El padre Tom, con desaliento, hizo algunas llamadas para organizar que su ambulancia fuera hasta allí y aparcara cerca.

Un rato antes, nos había enseñado el equipo completo de cirugía que había organizado en su casa; el lugar de trabajo de un cirujano que se había convertido en un especialista en heridas de bala.

Ahora ya sabía que Haití era un lugar extremadamente difícil para nosotros. Sin un entorno de seguridad y protección o, incluso, sin la disponibilidad de alimentos cultivados localmente, no siempre sería posible implementar nuestro modelo ideal. Pero no tenía ninguna duda de que se trataba de un lugar en el que debíamos suministrar las comidas de Mary's Meals, incluso si teníamos que hacer algunas concesiones. Aunque nuestra preferencia era siempre comprar productos cultivados en el país, estaba muy claro que los niños de allí no se iban a quejar si importábamos el arroz en esta etapa. Antes de salir de Haití llegamos al acuerdo con el padre Tom de que empezaríamos a suministrar las 4.500 comidas que necesitaban sus alumnos cada día escolar. No cabía en sí de contento.

Pero tenía otra tarea antes de volver a casa. Había hecho esta promesa sin tener asegurada todavía la financiación de la fundación de las islas Caimán. Yo les había explicado lo que queríamos hacer en Haití, incluyendo el apoyo a los 4.500 niños en Cité Soleil y, aunque me habían contestado con palabras muy amables, todavía no habían hecho ninguna promesa. Así que desde Haití viajé a las islas Caimán para hacer una presentación al consejo de la fundación, en busca de su apoyo. Estaban radicados en un entorno que no podía haber sido más diferente del que acababa de dejar atrás en Haití. En sus oficinas colgaban caras obras de arte y los hombres ante los que me invitaron a hablar eran unos señores elegantemente vestidos a los que se me hacía difícil interpretar, parecían carentes de toda emoción mientras hacía mi presentación. Expliqué lo que acababa de ver en Haití y nuestro plan. Describí la experiencia de ver las primeras comidas de Mary's Meals servidas en Haití y, por alguna razón, les hablé de mi encuentro con las misioneras de la caridad mencionando el hecho de que esas comidas se habían servido en el aniversario de la muerte de la madre Teresa. Para mi asombro, parecieron fascinados y conmovidos por esa información. Terminé mi presentación y les pedí una gran suma de dinero, todo el que necesitábamos para suministrar esas comidas escolares diarias durante el año siguiente. Tras algunas preguntas incisivas, finalmente, para mi gran alivio, dijeron que sí. Les di las gracias con entusiasmo y les pregunté sobre su reacción a la historia acerca de la madre Teresa.

Me explicaron que todo el dinero que la fundación tenía a su disposición había sido donado por una mujer muy rica. Tres años antes ella había tenido un sueño en el que la madre Teresa se le había aparecido y le había pedido que diera de comer a sus hijos en Haití. Este sueño le había causado tal impacto que la había llevado a proporcionar los fondos a la fundación. Mary's Meals en Haití era el primer proyecto que iban a financiar en cumplimiento de esa solicitud. Algunas veces sentía que Dios, simplemente, quería recordarnos quién determinaba la estrategia. En verdad, nunca he dudado, en los años transcurridos desde entonces, de que estábamos destinados a trabajar en Haití y hacer lo que pudiéramos para ver a más niños alimentados, sin importar lo difícil que fuera.

Por supuesto que no nos han faltado las dificultades. Para cuando el terremoto sacudió Haití, el 12 de enero de 2010, Mary's Meals estaba alimentando ya a 12.000 niños cada día de escuela. Unas horas antes del terremoto estaba hablando por teléfono con el padre Tom y con Doug Campbell. Me habían llamado desde el aeropuerto de Miami cuando regresaban a Puerto Príncipe desde Estados Unidos. Estábamos preparando un plan para empezar a alimentar a los «niños pies descalzos» —los niños de la calle de Cité Soleil—, una vez que las clases regulares en la escuela hubieran terminado, y para empezar a introducirlos en la educación básica. El padre Tom, de quien partía esta idea, me decía con excitación que estaban listos para empezar al día siguiente. Unas horas más tarde escuché las noticias del terremoto y mi corazón se hundió. Sin posibilidad de contactar con ellos, llamamos a sus familias en Estados Unidos y nos enteramos de que su casa se había venido abajo, matando a dos hombres jóvenes que vivían allí, pero que el padre Tom y Doug estaban vivos. No había conexión por teléfono y no era posible contactar con ellos. Durante los siguientes dos o tres días, mientras la prensa informaba de la escala del desastre sin precedentes y de los horrores que se estaban desarrollando en Puerto Príncipe y sus alrededores, la familia de Doug estaba fuera de sí por el temor a lo que hubiera sido de ellos. Ya habíamos puesto en marcha un llamamiento a gran escala, trabajando toda la noche para difundir la información a nuestros simpatizantes y a través de los medios de comunicación y, casi inmediatamente, empezamos a recibir una avalancha de donaciones. Entretanto, yo estaba intentando, a través de nuestros amigos en Miami, encontrar una manera de llegar a Haití. Como no había vuelos regulares, la demanda de pequeños aviones chárter era enorme. Finalmente conseguimos reservar uno. Empecé mi viaje a Miami; en la escala en Nueva York recibí buenas y malas noticias. Primero, para mi gran alivio, hablé con Doug Campbell, que me explicó que el padre Tom y él habían conseguido salir de Haití a través de la República Dominicana, pero que, tras haberse lamido las heridas y abrazado a sus seres queridos, ahora tenían la determinación de regresar lo antes posible, y querían que yo fuera con ellos para ayudar. Sin embargo, recibí una llamada de nuestro amigo y consejero fundador en Miami, Albert Holder, para decirme que el vuelo chárter que contratamos había fallado, pero que estaba intentando encontrar otra opción. De todas maneras, decidí continuar hacia Miami. Para cuando llegué a casa de Albert, ya me había enterado del increíble progreso que unos contactos lejanos habían hecho. Habían conseguido que nos reservaran dos asientos en un vuelo, si aparecíamos por el aeropuerto al día siguiente, ¡con la condición de no revelar, nunca jamás, ningún detalle!

Así fue como aterrizamos en Haití cuatro días después del terremoto, en nuestro vuelo misteriosamente concertado. Gran parte del edificio de la terminal se había derrumbado, caminamos directamente desde la pista hacia fuera, a la calle, que era un hervidero de personas entre las que había muchos niños pidiendo comida. Sobre las aceras, en las medianas de las transitadas carreteras, bajo las marquesinas de estaciones de servicio abandonadas y al lado de los restos de sus casas, cientos de miles estaban intentando encontrar algún lugar para dormir. Por todas partes había escombros y amasijos de hierros retorcidos. Enormes grietas recorrían las paredes inclinadas de los edificios, que parecían estar a punto de caer en cualquier momento. El palacio presidencial parecía un patético pastel de bodas machacado; el tejado roto de la catedral yacía destrozado en el lugar en el que la congregación acostumbraba a sentarse.

Me llamó la atención, al entrar en el pequeño patio del padre Tom Hagan desde la oscura y devastada ciudad, el sentido de orden y calma. Su casa de dos pisos se había reducido a un montón de escombros increíblemente pequeño. El patio era ahora el hogar temporal de algunas personas del equipo de Hands Together y de varias familias vecinas. En una esquina se había levantado un refugio provisional de estaño y lona para servir como nueva sede de la ONG. Fuera, en el patio, la gente se estaba preparando para ir a dormir, a pesar del rugido incesante de aviones y helicópteros saliendo y entrando de Puerto Príncipe. Algunas familias estaban durmiendo en un viejo minibús y otras en un camión aparcado en un rincón del patio. Junto al refugio, el padre Tom había creado una pequeña «capilla» con las cosas salvadas de su casa en ruinas; una mecedora, un crucifijo destrozado, una pequeña estatua de Nuestra Señora y una foto de los dos seminaristas que habían muerto bajo el hormigón derrumbado. Sus tumbas, marcadas con unas simples cruces de madera, estaban a pocos metros de allí. Nos reunimos para rezar en la capilla antes de acostarnos en el duro y polvoriento patio bajo nuestras mantas, para tratar de dormir un poco.

Esporádicos tiroteos en calles aledañas interrumpían la noche, así como los chillidos de la gente, gemidos y gritos de enfado. Yo era muy consciente de que una de las cuatro paredes de este anteriormente seguro recinto ya no estaba en pie para protegernos. En un momento dado, un perro me acarició con el hocico y se acurrucó hecho un ovillo para dormir a mis pies, y durante un rato, yo también lo hice.

A la mañana siguiente bajamos hasta Cité Soleil con algunas personas del equipo de Hands Together. Muchos de ellos habían perdido a familiares. La esposa e hija de Nelson, el director general de Hands Together, habían muerto al derrumbarse su casa; me impresionó que fuera capaz de concentrarse en el trabajo que debía hacerse. Nuestra visita a las escuelas, emotiva y amarga, reveló que todas ellas habían sido dañadas, tal vez sin posibilidad de reparación. Algunos miembros del equipo, hombres fuertes que habían crecido entre las pandillas de Cité Soleil, se derrumbaron y lloraron por primera vez ante mis ojos cuando vieron el estado de las escuelas que habían ayudado a construir. Los niños, que normalmente se beneficiaban de nuestras comidas diarias, estaban sentados fuera, entre los escombros, y los edificios, con peligrosas grietas, estaban desiertos. Nos abrimos paso cuidadosamente a través de la escuela de San Francisco de Sales hacia la cocina; el hedor se hizo insoportable y me preparé para los horrores que pudiéramos descubrir allí. Fue un gran alivio encontrar, únicamente, una gran olla de frijoles podridos. Fuera, nos encontramos con Vanesa y Marie, dos cocineras locales de Mary's Meals.

Nos explicaron que ellas «habían estado trabajando hasta los codos en esos frijoles», cocinando las comidas de Mary's Meals para el día siguiente, cuando el suelo empezó a temblar. Habían conseguido arrastrarse hasta ponerse a salvo. Nos mostraron sus piernas y brazos llenos de arañazos.

La vida en Cité Soleil había resultado menos afectada, en muchos sentidos, que en otras partes de la ciudad. La mayoría de los de allí nunca habían tenido suficiente alimento diario ni agua. Allí ya se morían muchos niños cada semana por causas relacionadas con el hambre. De entrada, no tenían ni agua corriente ni instalaciones sanitarias. Y los hogares hechos con hojalata endeble tienen menos probabilidades de matarte cuando se derrumban. Pero la necesidad de ayuda todavía era desesperada, y la inseguridad en Cité Soleil significaba que muchas ONG no podrían organizar acciones para ayudar de manera efectiva.

De regreso al pequeño recinto del padre, tuvimos una reunión con los maestros y los líderes de la comunidad, que habían estado viviendo en las calles desde el terremoto. Un equipo se encargó de hacer una evaluación inmediata de las necesidades en cada comunidad escolar: quién había muerto, quién había perdido su casa, cuál era la situación actual de la gente. Otro equipo debía recoger ladrillos reutilizables de los escombros alrededor de cada escuela. Tan pronto como fuera posible, debían reconstruir los muros del campus de la escuela para crear los fundamentos de seguridad que permitieran reanudar, de forma efectiva, el programa de distribución de alimentos. Entretanto, el camión cisterna que utilizaba cada día Hands Together para llevar agua potable a la gente de Cité Soleil ya estaba lleno de nuevo y listo para empezar su distribución. E incluso, mientras hablábamos, algunos hombres ya habían empezado a reconstruir los muros derrumbados del recinto y un grupo de mujeres estaba cocinando una olla de arroz para nuestra cena.

Durante nuestra conversación, Doug se dio cuenta de que, a menos que pudiéramos conseguir suministro de combustible, podríamos hacer muy poco. Bajamos a toda prisa hasta la inmensa ciudad de tiendas de campaña que la ONU había montado cerca del aeropuerto, donde muchos de los trabajadores de las ONG se habían establecido. Empezamos pidiendo combustible —aunque fuera solo un barril grande—, pero nos daban largas haciéndonos ir de oficina en oficina. Nadie parecía querer asumir la responsabilidad de darnos lo que necesitábamos urgentemente, a pesar de aceptar que representábamos a una organización que tenía una necesidad legítima y admitiendo que tenían un inmenso *stock* de combustible. Un joven sueco señaló hacia una carpa cercana y nos dijo que deberíamos unirnos a la reunión de coordinación que varias ONG estaban teniendo. Nos dimos cuenta enseguida de que no había ni una sola cara negra en esa concurrida tienda y, a medida que escuchábamos, nos quedó muy claro que la mayoría de ellos acababan de llegar a Haití. No pude evitar hacer la comparación con la reunión que habíamos tenido en el patio del padre Tom. Al cabo de un rato, un hombre se puso en pie y se presentó diciendo que pertenecía a una conocida ONG internacional. Habló extensamente del pobre alojamiento que les habían dado a él y a sus colegas. Estaba indignado por esto y algunos otros empezaron a levantar sus voces en apoyo. Doug y yo nos miramos. Me estaba empezando a preocupar que fuera a pegar a alguien. Mientras continuaba el vivo debate acerca de su alojamiento, nos fuimos directamente al depósito en el que podíamos ver los barriles de combustible apilados. Le dijimos al sorprendido hombre del almacén que necesitábamos uno ahora mismo y que, por favor, lo colocara inmediatamente en la parte posterior de nuestra camioneta porque teníamos mucha prisa. Ni tan siquiera se opuso y, unos minutos después, nos dirigíamos de vuelta a través de las lamentables calles con nuestra preciosa carga.

Aprendí mucho trabajando con el padre Tom y Doug. En los días posteriores al terremoto, empezaron a hablar sobre «la humildad en acción», como una guía para nuestro proceso de toma de decisiones y planteamiento; se trataba de enfatizar que debíamos recordar cuán pequeños somos en una situación como esta y la importancia de reconocer lo que podíamos y no podíamos hacer. Nos dio una orientación más precisa y nos permitió hacer algunas cosas muy bien en circunstancias extremadamente difíciles. Pero no solo fueron sus palabras las que me enseñaron cosas. En una visita, al cabo de seis meses, tras haber reconstruido algunos alojamientos temporales en su recinto para el equipo, me di cuenta de que el padre Tom todavía dormía en una tienda de campaña individual en el recinto. Le pregunté por qué no se había trasladado al alojamiento donde había camas adecuadas.

—Hoy en día hay cientos de miles de personas en Haití que todavía duermen en patéticas tiendas. Es un escándalo. Mientras ellos tengan que hacerlo, yo también lo haré y, de todas formas, casi me gusta —se rio.

En resumen, nos donaron 1.300.000 libras esterlinas en nuestra llamada de emergencia para Haití. A los dos meses del terremoto habían sido construidas aulas temporales y todos los niños recibían de nuevo su comida diaria. La siguiente fase consistió en reparar y reconstruir las escuelas dañadas. Al cabo de un año nos habíamos gastado todo el dinero y la increíble operación de Hands Together estaba funcionando de nuevo. Éramos capaces de pasar cuentas e informar a nuestros donantes de cada libra gastada. Entonces volvimos a nuestro trabajo diario: dar de comer a más niños hambrientos en Haití. De hecho, al final de ese año tras el terremoto, el número de niños que recibía las comidas de Mary's Meals en Haití había aumentado de 12.000 a 15.000. Una vez más, fui testigo de lo que era posible hacer cuando se trabaja de manera correcta con las comunidades locales y me sentía lleno de humildad por el espíritu de la gente del pueblo de Haití y su resiliencia.

Finalmente encontré la manera de salir de Haití tras el terremoto, en un pequeño avión de carga que habíamos fletado desde Miami para transportar un precioso cargamento de urgencia médica, que era necesario en Hinche. La noche antes de mi partida nos sentamos alrededor de la capilla al aire libre, una vez más, en la oscuridad. El padre Tom vio que estaba mirando su destrozado crucifijo, colgado de un árbol. La figura de yeso de Jesús estaba hecha pedazos; los cables de las extremidades sobresalían de la escayola rota. Me explicó que se trataba del crucifijo de su familia, que había estado colgado en su casa en Filadelfia mientras vivió allí. Tras convertirse en sacerdote, lo había mantenido en su hogar y, ahora, estaba encantado de que hubiera sido rescatado de entre los escombros de su casa derrumbada.

—No voy a repararlo nunca. Voy a mantenerlo como está —dijo—. Nos recuerda que Jesús también está roto, con nosotros.

Capítulo 13

Generación esperanza

> La filosofía de la educación en una generación será la filosofía del gobierno en la próxima.
>
> ABRAHAM LINCOLN

Justo antes de salir el sol sobre las colinas, al este del hogar de Gay, empezamos nuestro viaje a la aldea de Edward. Era junio de 2014, no había vuelto a verle desde nuestro único encuentro doce años atrás, cuando él tenía catorce y, sentado junto a su moribunda madre, contestó a mi pregunta sobre sus esperanzas y ambiciones: «quiero tener suficiente comida y un día ir al colegio».

Había llevado esas palabras que encendieron la chispa de la misión Mary's Meals a miles de auditorios por todo el mundo. Habían aparecido en periódicos de renombre y habían sido retransmitidas en muchos idiomas. Y, curiosamente, nunca me había cansado de repetirlas. Incluso en las ocasiones en que había dado siete u ocho charlas en un mismo día, parecían frescas y vitales cada vez.

Conducía Gay y yo estaba muy contento de que estuviera conmigo. Había sido ella quien había logrado organizar esta reunión e, indirectamente, también fue la responsable de mi primer encuentro con Edward. De hecho, era responsable de casi todas las increíbles cosas que habían sucedido durante estos doce extraordinarios años en Malawi. Mi hijo mayor, Calum, nos acompañaba en su primer viaje a Malawi (había prometido a mis hijos que los llevaría allí por primera vez cuando cumplieran los dieciséis). Empecé a explicarle historias sobre los primeros días de Mary's Meals mientras nos dirigíamos hacia el norte bajo un cielo claro y azul. El marido de Gay, David, que aparecía en muchas de nuestras historias, había fallecido en 2010, tiempo después de unirse a nosotros en una reunión de Mary's Meals en Medjugorje. Durante esa semana decidió subir con Gay el sendero rocoso del Krizebac, la «montaña de la cruz», donde ambos tuvieron una experiencia muy profunda de gracia y sanación. Exactamente un año más tarde, moría a la puerta de su casa de un infarto, risueño, en brazos de Gay. Mientras proseguíamos el viaje, tomé profunda conciencia del paso de los años y, juntos, rezamos los misterios gozosos del rosario.

De vez en cuando, después de dar mis charlas, la gente me preguntaba qué le había pasado a Edward y a sus hermanos y hermanas. La pregunta me dolía porque la verdad era que no tenía ni idea de lo que había sido de ellos. Yo le había conocido en una gira relámpago a varios poblados durante la hambruna de 2002, en una visita fugaz a una aldea cerca de Balaka; y no fue en esa región donde empezamos a servir las comidas. De hecho, las comidas de Mary's Meals no habían llegado a Balaka hasta diez años después. En ese momento habíamos intentado encontrar a Edward, pero nos dijeron que se había marchado de la zona. Supuse que nunca le volvería a ver, pero, unas semanas antes de esta visita, le pedí a Gay Russell que lo intentara una vez más. Habló con el sacerdote italiano de Balaka, el padre Gamba, que había sido quien nos llevó a conocer a la familia de Edward por primera vez, y le enseñó la fotografía que habíamos tomado en 2002 de los niños con su madre moribunda. Para mi sorpresa, recibí contestación de Gay diciendo que esta vez los había encontrado, de vuelta en el mismo sitio en el que le hallamos la primera vez. La madre había muerto unos meses después de conocernos, pero alguno de los hijos todavía vivía allí, y Edward, ahora casado y con un hijo, residía en una aldea a pocos kilómetros de distancia. El padre Gamba se ofreció para organizar un encuentro con él. Sería oportuno que tuviera lugar en la fiesta de la Visitación. Esa mañana, antes de emprender nuestro viaje, me había sentido alentado al leer el pasaje de las lecturas del día.

«Que vuestro amor no sea fingido —había escrito san Pablo a los romanos—. En la actividad, no seáis negligentes; en el espíritu, manteneos fervorosos, sirviendo constantemente al Señor... Compartid las necesidades de los santos... Alegraos con los que están alegres; llorad con los que lloran. Tened la misma consideración y trato unos con otros, sin pretensiones de grandeza, sino poniéndoos al nivel de la gente humilde.»

«Poniéndoos al nivel de la gente humilde.» Eso era difícil en ocasiones. Las barreras entre los ricos y los pobres, entre los educados y los analfabetos, entre los habitantes de Malawi y una persona procedente del país que alguna vez les había hecho formar parte de su imperio... sentía a menudo que eran imposibles de romper. Mientras nos dirigíamos hacia Balaka me preguntaba sobre mi relación con los pobres. Una parte de mí no tenía ganas de encontrarse con Edward porque yo sabía que, para él, Mary's Meals había llegado demasiado tarde.

El largo pelo y la barba del padre Gamba habían encanecido desde la última vez que le vi. Mi primer y breve encuentro con él, años atrás, me había dejado con el vago recuerdo de alguien que se parecía a Jesús. El sacerdote misionero italiano era ahora mucho mayor que el Jesús crucificado, pero sus sonrientes ojos y arrugado rostro bronceado rebosaban, más que nunca, su santidad. Era un sábado por la mañana y antes de ir a nuestra cita con Edward nos llevó hasta el cercano club de jóvenes de la parroquia donde cientos de niños se reunían cada fin de semana para jugar, bailar y cantar, y también para hacer obras de caridad en sus locales comunitarios. Cuando llegamos, los niños aplaudieron y cantaron su bienvenida.

«¡¡Mantened el fuego ardiendo!!», era su lema, y lo cantaron a voz en grito para nosotros antes de que charláramos con ellos durante un rato. Nos contaron que habían ayudado a construir algunas casas para las familias desfavorecidas del pueblo, y nos hablaron de una aldea muy remota en una montaña cercana, a dos horas de la carretera más próxima, que habían empezado a visitar con el padre Gamba. Estaban ayudando a los niños de allí a poner en marcha un club juvenil como el suyo y estaban construyendo una guardería con ellos para los más pequeños. Pregunté si alguno de ellos conocía Mary's Meals, y todos levantaron la mano, riendo y diciendo que ellos tomaban la comida de Mary's Meals cada día en sus escuelas. Antes de marcharnos, nos pidieron encarecidamente que intentásemos llevar las comidas de Mary's Meals a la aldea de la montaña. Nos explicaron que harían nueva una visita allí el próximo domingo, fiesta de Pentecostés, y preguntaron si nos gustaría ir. Les dije que lo intentaríamos.

Desde allí recorrimos las pistas polvorientas para encontrarnos con Edward. Aparcamos fuera de una casa sencilla, junto a la carretera, fuera de la cual unas chicas adolescentes y mujeres jóvenes estaban sentadas con bebés y niños a su alrededor. Algunos de los críos parecían desnutridos. Un bebé yacía bajo una manta tiritando de fiebre. Las saludamos y dos de ellas, tímidamente, se presentaron como Angelina y Maya, las hermanas más pequeñas de Edward, y llamaron a su hermano menor, Chinsini, para que viniese a saludar. Sacaron algunas sillas para que pudiéramos sentarnos fuera de la casa y nos explicaron que la parroquia había construido este hogar para ellos, porque todos eran huérfanos. Algunas personas nos saludaron y, después de unos minutos, un joven flaco apareció y me dio la mano. Frunció el ceño con ansiedad.

—Yo soy Edward —dijo tras un momento de silencio incómodo, lo que me pilló desprevenido porque no se parecía en nada al Edward que yo tenía en mente.

Tenía el rostro triste y cansado, con una nariz prominente. También él parecía nervioso y supuse que se sentía inseguro y, quizá, temeroso acerca de por qué habíamos querido verlo.

Le pregunté si recordaba nuestro encuentro doce años atrás y dijo que por supuesto que lo recordaba. Me condujo a una pequeña choza, construida con ladrillos de barro, en la que había tenido lugar aquel encuentro. Me sorprendió verla en pie exactamente como la recordaba. No parecía que hubiese sido construida para durar tanto tiempo. Empecé a hablar con Edward de su vida.

—Desde que mi madre murió no he tenido más que problemas, y dado que nunca pude ir a la escuela, cada uno de esos problemas se ha duplicado.

Se le veía abatido y, tal vez, también un poco enojado.

Le pedí que me contara más, esperando que pudiera decirme cosas agradables.

—Cultivo algo de maíz. Pero es difícil.

—¿Cómo fue la cosecha? —le pregunté.

—Obtuve cuatro sacos de maíz.

—¿Cuánto tiempo durará para ti y tu familia?

Se encogió de hombros y lo pensó un momento.

—Entre dos y tres meses, creo —respondió finalmente, pero parecía inseguro y agobiado por la pregunta—. Pero estoy preocupado por mis hermanos y hermanas. Aquí tampoco tienen suficiente para comer.

Me volví hacia Maya y Chinsini, los dos pequeños que todavía iban a la escuela primaria local.

—¿Os dan *phala* en la escuela? —pregunté, tras comprobar previamente que las comidas de Mary's Meals ya se estaban sirviendo en ese distrito.

Sonrieron abiertamente por primera vez desde que había llegado.

—¡Sí! ¡Todos los días nos dan *phala* en la escuela!

Maya nos explicó que ella estaba terminando la escuela primaria y que ya había hecho sus exámenes.

Le pregunté a Edward si había oído hablar de Mary's Meals.

—Sí, es un grupo que está alimentando a niños en las escuelas por aquí.

Entonces le expliqué la historia de Mary's Meals y la parte que nuestro primer encuentro había tenido. Le expliqué que las comidas no se estaban sirviendo solo allí, sino que se servían a niños de todo el mundo. Mientras hablábamos llegó su mujer con su hijo de dos años de edad.

—Él es Blessing[23] —dijo Edward sosteniendo orgullosamente a su hijo. Por primera vez, estaba sonriendo—. Sí, por supuesto que quiero que vaya a la escuela. Cada

—¿Irá Blessing a la escuela cuando sea mayor? —le interrogué—. Y en la escuela de tu aldea, ¿también está Mary's Meals? —me sonrío—. Sí, está. Allí recibirá su *phala* cada día.

23. *Blessing* quiere decir «bendición» en inglés. [*Nota del traductor.*]

padre quiere lo mejor para su hijo. Todos los padres quieren que sus hijos vayan a la escuela —respondió con voz emocionada.

Mientras conducíamos en silencio de regreso hacia Blantyre, pasaban por mi mente muchos pensamientos y sentía en el corazón emociones confusas: tristeza por la pobreza en la vida de Edward, alegría porque las vidas de sus hermanos menores e hijo recibirían la ayuda de Mary's Meals, y una culpabilidad persistente por haber usado sus palabras durante todos estos años mientras él continuaba sufriendo, atrapado en la misma trampa de la que estábamos tratando de ayudar a escapar a otras personas. Pero, más que nada, sentía el deseo, más intensamente que nunca, de poder llegar a más niños con las comidas de Mary's Meals tan pronto como fuera posible. Tenía en mente los evidentes contrastes entre la vida de Edward y la de Verónica, a quien había conocido el día anterior.

Habíamos ido a encontrarnos con ella en su pequeña casa de ladrillo en Chilomoni, el municipio a las afueras de Blantyre cuyos niños habían sido los primeros en recibir las comidas de Mary's Meals doce años atrás. Caminamos entre los puestos del mercado rebosantes de una colorida vida, pescados plateados secados sobre tablones, chancletas multicolores colgadas en paquetes y tomates de color rosa translúcido cuidadosamente apilados en pirámides. Algunas mujeres estaban sentadas entre pilas de carbón negro embolsado para su venta. Verónica nos estaba esperando en la puerta de su casa, llevaba un colorido vestido. Nos dio la bienvenida con una enorme sonrisa y nos invitó a su sencillo y ordenado hogar, explicándonos que sus dos hermanas, que la habían criado, estaban fuera de casa trabajando. Tenía dieciocho años y acababa de terminar la escuela secundaria, una hazaña increíble para una niña de esta comunidad que había crecido sin el apoyo de sus padres. Empezamos a charlar y a preguntarle acerca de su infancia.

—Perdí a mi padre cuando tenía once meses y, luego, a mi madre cuando tenía nueve años —dijo mirándose las manos—. Algunas veces pasaba una semana entera sin comida. Estaba débil. En aquel entonces mis hermanos y hermanas no tenían trabajo y solíamos compartir la comida.

»Tiempo después empecé a recibir los tazones de papilla, en el año 2005, desde quinto de primaria en adelante. Me esforzaba todo lo que podía antes de comenzar a tomar la papilla, pero la comida mejoró mi rendimiento. Cuando iba a clase tenía el estómago lleno y podía concentrarme y escuchar, porque tenía más energía que antes.

Cuando preguntamos sobre su vida actual, se le iluminó la cara y se animó.

—Muchos de mis viejos amigos del colegio se han casado. Pero yo me quiero concentrar en mi educación porque he sufrido mucho y creo que la educación es la única salida. Por eso trabajo duro.

Una enorme sonrisa brilló en su cara mientras nos daba una noticia muy especial.

—¡He sido seleccionada para ir a la Universidad Politécnica!

—¡Eso es increíble! —grité—. ¡Impresionante! ¿Qué vas a estudiar?

—Voy a ir a la Escuela de Negocios y de Ciencias de la Educación. ¡No estoy segura de si quiero trabajar en un banco o ser maestra! —dijo riendo, incapaz de contener su entusiasmo ante la vida que se desplegaba ante ella.

Tenía en mente el optimismo efervescente de Verónica y el sombrío trabajo agotador de Edward cuando asistí a una reunión muy diferente, al día siguiente, en la Sala Superior de la casa Mandela en Blantyre. Se cree que es el edificio más antiguo que se mantiene en pie en

Malawi, construido por los hermanos Moir de Glasgow en 1892, como emplazamiento para su African Lakes Company. Mientras que la planta baja es ahora una galería de arte y un restaurante, el piso superior se ha convertido en una biblioteca y en una sala de conferencias, cuyas paredes están adornadas con descoloridas fotografías históricas y recuerdos ligeramente incómodos del pasado colonial de sabor escocés.

Anastasia Mosa, presidenta del Tribunal Supremo de Malawi (y la primera mujer en ocupar el cargo en ese país), se disculpó por llegar un poco tarde. Nos sorprendió que fuera capaz de venir, considerando que el país estaba en mitad de una crisis poselectoral, con graves denuncias de manipulación fraudulenta de los votos por parte del presidente saliente, lo que retrasaba el anuncio de nombramiento de un nuevo presidente. Anastasia se sentó junto al honorable Justin Malawezi, hombre de complexión delgada, avanzada edad y gafas, quien, como exvicepresidente de Malawi, también tenía un profundo conocimiento de la situación política actual. Alrededor de la mesa se sentaban otras personas de confianza: David Haworth, antiguo director general de Illovo Sugar, una de las mayores compañías azucareras del país y, por supuesto, Gay Russell, quien había estado presente conmigo en esas reuniones desde las primeras que tuvieron lugar en el salón de su casa. Hitesh Anadkat, miembro destacado de la comunidad de negocios indoasiática en Malawi, había enviado sus disculpas por no poder asistir en esta ocasión.

Teníamos una apretada agenda que atender antes de la comida, empezando por los informes de nuestro nuevo director de País, Chris MacLullich, y nuestro director de Operaciones, Panji Kajani. Destacamos el hecho de que Mary's Meals estaba ahora sirviendo a casi 700.000 niños cada día en Malawi —cerca del veintiséis por ciento de la población en edad de asistir a la escuela primaria— y analizamos la mejor manera de colaborar con un nuevo gobierno para animarle a dar apoyo a nuestro trabajo y, en última instancia, establecer un programa extensivo de alimentación escolar por sí mismo. El gobierno de los últimos años había adoptado una política universal de alimentación escolar; había empezado a suministrar alimentos a un pequeño número de escuelas, al tiempo que ponían de relieve que el impacto de Mary's Meals en su país era uno de los principales catalizadores que había dado pie a dicha política. Si bien todos nosotros, sentados a la mesa, estábamos muy animados porque el gobierno había admitido que las comidas escolares eran esenciales, también reconocíamos que, con los escasos recursos que tenían a su disposición y el hecho de que los presupuestos para educación y salud ya eran tremendamente escasos para atender las necesidades básicas, era poco probable que el gobierno de Malawi pudiera proporcionar comidas a gran escala en el corto plazo. Hablamos de cómo podríamos apoyarlos compartiendo nuestras habilidades y metodologías, aunque conservando siempre nuestra propia independencia. Entretanto, reconfirmamos nuestros planes de seguir expandiendo Mary's Meals a las escuelas en nuestras listas de espera tan pronto como nos lo permitiera nuestra financiación. Por favor, Dios, haz que, un día, el gobierno de Malawi esté en condiciones de hacerse cargo de nuestro programa para que seamos innecesarios allí —sería un gran éxito para nosotros y nos permitiría concentrar los esfuerzos en otros lugares con necesidades—, era nuestro deseo. Pero estábamos de acuerdo en que, hasta que eso fuera una perspectiva realista, continuaríamos trabajando tan duro como siempre para llegar a la siguiente escuela con necesidades de comida de nuestra lista.

Asimismo, nos enteramos de que estábamos teniendo mucho éxito en fomentar que las comunidades escolares empezaran proyectos de plantación de árboles. La deforestación es un problema enorme en Malawi y, aunque desde hacía mucho tiempo estábamos comprometidos a utilizar los fogones más energéticamente eficientes en las cocinas escolares, también queríamos que la comunidad escolar, que era responsable del aprovisionamiento de su propia leña, plantara árboles para que su fuente de combustible fuera reponiéndose. Entonces se nos expuso la información actualizada del inminente inicio de Mary's Meals en la vecina Zambia. Habíamos viajado a Zambia unos días atrás —mi primera visita a ese país— y habíamos visitado algunas escuelas alrededor de Chipata, cerca de la frontera con Malawi, que serían las primeras en recibir los alimentos. Era una zona que tenía grandes necesidades, con un número elevado de niños locales que no estaban matriculados en la escuela. Me quedé perplejo al ver lo cerca que están esas aldeas de las escuelas que ya estaban recibiendo las comidas de Mary's Meals en el lado malawita de la frontera, y me sorprendió enterarme de que los niños de Zambia cruzaban a diario la frontera para asistir a esas escuelas donde recibirían una comida. Chris y Panji nos dijeron que confiaban en que el nuevo programa de Mary's Meals pararía este tráfico fronterizo.

Justin Malawezi explicó entonces que esa zona de Zambia podía haber sido parte de Malawi. En ambos lados de la frontera la gente es de la etnia chewa, como lo son la mayoría de las personas de Malawi, incluido él mismo. Es asesor especial del rey de los chewa y tiene un gran conocimiento de las formas de organización tradicional que, de alguna manera, nosotros necesitamos comprender del mismo modo que las estructuras políticas actuales. La intuición y los comentarios informativos de Justin sobre estos temas era algo que yo siempre esperaba en estas reuniones.

—¡Estoy contento de que Mary's Meals se esté expandiendo por el reino chewa, en lugar de seguir las actuales fronteras de Malawi! —observó con una sonrisa—. ¡Tal vez deberíamos empezar en Mozambique a continuación! También hay una gran población chewa allí, ¿sabes? —dijo riendo.

Terminamos los últimos puntos del orden del día: un repaso a los parvularios, precios actuales de los alimentos y fluctuaciones de la divisa, antes de marchar por caminos separados.

Durante la reunión, había estado un poco distraído por la invitación que nos habían hecho en el club juvenil para subir a esa montaña el domingo de Pentecostés y conocer a sus amigos en la cima. Era una invitación a la que parecía imposible resistirse y, así, a primera hora del siguiente domingo, Calum y yo nos encontramos con el padre Gamba y su grupo de jóvenes al pie de la montaña Chaoni. Nos acompañaban Chris MacLullich y su mujer liberiana, Mercy, junto con su hijo Tony, de ocho años. El trillado camino de tierra roja subía abruptamente por las laderas boscosas de la montaña. Los miembros del club juvenil, trepando con nosotros, llevaban varias bolsas y paquetes de regalos para sus amigos que vivían mil metros por encima. Pasamos junto a algunas chicas, quizá de doce años, que descansaban junto a grandes haces de leña que llevaban camino arriba. Mientras más ascendíamos, empecé a darme cuenta de que aquellos que adelantábamos no nos contestaban con la respuesta estándar cuando les decíamos *muli bwanji*, el saludo habitual chichewa, que quiere decir «¿Cómo estás?». El padre Gamba nos explicó que aquellos que vivían en la montaña eran de la tribu yao, con lengua propia. Escalamos sobre torrentes y enormes rocas redondas, por encima de las laderas boscosas, para encontrarnos en medio de campos de maíz, boniatos y grupos de bananeros bien cuidados. Las vistas sobre las llanuras que se extendían a nuestros pies eran estimulantes. Tras dos horas de dura escalada llegamos hasta la meseta en lo alto de la montaña, donde empezamos a encontrar grupos de casas. Unos niños pequeños, que habían estado batiendo el maíz a la puerta de sus casas, se detuvieron y se quedaron mirándonos fijamente, con la boca abierta, mientras los saludábamos al pasar. Finalmente llegamos a una aldea mayor en la que podíamos escuchar, en buena armonía, los tambores y hermosas canciones de alabanza que salían de su iglesia. La gente ya estaba llegando a misa, entre ellos varios ancianos musulmanes con sus gorras de oración, quienes tomaron asiento en los últimos bancos de la iglesia. Parecía apropiado, en esta fiesta de Pentecostés, el día en que el Espíritu Santo había permitido a la gente de diferentes idiomas entenderse los unos con los otros, estar sentado en una iglesia junto a mis amigos escoceses, liberianos y chewa, escuchando misa en una lengua de la que nunca jamás había oído hablar antes. Y, como siempre, la misa era muy familiar y, al mismo tiempo, muy nueva.

Tan pronto como dejamos la iglesia caímos en una emboscada. El padre Gamba, obviamente, le había contado a la gente de Chaoni que sus visitantes eran de Mary's Meals. En un campo de fútbol cercano, varios cientos de personas se habían reunido para darnos la bienvenida. Algunos de ellos, incluyendo al jefe supremo, habían viajado desde la montaña vecina para estar allí. Nos invitaron a sentarnos en una hilera de sillas y nos entretuvieron con canciones, danzas y competiciones del juego de tirar de la cuerda. Los ancianos pronunciaron una serie de discursos y nos presentaron sus regalos.

El jefe me obsequió con un hermoso bastón de mando, pulido, de color negro. Entonces, una vez que nos hubieron cautivado con su bienvenida, nos leyeron una petición para llevar las comidas de Mary's Meals a su comunidad. Nos enteramos de que había más de 5.000 personas viviendo en las aldeas de la meseta y que su única escuela tenía 917 estudiantes. Muchos niños no iban al colegio y cuando miramos sus registros pudimos ver que la tasa de abandono era terriblemente alta. Una clase de más de cien en primero de primaria se había reducido a solo trece alumnos en octavo. La pobreza y el hambre estaban cobrando su peaje habitual a los críos que vivían aislados en las montañas.

Después de oír esto y sus discursos, después de recibir sus regalos delante de cientos de niños expectantes, cuando me invitaron a dar una respuesta a la petición que nos acababan de hacer, me levanté bastante incómodo. Mientras que una parte de mí se sentía un poco molesta por su orquestada «emboscada», que me había pillado desprevenido, no podía menos que admirar su determinación y planificación. Estaba claro que deseaban con fervor las comidas de Mary's Meals para sus hijos. Después de darles las gracias por su bienvenida y sus regalos, les dije que solo habíamos subido a la montaña para celebrar Pentecostés con ellos y que su petición me había sorprendido. Expliqué que teníamos muchas escuelas en nuestra lista de espera y que, para cada una de ellas, hacíamos un cuidadoso proceso de estudio con la comunidad para llegar a un acuerdo de colaboración. Además, para Chaoni, tendríamos que encontrar la manera de transportar la comida desde la carretera más cercana hasta su escuela a través de una dura caminata de dos horas. Nos dieron una respuesta inmediata y nos dijeron que estarían encantados de bajar y transportar los alimentos desde una aldea al pie de las montañas si pudiéramos llevarla hasta allí para sus hijos. Acordamos que volveríamos muy pronto para mantener reuniones más formales con los líderes de la comunidad. Nos despedimos y, con los niños del club juvenil que nos habían guiado hasta allí y que ahora estaban felices de que sus amigos de lo alto de la montaña quizá pudieran recibir las comidas de Mary's Meals, descendimos la montaña.

Me sentí como si, ese día, hubiera visto dos mundos chocar alegremente en lo alto de la montaña. En cierto modo, toda la historia de Mary's Meals es una serie de colisiones o de reuniones entre individuos y comunidades, capaces de escucharse los unos a los otros. Cuando personas muy dispares se acercan unas a otras, con el deseo compartido y la voluntad de ver a sus hijos hambrientos alimentados, se crea una irresistible fuerza para hacer el bien. Es muy conmovedora la idea de la gente de Chaoni: descender al pie de la montaña y encontrarse con nosotros para hacerse cargo de los alimentos enviados por personas de lugares lejanos y transportarlos por caminos empinados con objeto de cocinarlos para sus hijos. Me gustaba especialmente el hecho de que, en este caso, habían sido los niños los que nos habían guiado montaña arriba para que otros niños, incluso más hambrientos que ellos, pudieran comer.

Parecía que, mirara hacia donde mirara, veía una nueva, brillante y joven generación que ahora estaba liderando el camino.

No lejos del hogar de Gay está la maravillosa escuela Jacaranda para huérfanos. La primera vez que vi a Marie de Silva, la notable fundadora de esa escuela, fue en la gala de los Héroes de la CNN, en Los Ángeles (ella también había sido nombrada «heroína» el año anterior). Nos hicimos grandes amigos de Marie y su marido Luc. Los huérfanos de su escuela recibían las comidas de Mary's Meals cada día y, a cambio, nosotros recibíamos mucho más. Allí cantaban magníficamente las canciones que habían escrito sobre Mary's Meals, como *One Cup of Porridge* (Un tazón de papilla) o *Let Us Be Educated* (Recibamos educación) y me hacían llorar cada vez que las cantaban, y eso es precisamente lo que hicieron tan pronto como Calum y yo llegamos para hacerles una rápida visita. Unos meses antes, habíamos invitado a Escocia a dos de sus más famosos cantantes, Vanessa y Joyce, quienes cautivaron a una multitud de más de mil personas durante nuestro Día de Puertas Abiertas anual; a continuación viajaron a otro evento de Mary's Meals, en un hermoso palacio en Viena, donde cantaron para los príncipes de Liechtenstein y otros muchos distinguidos invitados. Era estupendo verlos de nuevo, esta vez de regreso en el ambiente más familiar de su aula. Todavía comentaban el viaje de su vida, y muchos de los niños nos preguntaban cómo podían ayudar a Mary's Meals en Malawi. Aunque parezca increíble, cuatro de sus excompañeros de clase, que se habían graduado recientemente en Jacaranda, eran ahora empleados remunerados de Mary's Meals. Hay algo profundamente gratificante en poder emplear personal que a su vez ha sido alimentado con las comidas de Mary's Meals en la escuela.

Recientemente había estado en Liberia y había pasado algún tiempo con Boakai, ahora monitor de Mary's Meals y miembro vital de nuestro equipo. Me sorprendió al decirme que él había estado entre los niños pequeños que habían hecho cola para comer los primeros platos de Mary's Meals servidos en su país. Recuerdo aquel día con claridad. Boakai me explicó que, de niño, había vivido con su abuela cerca de Massatin, la colonia de leprosos donde habíamos elegido servir esas primeras comidas de Mary's Meals en Liberia. Me contó que tenía que caminar casi cinco kilómetros cada día para recibir las comidas y asistir a la escuela. Después de nuestra charla, vi cómo montaba en su motocicleta y, tomando el accidentado camino, haciendo eses para esquivar los profundos baches, se dirigió a las remotas escuelas que tenía que visitar ese día para escribir sus informes. Pasó junto a la estación de radio, a la vuelta de la esquina, donde trabaja Meloshe, una de las estrellas emergentes de Liberia. Es el director del noticiario de la popular emisora regional y dirige un equipo de veintidós personas.

Este servicio de radio independiente exige al gobierno, con valentía, que rinda cuentas, y en ella participan animados oyentes que tienen conciencia política, y organizan debates sobre temas de actualidad.

Hace diez años, la vida de Meloshe había sido destrozada por las fuerzas rebeldes, que le expulsaron de su hogar durante la guerra civil. Más tarde, con la ayuda de Mary's Meals, recobró la oportunidad de una educación.

—Mary's Meals me ayudó a llegar donde estoy ahora —afirma con orgullo.

Muchas personas de su generación, que han disfrutado de las comidas de Mary's Meals, están ahora empezando a construir un nuevo futuro mucho más brillante para sus países. En mi última visita a Haití, me dieron una apabullante bienvenida en una de las escuelas de Hands Together en Cité Soleil. Al llegar, me encontré con un campus completamente engalanado con carteles hechos a mano que hablaban de Mary's Meals. En un balcón, sobre el patio central, se encontraban tres niños inclinados sobre la barandilla para atar una pancarta en la que se podía leer «No hay educación sin comida». Las flores adornaban una puerta en la que habían escrito «Bienvenidos, Magnus y Mary's Meals». En la cocina, un equipo de cocineras, que llevaban delantales de Mary's Meals, estaban trabajando bajo un enorme letrero que decía «Gracias, Mary's Meals».

Yo estaba disfrutando de su impresionante y entretenido concierto escolar cuando, para mi gran sorpresa, Jimmy subió al escenario y tomó el micrófono. Había conocido a Jimmy en 2010, unos meses después del terremoto, cuando era el delegado de la escuela. Le había preguntado sobre su vida. Me impresionó mucho por su inteligencia y su enfoque positivo, a pesar de que vivía en una humilde, minúscula y destrozada casa de hojalata en la zona más pobre de Cité Soleil. Me había hablado entonces de su pasión por estudiar agricultura para ayudar a la gente de Haití a cultivar sus productos y escapar de la dependencia de la ayuda. Desde el escenario de la escuela se dirigió con pasión y confianza a nosotros y a los alumnos allí reunidos. Nos explicó cómo había recibido las comidas de Mary's Meals durante muchos años.

—He descubierto ahora que Mary's Meals me ayudó física, moral y espiritualmente; fortaleció mi cuerpo, me hizo pensar en compartir con los demás y eso me llevó a meditar sobre el «sí» de María y el «sí» de todos aquellos que sirven las comidas de Mary's Meals.

Por un momento, su sonriente arrogancia lo silenció, ahogada por la emoción. Al bajar del escenario la audiencia aplaudió con estruendo y clamaron su aprobación. Jimmy, que ahora estaba trabajando para Hands Together, gozaba de mucha popularidad por esos lares.

Más tarde, cuando las clases habían terminado, fui testigo de algo que me conmovió aún más profundamente. Por fin estaba en marcha y funcionando un proyecto especial que se había planeado que comenzase el día en que el terremoto golpeó esta tierra. Los «niños descalzos» que vivían en las calles del suburbio estaban ahora invitados a recibir una comida diaria, al acabar las clases regulares en la escuela. Algunos de esos niños habían llegado desnudos, unas semanas atrás, pero ahora el padre Tom les había dado a todos camisetas y pantalones cortos.

Vi cómo 1.353 de esos pequeños descalzos hacían cola para recibir sus platos de arroz, pescado y frijoles. Los devoraron en silencio antes de dirigirse riendo y charlando a las aulas de la escuela donde habían empezado a recibir sus primeras lecciones; las impartían jóvenes voluntarios recientemente graduados en esa misma escuela. François es uno de los que había regresado para dar algo a cambio. Vestía una camisa blanca y una corbata azul, tenía muy buena planta y era bien parecido. Se le veía muy animado mientras señalaba las letras en la pizarra y hablaba a los harapientos y delgaduchos niños frente a él. François conoce el sabor de Mary's Meals. Sabe que, para él y para los niños que tiene delante, la educación es su única esperanza, la única manera de escapar de la violencia, la miseria y el hambre a su alrededor. Y por eso entrega su tiempo para estos niños, feliz, sin compensación económica alguna.

Cuando finalmente dejamos la escuela, observé otro cartel más, de entre los cientos que habían sido cuidadosamente escritos a mano, que proclamaba la gratitud y el amor por las comidas de Mary's Meals. El tipo de letra y la pequeña falta de ortografía sugerían que había sido escrito por uno de los alumnos más jóvenes, quizá por uno de los «niños descalzos».

Simplemente decía: «La comida lo *ace* mejor».

Epílogo

Es verano y el río Orchy baja cargado y estrecho, y lo suficientemente caliente para que mis hijos puedan darse un chapuzón. Hace un rato que los vi trotando por el camino de la granja, por la ventana de mi cobertizo, en dirección a la poza de Corryghoil, con sus toallas y fiambreras. Por un momento estuve tentado de unirme a ellos, pero tengo un par de cosas que hacer.

En la actualidad hay más de un millón de niños que comen todos los días lectivos, en más de 1.200 escuelas, gracias a Mary's Meals. De mi pared cuelgan nuevos dibujos hechos por algunos de ellos. Todo esto ha crecido y se ha desarrollado de una manera tan extraordinaria que no deja de sorprenderme y llenarme de una sensación de misterio y asombro. No sería sincero, sin embargo, decir que nunca esperé que nuestro trabajo creciera tanto. Durante mucho tiempo he sentido que la visión de Mary's Meals es tan convincente y la gente de buena voluntad tan numerosa que tenía que ocurrir así. Esa es la razón por la que estamos celebrando este hito como «El primer millón». El hecho de que siga habiendo muchos millones más sin comer cada día y de que miles de personas mueran diariamente por causa del hambre es un escándalo que clama que esta misión nuestra no ha hecho más que empezar.

Cuando llegamos por primera vez a un millón, pedí a nuestro preparado equipo de la oficina de Glasgow que me informara de qué podríamos hacer para dar de comer al resto de ellos en la escuela, es decir, a todos los niños del tercer mundo en edad de asistir a la escuela primaria. Pero fue un error. La hoja de cálculo que me enviaron me indicaba que, para suministrar las comidas de Mary's Meals a cada niño en Malawi, según nuestros costes actuales, se requeriría un presupuesto anual de veintidós millones de libras esterlinas. No me resistí a escribir ese importe en Google. Vi que había una casa en venta en Londres por la que pedían ese precio y que un diamante naranja muy raro había sido recientemente vendido por el mismo importe. No estoy seguro de que los diamantes naranjas sean como los que se extraen en Liberia, pero las cifras indicaban que, actualmente, solo necesitaríamos un poco más de la mitad del valor de ese diamante para alimentar a todos los niños de la escuela primaria de esa nación cada año.

Me doy cuenta, también, de que las ventas anuales de *whisky* escocés son similares a la cifra total necesaria para dar de comer a todos los niños que actualmente no reciben comida en las escuelas primarias de toda África. Pero entonces cerré la hoja de cálculo, pensando que no debería perder mi tiempo en eso. Ya sé que nuestra visión es perfectamente alcanzable. Haría falta que los gobiernos del mundo y los organismos internacionales dedicaran solo una pequeña fracción de los recursos a su disposición para que esto ocurriera y, por lo tanto, transformar el futuro de las naciones más pobres del mundo. Sería suficiente si todos nosotros compartiéramos una pequeña fracción de nuestros recursos. El comprador de aquella casa en Londres no está obligado a compartir su pan más de lo que yo lo estoy.

El cobertizo se está calentando ahora bajo el sol del mediodía y empiezo a escribir una carta a nuestros simpatizantes, a los que están compartiendo generosamente lo que tienen. Les doy las gracias en nombre de Verónica y Jimmy, y de esos otros jóvenes cuyas vidas se han salvado y transformado. Les hablo de las escuelas que actualmente están en nuestra lista de espera (incluida aquella en lo alto de la montaña Chaoni). Les recuerdo, también, que nos cuesta solo 14,50 € dar de comer a otro niño durante un año. Como de costumbre, siento que mis palabras se quedan muy cortas para lo que todas las personas se merecen y, una vez más, me gustaría que cada uno de ellos pudiera conocer a esos niños, verlos comer y oírlos hablar de sus esperanzas y sueños. El hecho de que nuestros donantes continúen compartiendo lo que tienen, sin conocer ese privilegio, me hace sentir avergonzado.

Buscando un poco de inspiración para mi carta, me dirijo a la capilla de al lado, en Craig Lodge. Es mi cuarto favorito en el mundo. El sol se cuela a través de los ventanales. En la esquina más alejada hay una estatua de la Virgen María bajo la que descansa un hermoso ramo de flores frescas, cultivado, recogido y arreglado por mi madre. Un mensaje dado por Nuestra Señora muchos años atrás me viene a la memoria.

«Abre tu corazón a Jesús, como una flor se abre al sol», nos había aconsejado una vez.

En la mesa del altar (allí donde hubo una mesa de billar durante mi infancia) hay un crucifijo de madera toscamente tallado. Recuerdo la noche negra y aterradora en la que me lo dio el padre Tom, cuando nos acurrucamos para rezar, junto a sus amigos, en los escombros de su patio después del terremoto. Lo habían rescatado ese día de los restos de la casa donde sus amigos habían muerto, y cada uno de ellos, por turnos, lo sostuvo rezándole una oración antes de dármelo como un regalo, una manera de permanecer unidos en la solidaridad al regresar a casa.

Estoy sentado al lado de la chimenea y me viene a la memoria otro recuerdo, esta vez de mi hermano Mark, cuando tenía siete años. Era el día de Navidad, no mucho después de haberle acogido, cuando todavía este era nuestro salón y la chimenea la principal fuente de calor. Nuestros regalos estaban apilados bajo el árbol de Navidad y, antes de que pudiéramos abrirlos, mamá y papá insistieron en que teníamos que convencer a Mark de que Santa Claus había bajado por la chimenea durante la noche y, para probarlo, habían dispersado, previamente, algunos de los troncos apilados junto al fuego. Fue una pequeña sorpresa para mí; ninguno de nosotros había sido criado para creer en él, pero sentía admiración por sus esfuerzos para asegurar que Mark no quedara decepcionado en su primera Navidad con nosotros.

Creo que Mark está en el cielo ahora. Le siento como mi hermano mayor, a pesar de que era cinco años más joven que yo. Murió con treinta y nueve años, ahora hace dos, en Medjugorje. Le encontré en un campo apartado, pequeño y hermoso, lleno de fragantes flores, tras haber estado buscándole durante dos días con Milona, Charlie y otros amigos queridos. Había estado rezando, postrado, cuando murió (probablemente de un ataque al corazón); había dejado sus zapatos colocados en orden, a su lado. En una bolsa de plástico, junto a él, estaba la comida que iba a llevar a nuestra pensión, un pequeño capricho para mi hijo Ben. Mark había estado enfermo y con terribles dolores durante la mayor parte de su vida adulta. Un día, cuando le llevaba a una de sus revisiones en el hospital, me dijo que entendía que la oración era la parte que podía llevar a cabo en esta misión y que había desarrollado una profunda creencia de que, cuando él ofrecía su sufrimiento, tenía sentido y poder. Hicimos una cruz de piedras en el campo donde había yacido. Es un lugar maravilloso para sentarse cuando el sol está cayendo, como lo fue cuando murió, y mirar las alargadas sombras proyectadas por los árboles que bordean la antigua pared de piedra. Desde ahí pueden verse las torres gemelas de la iglesia y el monte Krizevac a través de los viñedos. Dejó esta vida con generosidad.

Al rezar ahora en la capilla, tengo una sensación irresistible de gratitud; a Mark, por todo lo que compartió conmigo y me enseñó; a mamá y papá por invitarle a ser parte de nuestra familia, un extraño entonces; y a Dios por llevárselo de la manera en que lo hizo. Le doy gracias a Dios, una vez más, por habernos dado este trabajo para hacer cosas por Sus pequeños. Le pido que nos enseñe cómo compartir el pan que pertenece a todos. Le pido a Él que siempre envuelva este trabajo en Su amor, y que nos ayude a recordar que este trabajo no es nuestro, sino Suyo, y rezo para que mueva a mucha más gente a tomar parte en esta misión, para que todos aquellos niños hambrientos puedan ser alimentados pronto.

Entonces decidí dejar la escritura de esa carta para otro día y, como todavía estoy a tiempo, me dirijo al río para darme un baño con mis hijos.

Agradecimientos

Querida Julie, no hubiera acabado la primera página sin tu aliento, por lo que te doy las gracias con todo mi corazón. Gracias por creer siempre en mí a pesar de todas las pruebas que te he dado para no hacerlo. A mis queridos hijos, Calum, Ben, Martha, Toby, Bethany, Anna y Gabriel, el hecho de que vosotros, los mayores, no os quejarais ni una sola vez de que yo estuviera más ocupado y distraído de lo normal; y vosotros, los pequeños, que casi nunca hicierais garabatos o dibujos en mis manuscritos, ni os comierais alguna página, hace que me sienta orgulloso. Mamá y papá, gracias. Sin vosotros no existiría el cobertizo, ni Mary's Meals, ni yo me hubiera parado jamás a pensarlo.

Gracias a los colegas de Mary's Meals; sin vuestro incansable trabajo hoy no estarían todos esos niños comiendo en la escuela, y sé que no os lo agradezco lo suficiente. Kathy, gracias a ti, en particular, por conseguir que pasara de hablar de la idea de este libro a la acción. Daniel, Kim y Louise, gracias por todo vuestro esfuerzo y consejo, y por ser tan pacientes con este malhumorado e inseguro autor novato. Sonia, gracias por haber creído en el proyecto desde que te conocí, y a todos los amigos en Harper Collins —Andy, Minna, Morwenna, Jean Marie—: habéis sido tan amables que ha sido un placer trabajar con vosotros.

También quiero dar las gracias a todos y cada uno de vosotros, en el mundo entero, que participáis en esta misión. Espero que aquellos sobre los que escribo en este libro estéis contentos con el modo en que he contado nuestras historias, y que quienes han recorrido este camino conmigo durante muchos años, pero que no aparecen aquí, entiendan que, simplemente, ¡no podía ponerlo todo en un solo libro!

Y gracias, Jesús, por todo. Todo es tuyo, la alabanza, la gloria, las cosas que han sucedido y las que están por venir.